दिल्ली : शहर दर शहर

दिल्ली
शहर दर शहर

डॉ. निर्मला जैन

राजकमल प्रकाशन

ISBN : 978-81-267-1780-4

मूल्य : ₹ 400

पहला संस्करण : 2009
दूसरा संस्करण : 2016

प्रकाशक : राजकमल प्रकाशन प्रा. लि.
1-बी, नेताजी सुभाष मार्ग, दरियागंज
नई दिल्ली-110 002

शाखाएँ : अशोक राजपथ, साइंस कॉलेज के सामने, पटना-800 006
पहली मंजिल, दरबारी बिल्डिंग, महात्मा गांधी मार्ग, इलाहाबाद-211 001
36 ए, शेक्सपियर सरणी, कोलकाता-700 017

वेबसाइट : www.rajkamalprakashan.com
ई-मेल : info@rajkamalprakashan.com

रेखांकन : विक्रम नायक

मुद्रक : बी.के. ऑफसेट
नवीन शाहदरा, दिल्ली-110 032

DILLI : SHAHAR DAR SHAHAR
by Dr. Nirmala Jain

ये शहर और नहीं दिल्ली है

व्यक्ति जिस शहर में जन्म लेता है, बड़ा होता है, बनता-बिगड़ता है, वह अनजाने ही उसके व्यक्तित्व और संस्कार का हिस्सा हो जाता है। उसके भीतर रस-बस जाता है। अपने से बाहर, अलग खड़े होकर ख़ुद को देखने-परखने पर यह एहसास लगातार होता रहता है। यह रचना भीतर बसे ऐसे ही शहर दिल्ली की कुछ यादों को पुनर्जीवित करने के मोह की परिणति है।

आपबीती से ज़्यादा यह शहरबीती की आँखों देखी अधूरी दास्तान है। बीज रूप में इसे कलमबन्द करने की प्रेरणा वर्षों से, अनजाने ही साहित्यिक मित्रों और सहकर्मियों के बीच बतकही में पनप रही होगी, वरना उम्र के इस पड़ाव पर यह कारगुज़ारी किसी सोची-समझी योजना के तहत शायद सम्पन्न नहीं होती।

इस प्रसंग में दो अनुभव उल्लेखनीय हैं। मेरी बोली-बानी, विशेषकर उच्चारण और लहज़े के साथ 'ठेठ' दिल्लीवाली बनत मित्रों के बीच साफ़ पहचानी जाती थी। विश्वविद्यालय में कक्षाएँ पढ़ाने के बाद (जो काम हम बड़े नियमित रूप से करते थे) हम लोग आदतन एक साथ भोजन और उपरान्त गोष्ठी में कुछ समय

गुज़ारते थे। सहयोगियों में यह किरदार स्थायी भाव से डॉ. विश्वनाथ त्रिपाठी और डॉ. नित्यानन्द तिवारी निभाते थे। अस्थायी संचारी तत्त्वों की भी कभी कमी नहीं होती थी। इन बैठकियों में साहित्य, राजनीति, समाज, अनुपस्थितों की निन्दा-प्रशंसा जैसे तमाम विषयों की भरमार रहती थी। दरअसल विषयों पर कोई पाबन्दी थी ही नहीं। बड़ी जीवन्त और गुलज़ार रहती थीं ये संवाद-सभाएँ।

बातचीत के बीच अक्सर विश्वनाथ त्रिपाठी मुझे किसी शब्द के प्रयोग पर टोककर पूछते कि उस शब्द विशेष का अर्थ क्या है। और यह भी कि दिल्ली में वह शब्द या मुहावरा कितना, किन लोगों के बीच और किन इलाक़ों में चलता है। उसके बाद वे यह भी जोड़ते कि उनकी तरफ़ (यानी पूरब में) उस आशय का कौन-सा प्रयोग चलता है। कहना न होगा कि बतरस के साथ यह बैठकी ज्ञानवर्धन में भी कितनी फलदायक होती थी। कभी-कभार नामवर सिंह या/और मैनेजर पांडेय भी पड़ोस धर्म का निर्वाह करने के लिए हमारे आमन्त्रण पर इनमें शरीक हो जाते थे।

दूसरा प्रसंग साहित्यिक मित्रों की संगत का है। उस टोली में रह-रहकर राजेन्द्र यादव आत्मकथा लिखने की चुनौती फेंकते रहते थे। वह बीड़ा तो उनके लाख प्रयत्न करने पर भी मैंने नहीं उठाया। पूरा सच लिखना मुझे न सम्भव लगता था, न नैतिक और चालाकी से अधूरा सच या झूठ मैं लिखना नहीं चाहती थी; क्योंकि मुझे पाठकों की समझदारी और नीयत दोनों पर कभी शक नहीं रहा। मित्रों के साथ दिल्ली के मेले-ठेलों और सांस्कृतिक जीवन में शिरकत के मौके भी किसी ज़माने में आते ही रहते थे। इसके अलावा भी चर्चा के बीच जब कोई ऐसा प्रसंग आ जाता, तो राजेन्द्र जी उत्साहित होकर कहते, ''अरे यार, लिख डालो यह सब, वरना साथ ही चला जाएगा।'' भौगोलिक दूरियों ने जब साक्षात् ललकार के ऐसे मौके कम कर दिए, तो उन्होंने टेलीफ़ोन को माध्यम बनाया। ऐसी ही किसी चुनौती के बाद मैंने मन बनाया होगा। निश्चित प्रसंग अब याद नहीं।

बहरहाल, इस इरादे का ज़िक्र एक दिन 'जनसत्ता' के भारी-भरकम सम्पादक ओम थानवी से किया। उन्होंने बड़ी सहृदयता से हौसला बढ़ाया और छापने का आश्वासन दिया, तो शुरुआत हो गई। उस समय इरादा तीन-चार छोटे लेख लिखने का था। पर पहली किस्त छपते ही पाठकों की उत्साह-भरी इतनी प्रतिक्रियाएँ मिलीं कि फिर बात क्रमशः 'जनसत्ता', 'हंस' और फिर 'जनसत्ता' में धारावाहिक रूप में आगे तक गई। विस्तार का श्रेय पाठकों को है। यह पुस्तक उन धारावाहिक किस्तों का संशोधित पाठ है—कुछ पूरक प्रसंगों के साथ।

दिल्ली शहर की यह दास्तान 1940 के आसपास से सदी के अन्त तक का

सफ़र तय करती है। मेरे निजी अनुभव के क्षेत्र में उतना ही आता है। 1940 में सोचने-समझने की उम्र हुई—सुनने और गुनने की भी। और सदी के अन्त तक पहुँचते-पहुँचते शहर से रोज़मर्रा का साथ छूट गया। यूँ दिल्ली भी अब एक नहीं, कई छोटे-छोटे शहरों, कस्बों और 'लाल-डोरा' इलाक़ों के रूप में अन्तरवर्ती ग्रामीण क्षेत्रों का 'कोलाज' है, जिसकी ठेठ 'अपनी' कही जा सकनेवाली पहचान का धीरे-धीरे विलयन होता जा रहा है।

हर शहर का अपना एक चेहरा होता है, जो उसकी जीवन-शैली, बोली-बानी, मेले-ठेलों, रीति-रिवाज़ों यानी कुल जमा सांस्कृतिक विन्यास से पहचाना जाता है। यह पहचान अभी भी आगरा, अलीगढ़, कानपुर, इलाहाबाद, बनारस, पटना यहाँ तक कि कुछ हद तक कलकत्ता-मुम्बई जैसे महानगरों तक में पूरी तरह ओझल नहीं हुई है। पर दिल्ली है कि सिकुड़ते-सिमटते छोटे-से भौगोलिक क्षेत्र में महदूद हो गई है। क्योंकि जिन शहरवालों से किसी शहर की पहचान बनती है, वे बड़ी संख्या में ख़ुद ही शहर छोड़कर भाग निकले हैं। कुछ मजबूरी से और कुछ स्वेच्छा से। यही नहीं, वे जहाँ पहुँचे वहाँ बाहर से आ बसी जनता के रंग में रँग गए। लिहाज़ा अब दिल्ली में एक नहीं, अनेक संस्कृतियाँ और जीवन-शैलियाँ फल-फूल रही हैं। एक तरफ़ पंजाबी बाग़ है तो दूसरे कोने पर चित्तरंजन पार्क। यह साझा संस्कृतियों का नहीं, संस्कृतियों के घालमेल का मामला है। तमाम इलाक़ों में इस 'फ़्यूजन' संस्कृति की बहार है। लम्बे समय से रेस्तराओं की व्यंजन तालिका में 'मिक्स्ड वेजिटेबिल' नाम के एक व्यंजन ने जगह बनाई है जिसका अर्थ है कि उसमें किसी विशेष सब्ज़ी का अपना स्वाद नहीं बचता। सब एकमेक होकर ऐसे घालमेल में तब्दील हो जाती हैं जिसमें विक्रेता को तमाम बची-खुची सब्ज़ियों को ठिकाने लगाने की सुविधा भी मिल जाती है। मुझे यह पाक्-कला का नहीं, प्रबन्धन-कौशल का कमाल लगता है।

वर्तमान परिदृश्य में सभी शहरों की जीवन-शैलियाँ एक महा-मंथन की गिरफ़्त में हैं। बहुराष्ट्रीय कम्पनियाँ सबका 'महानगरीय' ब्रांडधर्मी संस्कृति में कायाकल्प करने में लगी हैं। मुनाफ़ा इसी में है, जिसके लिए वे ग्रामीण क्षेत्रों में भी घुसपैठ करने की फ़िराक में हैं। सवाल जातीय विशिष्टताओं और अस्मिताओं को अन्तरराष्ट्रीय ब्रांडों के आक्रमण से बचाने का है। कौन कितना बचेगा, जैसे यह तय नहीं, वैसे ही यह भी निश्चय करना सम्भव नहीं कि अन्तिम परिणति किसके हित में होगी। जो बचाने लायक है, उसे तो बचना ही चाहिए।

जब दुविधा 'क्या भूलूँ क्या याद करूँ' वाली हो, तो मान लेना चाहिए कि याद वही रहता है जो किसी-न-किसी कारण याद रखने लायक होता है। उन यादों

में भी सबको कलमबन्द कहाँ किया जा सकता है! कहना न होगा कि इन पृष्ठों में जिन स्मृतियों की वापसी हुई है, वह भीतर संचित-सुरक्षित का हस्बेमामूल बयान भर है। जो बाक़ी है, वह हो सका तो आगे कभी...

आभारी हूँ अपने सहकर्मी मित्र डॉ. विश्वनाथ त्रिपाठी के प्रति उनकी सार्थक टोका-टाकी और जिज्ञासाओं के लिए और दुष्टात्मा राजेन्द्र यादव के प्रति उनकी ललकार-फटकार के लिए जिनके कारण इस दास्तान ने आकार लिया। श्री ओम थानवी के प्रति, बड़ी सहृदयता से इसकी अधिकांश किस्तों को 'जनसत्ता' में जगह देने के लिए। आयुष्मान अरुण महेश्वरी के प्रति इसकी पांडुलिपि के नियमित टंकण की व्यवस्था सुलभ कराने के लिए।

राजकमल प्रकाशन के श्री अशोक महेश्वरी इसलिए मेरी विशेष अनुशंसा के अधिकारी हैं कि उन्होंने इस रचना को प्रकाशित करने का इसरार ही नहीं किया, जल्दी-से-जल्दी मेरे मनोनुकूल रूप-सज्जा में छापकर सुलभ कराने का आश्वासन भी दिया। उन्होंने जितनी तत्परता से रुचि लेकर अपनी कथनी को करनी में परिणत किया, उससे मुझे अपने फैसले से अन्ततः सन्तोष ही हुआ। वे मेरी आशीष के पात्र हैं।

—निर्मला जैन

वैशाखी पूर्णिमा
अप्रैल, 2009

इसी रेलमपेल में भाग रही है दिल्ली
साँसें फुलाते हुए, आसमान की ओर देखती
हवाओं से दुनिया खींचकर मुट्ठियों में बन्द करने को व्याकुल
लेकिन गाड़ियों की बेतहाशा बढ़ती क़तारों के इस वक़्त में
जब सड़क पार करना मुश्किल ही नहीं नामुमकिन सा हो
हर शाम हज़ारों चलने वालों के लिए
दिल्ली फिर एक शहर हो जाती है
पसीने से लस्त ऐसे लोगों का शहर
जिन्हें थोड़ी देर के लिए रात का सन्नाटा चाहिए,
थोड़ी नींद चाहिए
और छोटे-छोटे सपने चाहिए
जिसमें विश्व नहीं,
उनकी ही कदकाठी की
उनकी ही ज़ुबान बोलती
सीधी-सादी, सच्ची आँखों वाली शरीके हाल सी दिल्ली हो।

(पंकज राग के काव्य-संग्रह 'यह भूमंडल की रात है' में संकलित इसी शीर्षक की (दिल्ली : शहर दर शहर) कविता से—साभार)

अनुक्रम

दिल्ली
शहर दर शहर

कहो, 'दिल्ली कहाँ'

पुराने दिल्लीवासियों के लिए दिल्ली का अर्थ था चाँदनी चौक के चारों तरफ़ कटरों, गली-कूचों, बाज़ारों और सड़कों क़ी शक्ल में शिरा जाल की तरह फैली दिल्ली

आज की दिल्ली के भौगोलिक विस्तार के बावजूद उस ठहरी हुई दुनिया, 'दिल्लीवालों' की दिल्ली का तसव्वुर अब भी उस पीढ़ी के ज़हन में मौजूद है जो आज़ादी से पहले शहर के गली-कूचों में आबाद थी। चाँदनी चौक में पैर रखते ही वह यादों में कुलबुलाकर उठ खड़ी होती है। सन् चालीस के आसपास की बात है। दिल्ली तब लगभग कैद थी। सिमटी हुई, कुछ बन्द मुट्ठी की तरह जिसका कसाव ढीला तो पड़ने लगा था पर खुलना तो दूर, वह ठीक-ठीक पसर भी नहीं पाई थी।

असली दिल्ली तो वही समझी जाती थी जो कश्मीरी गेट, अजमेरी गेट, लाहौरी गेट, मोरी गेट और दिल्ली गेट को जोड़नेवाली फ़सीलों में बन्द थी, जिसके खंडहर आज भी कभी उसकी पुख्ता मौजूदगी के गवाह हैं। शहरपनाह के बाहर जो था उसके बारे में बेगानेपन का भाव रहता था, शहरवालों के मन में। बचपन में इन दरवाज़ों के नाम हमारे लिए बस नाम थे। कुछ बड़े हुए तो किसी ने बता दिया कि दरवाज़ों के नाम उन शहरों के नाम पर रख दिए गए थे, जिनकी तरफ़ जाने का रास्ता इन दरवाज़ों से होकर जाता था। इस व्याख्या से अजमेरी गेट, कश्मीरी गेट और लाहौरी गेट के नामकरण का खुलासा तो किसी हद तक हुआ

पर मोरी गेट और तुर्कमान गेट की गुत्थी तसल्लीबख्श ढंग से नहीं सुलझी। पर सबसे कठिन मसला था दिल्ली गेट का। उस समय दिल्ली उत्तर-दक्षिण-पूर्व-पश्चिम चारों तरफ़ वैसे नहीं फैली थी जैसे बाद में बेतरतीब ढंग से फैलती चली गई। तब तो बस दिल्ली थी और नई दिल्ली। एक सम्भावना यह थी कि दिल्ली दरवाज़े का नाम उस समय नई दिल्ली की तरफ़, यानी अंग्रेज़ों के द्वारा बनाई गई नई दिल्ली का रास्ता दिखाने की वजह से पड़ा। पर बात जँचती नहीं थी। बाद में कुछ जानकारों ने समझ में इजाफ़ा करते हुए बताया कि यह दरवाज़ा उस दिल्ली की तरफ़ ले जाता है जो असली दिल्ली थी। वर्तमान महरौली के आसपास बसी हुई, जहाँ अब महरौली गाँव है। जहाँ वह ऐतिहासिक लौह स्तम्भ है जिसके बारे में तरह-तरह की अटकलें लगाई जाती हैं। जहाँ योगमाया का प्राचीन मन्दिर है, जिससे 'फूलवालों की सैर' के ऐतिहासिक मेले की शुरुआत-कथा जुड़ी है।

असली-नकली, नई-पुरानी का अन्तिम रूप से फैसला करना तो जिनके ज़िम्मे रहा है, वे तरह-तरह से अपनी ज़िम्मेदारी को अंजाम देते रहे हैं और रहेंगे। पर इतना तय है कि पुराने दिल्लीवासियों के लिए दिल्ली का अर्थ था चाँदनी चौक के चारों तरफ़ कटरों, गली-कूचों, बाज़ारों और सड़कों की शक्ल में शिरा जाल की तरह फैली दिल्ली। जब 'दिल्ली' का जिक्र करते हुए उसकी निजी पहचान, सभ्यता और संस्कृति की बात की जाती है तो मुराद इन्हीं इलाक़ों में बसी ज़िन्दगी से होती है। वैसे दूर इलाक़ों में मुग़ल बादशाहों, हाकिमों के मकबरे, औलिया पीरों की दरगाहें, बेगमों के रिहाइशी महल एक अलग कहानी कहते हैं। वे पुरातात्त्विक दिलचस्पी के विषय हैं। हर इमारत का अपना वास्तु शिल्प और इतिहास है जिसके पीछे अजीबोग़रीब क़िस्से-कहानियाँ हैं। कुछ दास्तानें मशहूर इमारतों के साये में अक्सर गुमनामी या उपेक्षा की भेंट चढ़ती रही हैं। कुतुब मीनार के गिर्दे में स्थित 'जमाली कमाली' की कब्र और उसी के पीछे की मस्जिद ऐसी ही अनेक इमारतों में से एक है।

यह दिल्ली, जिसके बार-बार बसने-उजड़ने का हवाला 'जिक्र-ए-मीर' में मिलता है। जिसके उजड़ने की दास्तान को 'शहर-ए-आशोब' नाम देकर 'मीर' और 'सौदा' ने कलमबन्द किया, वही दिल्ली नहीं है जिसके बारे में सामान्य ढंग से कह दिया जाता है कि दिल्ली एक विशिष्ट सभ्यता और संस्कृति का भी नाम है जो सैकड़ों ही नहीं, बल्कि हजारों वर्षों से हमारी बहुमूल्य निधि रही है। मुग़लों की दिल्ली, मुग़लिया सल्तनत के पतन काल की दिल्ली और 1857 के बाद के वर्षों में गिर-पड़कर ठहराव लेती बीसवीं सदी के आरम्भिक वर्षों की दिल्ली के अलग-अलग चेहरे रहे होंगे, इसमें शक की गुंजाइश बहुत कम है।

फिलवक़्त जिस दिल्ली की सभ्यता, संस्कृति, रहन-सहन, बोली-बानी, मेले-ठेले, रीति-रिवाज, यानी कुल मिलाकर एक जीवन शैली की पहचान और पुनरुद्धार की कोशिश दिखाई पड़ती है वह लगभग वही दिल्ली है जिसकी हस्ती बकौल मियाँ ग़ालिब, ''मुनहसर कई हंगामों पर थी। किला, चाँदनी चौक, हर रोज़ा बाज़ार मस्जिद-ए-जामा का, हर हफ़्ते सैर यमुना के पुल की, हर साल मेला फूलवालों का ये पाँचों बातें अब नहीं फिर कहो, दिल्ली कहाँ?'' ग़ालिब और उनके आगे-पीछे की शायरी में दिल्ली को लेकर एक सीमा तक हौसलापस्ती, विलाप और खीज दिखाई पड़ती है, जिसे ग़ालिब ने अपने ख़तूत में झल्लाकर कुछ ऐसे व्यक्त किया था।

न सुखनवरी रही, न सुखनदानी, किस बिरते इत्ता पानी?
हाय दिल्ली बाय दिल्ली। भाड़ में जाय दिल्ली।

समय के साथ औपनिवेशिक ताक़तों ने अपने पैर जमा लिए। धीरे-धीरे नए शासकों की जीवन शैली और शासकीय व्यवस्था के रौब ने सामान्य जनता के मन पर कब्जा कर लिया।

जब हम जैसों ने होश सँभाला, तब तक दिल्ली दो टुकड़ों में बँट चुकी थी। शासन-व्यवस्था के ठेकेदारों ने दिल्ली को उत्तर-दक्षिण दोनों तरफ़ से चाँप लिया था। 1911 के 'दिल्ली दरबार' की घटना का ऐतिहासिक महत्त्व है। हुकूमते बरतानिया के सिरमौर जॉर्ज पंचम का दरबार जिस जगह लगा था, वह अब दिल्ली विश्वविद्यालय के उत्तर में स्थित 'किंग्जवे कैम्प' (यह नाम भी उसी घटना से सम्बन्ध रखता है) के दाहिने हाथ की तरफ़ जानेवाली सड़क पर लगभग दो-ढाई किलोमीटर की दूरी पर स्थित है। जगह का नाम था कॉरोनेशन ग्राउंड। कुछ साल बाद उस स्तम्भ को छोड़कर जो बतौर यादगार लगाया गया था, वह इलाक़ा लगभग वीरान हो गया। आगे चलकर एक टीबी का अस्पताल, हरिजन बस्ती, एक चर्च जैसी गिनी-चुनी बसागतों को छोड़कर कहने लायक आबादी उस इलाक़े में देश के विभाजन तक विशेष नहीं बढ़ी।

अलबत्ता, शहर की दिशा में सरकारी इमारतों का निर्माण उस स्थल पर किया गया, जहाँ अब दिल्ली सरकार की विधानसभा की पुरानी इमारत है, और दिल्ली विश्वविद्यालय का वह हिस्सा है जिसमें वाइस चांसलर और रजिस्ट्रार के दफ़्तर हैं, जिसके एक कमरे में लॉर्ड माउंटबेटन ने कभी लेडी माउंटबेटन के सामने विवाह का प्रस्ताव रखा था। कश्मीरी गेट के भीतर कुछ और इमारतें थीं। विराट अहाते के बीचोबीच बनी सेंट जेम्स की शानदार इमारत और थोड़ी-थोड़ी दूरी छोड़कर दो सिनेमाघर–मिनर्वा और कैपिटल (जिसका नाम बाद में बदलकर 'रिट्ज' हो

गया)। ज़ाहिर है, इनकी तामीर सिविल लाइंस में रहनेवाले अंग्रेज़ अफ़सरों की ज़रूरत को ध्यान में रखकर की गई होगी। कश्मीरी गेट के ठीक सामने निकलसन गार्डन का पुराना कब्रिस्तान (ईसाई) भी वहाँ की आबादी के स्वरूप की तरफ़ इशारा करता है। बाद में गिने-चुने भारतीय हाकिम भी 'शहर' के बाहर उसी इलाक़े में रहने लगे थे जिसे सिविल लाइंस कहा जाता था। अंग्रेज़ों ने हर उस शहर में जिसे उन्होंने किन्हीं कारणों से महत्त्व दिया, एक इलाक़ा पुराने शहर की घनी आबादी के बाहर सिविल लाइंस नाम से बसाया। सम्भवतः यह नाम पुराने शहर की तुलना में अपने रिहाइशी इलाक़े को सिविल अर्थात् 'सभ्य' लोगों की बस्ती कहने की गरज से दिया जाता होगा। एक दिलचस्प बात यह थी कि अलग-अलग शहरों के सिविल लाइंस कहे जानेवाले हिस्सों की वास्तुकला में अद्भुत साम्य होता था। यह बात अलग है कि समय के साथ शहरों में अनेक कारणों से 'सिविल लाइंस' कहे जानेवाले ये इलाक़े पिछड़ गए और सत्तावानों का स्थानान्तरण दूसरे अपेक्षाकृत ज़्यादा खुले नवनिर्मित आधुनिक हिस्सों में हो गया। दिल्ली में यह प्रक्रिया 'ल्यूटन्स' दिल्ली की परिकल्पना के साथ पूरी हुई। जैसे चाँदनी चौक पुराने शहर की धुरी है, वैसे ही कनॉट प्लेस लम्बे समय तक इस ल्यूटन्स दिल्ली की धुरी बना रहा। वह अलग प्रसंग है।

पहले बात उस दिल्ली की करें जो दिल्लीवालों की दिल्ली थी। चाँदनी चौक को धुरी मानें तो लालकिले से नाक की सीध में फतेहपुरी तक जानेवाली उस चौड़ी सड़क के दोनों तरफ़ थोड़ी-थोड़ी दूर पर कुछ अपेक्षाकृत छोटे बाज़ार, सड़कें या कटरे कटते हैं। इनकी ख़ूबी यह है कि ये कहीं ख़त्म नहीं होते। भीतर ही भीतर कहीं तंग कहीं चौड़ी होती इन गलियों में रिहाइशी और व्यापारी—पूरी दुनिया बसी है। उस ज़माने में इसी सड़क के दाईं तरफ़ थोड़ी-थोड़ी दूर पर क्रमशः तीन सिनेमा हॉल थे। मोती टॉकीज, कुमार टॉकीज और मैजेस्टिक। मोती टॉकीज के ठीक सामने विभाजन के बाद प्रसिद्ध लाजपतराय मार्केट बनी जिसे बहुत दिन तक रिफ़्यूजी मार्केट कहा जाता रहा। कुमार टॉकीज और मैजेस्टिक दो दशक पहले तक जैसे-तैसे शहर के तथाकथित 'चवन्नीवाले' दर्शकों की बदौलत चलते रहे। पहले मैजेस्टिक चाँदनी चौक के मशहूर गुरुद्वारे शीशगंज की विस्तार-योजना की भेंट चढ़ गया और कुमार टॉकीज कुछ वर्ष बाद खस्ता ख्वार हालत में मेट्रो के रास्ते में आ गया। कुमार टॉकीज के ठीक बग़ल से जो सड़क भगीरथ प्लेस को जाती है उस पर अब भी बिजली के सामान और एक हिस्से में दवाइयों की थोक मार्केट बदस्तूर आबाद है। चाँदनी चौक के मुहाने पर दिगम्बर जैन सम्प्रदाय का मशहूर लाल मन्दिर है जिसमें विश्व का एकमात्र परिन्दों का अस्पताल है। सत्तर

साल से लगातार इसमें घायल पक्षियों का इलाज किया जाता है। लाल मन्दिर से लगा हुआ है गौरीशंकर का प्राचीन मन्दिर, जिसके प्रवेश द्वार के बग़ल में मथुरा छाप मिठाई की दुकान है, जिसमें आज भी प्रसाद के बतौर वही मिठाइयाँ मिलती हैं जो आधी शताब्दी पहले मिलती थीं।

यह मात्र संयोग नहीं है कि चाँदनी चौक की लालकिले से फतेहपुरी तक लगभग एक मील लम्बी सीधी सड़क पर क्रमशः एक जैन मन्दिर, एक गौरीशंकर मन्दिर, एक चर्च, एक गुरुद्वारा और आख़िरी सिरे पर एक मस्जिद है। सभी का इतिहास एक शताब्दी पुराना तो है ही, विभिन्न धर्मानुयायियों के सौहार्दपूर्ण सह-अस्तित्व का प्रमाण भी है। दिलचस्प है फतेहपुरी मस्जिद के ठीक बग़ल में सिन्धी हलवाई की उस दुकान का अस्तित्व जो वर्षों कराची हलवे के लिए मशहूर रही और अब होली पर अपने ढंग की 'गुझिया' और तीज पर 'घेवर' के लिए उतनी ही लोकप्रिय हैं। 'चैना राम' नाम की उस दुकान का रुतबा स्वतन्त्रता के बाद की बात है। मस्जिद से कुछ पहले दाहिने हाथ पर 'टाउन हॉल' की विराट इमारत है जिसमें लम्बे समय तक अपनी भ्रष्टाचारी लचर कार्यशैली के लिए कुख्यात म्यूनिसिपल कॉरपोरेशन (पहले कमेटी) का दफ़्तर आबाद रहा। इसी के बग़ल से एक सड़क कटती है, जो कम्पनी बाग़ के बीच से गुज़रती हुई दिल्ली के पुराने स्टेशन पर जा मिलती है।

टाउन हॉल के अहाते में तब रानी विक्टोरिया की भव्य विराट मूर्ति थी–वास्तुकला का बेहतरीन नमूना, जिसे औपनिवेशिक सत्ता की अनेक दिशानदेहियों की तरह वहाँ से हटाकर कॉरोनेशन ग्राउंड पहुँचा दिया गया।

इसी टाउन हॉल के ठीक सामने बीचोबीच शहर का मशहूर घंटाघर था। इसका सांस्कृतिक महत्त्व वर्षों इसलिए बना रहा कि दशहरे के अगले दिन हर साल मचान बनाकर इस पर भरत मिलाप का दृश्य प्रस्तुत किया जाता था, जिसके साथ दस दिन तक चलनेवाली रामलीला का पटाक्षेप होता था। हज़ारों की संख्या में दिल्ली की उत्सव प्रेमी जनता इसे देखने के लिए उमड़ती थी। वह घंटाघर और मैजेस्टिक सिनेमा के सामनेवाला फ़व्वारा दोनों काल की भेंट चढ़ गए।

1951 में घंटाघर का भहराकर गिरना दिल्लीवालों के लिए ऐसी हौलनाक ख़बर थी, जैसे शहर की नींव हिल गई हो! इस हादसे के बाद हफ़्तों उस मलबे के ढेर को देखने के लिए लोगों का ताँता लगा रहा। तब उसमें आतंकवादी साजिश ढूँढ़ने की कोई गुंजाइश नहीं थी। ऊपर का हिस्सा अपने आप ढह गया और बाक़ी को दुर्घटना की आशंका के कारण गिरा दिया गया।

स्वाधीनता के कई वर्ष बाद तक चाँदनी चौक के दोनों सिरों को जोड़ती एक ट्राम चलती थी। कुछ ऐसी रफ़्तार से कि तेज़ चलता हुआ आदमी जब चाहे लपककर उस पर चढ़ और उतर जाए। वैसे उसके नियत स्टॉप भी थे, जिनका संकेत कंडक्टर रस्सी के सहारे बँधी घंटी को टनटनाकर दिया करता था। याद नहीं आता कि समय-समय पर होनेवाले साम्प्रदायिक दंगों का कोई हिंसक प्रभाव इस सड़क पर बने धर्म स्थलों पर पड़ा हो। ठेठ दिल्लीवालों की संस्कृति और मानसिक बनावट की सही समझ के लिए इस तथ्य को नज़रअन्दाज़ नहीं किया जा सकता।

कहते हैं, चाँदनी चौक के बीचोबीच एक नहर बहती थी—लालकिले से फतेहपुरी तक। नहर के दोनों तरफ़ दुकानें थीं, 'मुग़ल' बेगमात की ख़रीदारी के लिए। जगमोहन ने अपनी लेफ्टिनेंट गवर्नरी के दौरान उस नहर के पुनरुद्धार का सपना देखा था। वह सपना तो पूरा न होना था न हुआ। अलबत्ता सड़क की गहराई में अब मेट्रो की दुनिया ज़रूर आबाद हो गई है।

अजब इलाक़ा है यह चाँदनी चौक। एक सीधी सड़क के दाएँ-बाएँ इतने कटाव—कुछ कटरे, कुछ कूचे, कुछ सड़कें, कुछ बाज़ार, कुछ गलियाँ, इन्हीं के बीच एक है गली बल्लीमारान।

अन्दाज़ा लगाना मुश्किल है कि पराँठेवाली गली के बीच से मोती बाज़ार नाम की सँकरी गली आख़िर घूमकर चाँदनी चौक में क्यों मिलती है; या कूचा नटवा के लगभग सामने कटरा अशरफ़ी का नामकरण कैसे हुआ होगा? लम्बे समय तक बल्लीमारान को चूड़ियों का थोक बाज़ार और मुसलमानों का रिहाइशी इलाक़ा समझने की गलती में जानकारों ने इजाफ़ा किया कि उसी में थोड़ा अन्दर जाने पर वहाँ बड़ी संख्या में कायस्थ परिवारों की बसागत है और वहीं मशहूर हवेली हैदरकुली है जो बनियों की बस्ती है।

गरज़ यह कि पूरे इलाक़े की बनावट गोरखधन्धे की तरह है। भूगोल और इतिहास, दोनों की पेचीदगी में कोई पैठे तो उम्र बीत जाए, तब भी सिरा शायद ही हाथ आए। यह महज गली-मोहल्लों के मकड़जाल का नहीं, आबादियों के बसने-उजड़ने, एक में एक गुत्थमगुत्था होने का मसला है। इसीलिए दिल्ली की कोई एक तय ज़बान नहीं। निहायत सादगी और नफ़ासत से बोली जानेवाली हिन्दुस्तानी से लेकर व्यापारी घरानों की घरेलू ज़बान के अलावा वकील-मुंशियों की, कोर्ट-कचहरी की, करखनदारों की, दफ़्तरों की, सरकारी अफ़सरों और साहबों की, न जाने कितने रंग हैं यहाँ की बोली-बानी के। बस, एक बात तय है—शब्दावली, वाक्य-रचना, बलाघात की विविधता के बावजूद उच्चारण साफ़।

कुछ ऐसा कि मुँह खोलते ही पहचान में आ जाए कि बन्दा हो न हो दिल्ली का है।

ऐसी दिल्ली के चाँदनी चौक के उस वक़्त के जौहरी बाज़ार यानी दरीबा कलाँ में लगभग आख़िरी सिरे पर एक कूचा है जो आज भी कूचा सेठ कहलाता है। इस नाम का औचित्य न तब समझ में आता था न अब आता है क्योंकि वह सेठों का मोहल्ला तो नहीं ही कहा जा सकता। इसी कूचा सेठ की गलियों में एक गली थी गली ककरौंदा। सँकरी इतनी कि छह फ़ीट का आदमी हो तो घुसने के लिए सिर झुकाना पड़े पर एक बार घुसने के बाद गली के दोनों तरफ़ मकान थे, छोटे-छोटे, गिनती में चार-छह रहे होंगे। गली के आख़िरी सिरे पर शहर के बहुत बड़े जौहरी की हवेली थी—बन्द गली का आख़िरी मकान—दिल्ली की लाला संस्कृति का अजीबोग़रीब नमूना।

दिल्ली की लाला-संस्कृति के कुछ अपने लक्षण थे। अधिकांश परिवार व्यापारियों के थे। व्यापार—कपड़े, जवाहरात, रसद, बर्तन, काग़ज़ से लेकर हाथी-दाँत पर नक़्क़ाशी जैसी नफ़ीस चीज़ का भी हो सकता था। परिवार प्रायः संयुक्त थे, जिनमें न बच्चों की गिनती पर कोई रोक-टोक थी, न ही उनकी परवरिश को बहुत बड़ी समस्या समझा जाता था। पढ़ाई का चलन हो गया था और यथासमय बच्चों के दाखिले स्कूलों में करा दिए जाते थे। विषयों का चुनाव भी बहुत बड़ी समस्या के रूप में दरपेश नहीं होता था। हाँ, अगर कोई प्रतिभाशाली बालक डॉक्टर, वकील बन जाए तो परिवार को उस पर गर्व ज़रूर होता था। लड़कियों को बहुत पढ़ाने का चलन नहीं था। बस, उतना ही जितना अच्छा घर-वर ढूँढ़ने में मददगार हो, आड़े न आए।

सबसे ख़ास बात थी ज़िन्दगी की लय, जो विलम्बित गति में ही चलती थी। कोई भागदौड़, बेचैनी, अधीरता नहीं। पूरी दिनचर्या एक बँधे-बँधाए ढर्रे पर, निश्चित सुर-ताल में बँधी इत्मीनान से चलती रहती थी। ताज्जुब की बात यह थी कि इस बन्दिश के बावजूद ऊब या एकरसता की शिकायत शायद ही किसी को होती है। पारस्परिकता और सामाजिक व्यवहार कुछ ऐसा कि अजनबीपन या बेगानेपन का रोना रोते विरले ही दिखाई देते थे। कुल मिलाकर मानसिकता में सामन्तशाही के संस्कार और आधुनिकता के प्रति उन्मुखी भाव। कलाओं की कद्रदानी और मिज़ाज में शौक़ीनी अपनी जगह। समाज की संरचना में पुरुषों का वर्चस्व। स्त्रियाँ घर की शोभा, जो सुरक्षित जीवन में ही सार्थकता खोजकर धन्य हो जाती थीं। यूँ अवैध सम्बन्धों का कारोबार दोनों पक्षों में भरपूर चलता था। स्त्री-पक्ष में कुछ कम, प्रायः गुपचुप। रिश्तेदारी के भीतरी संजाल तक सीमित रहना

उनकी मजबूरी थी। पर पुरुषों में डंके की चोट, एकाध घर और बसा लेना, आम बात थी। रईसी की शान इसी से क़ायम होती थी। जानते सब थे, चर्चा कोई नहीं करता था या दबी ज़बान से करता था। ऐसे सम्बन्धों के परिणामस्वरूप होनेवाली सन्तान अवैध समझी जाती थी और सम्पत्ति के बँटवारे के प्रसंग में फ़साद का कारण। सम्बन्धों की यह जटिल संरचना, आपसदारी के साथ आए-दिन के झगड़े-फ़साद को लिए-दिए अपने ढंग से चलती जाती थी। कुल मिलाकर वह चाल और चलन, कितने अच्छे या बुरे थे, कहना मुश्किल है।

गली-मोहल्लों में धड़कती ज़िन्दगी

ज़बान का अन्तर पेशों के हिसाब से भी साफ़ दिखाई पड़ता था—कोर्ट-कचहरी की, दुकानदारी की, सरकारी दफ़्तरों की, शिक्षा-संस्थानों की, शब्द-सम्पदा, वाक्य-संरचना, बलाघात के अन्तर से खड़ी बोली के न जाने कितने रूप प्रचलित थे।

गली बन्द भी थी और तंग भी। बीचोबीच एक खुली नाली बहती थी, जिसके दोनों तरफ़ चलने भर की जगह थी, इतनी कि एक बार में अगल-बग़ल दो नहीं सिर्फ़ एक ही आदमी चल सकता था। नाली पर अक्सर गली के दड़बेनुमा घरों का कोई बच्चा हाजत रफ़ा करने के लिए इत्मीनान से बैठा नज़र आता था। कहने को गली, पर असलियत में लगभग मोहल्ला, जिसमें बड़े रिहाइशी घर तो दो ही थे—आख़िरी सिरे पर, आमने-सामने। एक कुछ ज़्यादा बड़ा—लाला जौहरी मल का (फिलहाल सुविधा के लिए यही उनका असली नाम मान लेते हैं), दूसरा नत्थू कोढ़िए का, जिसका पूरा नाम नत्थूमल था शायद। थे वे भी छोटे-मोटे सेठ ही। कपड़े की कोठी थी उनकी। तब थोक के व्यापारियों के ठिकाने या गद्दियाँ

कोठी कहलाती थीं। वैसे बँगलानुमा कोठियों से इनका कुछ लेना-देना नहीं था और यह कोठे या कोठा का स्त्रीलिंग भी नहीं था क्योंकि कोठा 'बाई' का होता था और कोठी थोक के व्यापारी सेठ की। बहरहाल, सेठ नत्थूमल 'कोढ़िए' इसलिए कहलाने लगे क्योंकि उनकी आधी त्वचा पर सफ़ेद दाग थे, जो उस समय कोढ़ कहलाते थे और छुतहा बीमारी का प्रकट रूप समझे जाते थे। वर्षों बाद इस छुतहेपन की भ्रान्ति से निजात मिली। इस बात का जिक्र इसलिए करना ज़रूरी है कि दोनों परिवारों के आपसी सम्बन्धों में इसी एक वजह से घनिष्ठता नहीं बढ़ पाई। यूँ नत्थूमल की जवान बेटी के साथ सेठ जौहरी मल के तीसरे बेटे ने ऊपरी मंज़िल की खिड़की से आँख-लड़ौवल सम्बन्ध साध लिया था। गोकि 'तेरे सामनेवाली खिड़की में इक चाँद का टुकड़ा रहता है' वाला फ़िल्मी गीत तब तक रचा नहीं गया था। अलबत्ता इसका विभावन व्यापार गली-गली सम्पन्न होता नज़र आता था। खिड़कियों-दरवाज़ों से, या गली से आते-जाते, ताक-झाँक करते हुए कमसिन उम्र के ऐसे प्रेम की पेंगें बढ़ाने का यह उस समय का अपना अन्दाज़ था, जो अक्सर परवान चढ़ने से पहले ही विफल होने के लिए अभिशप्त रहता था। पर नाबालिग पीढ़ी के बालिग होने की रफ़्तार ऐसे सम्बन्धों की काल्पनिक मिलन और वास्तविक विरहानुभूतियों से कुछ तेज़ ज़रूर हो जाती थी।

लाला जी, अपने नाम के अनुरूप शहर के बड़े नामी जौहरी थे। दरीबा कलाँ की सबसे बड़ी, तीन दर की ज़ेवरात की दुकान के मालिक। दुकान चाँदनी चौकवाले सिरे से घुसते ही पाँच-सात दुकानें छोड़कर दाएँ हाथ पर थी। एक छोटी दुकान और भी थी—दो दर की, किनारी बाज़ार के ज़रा पहले, बाएँ हाथ पर। लाला जी ने दो दुकानें शायद कुनबे के विस्तार की दृष्टि से खोली थीं। कुछ बरस और जीते, और ज़्यादातर बेटे नालायक नहीं निकलते तो दुकानों का विस्तार 'चेन स्टोर्स' की शक्ल में होता। व्यापार-बुद्धि निश्चित रूप से अच्छी खासी रही होगी। अपने सम्पन्न पिता के ग्यारह बच्चों में से यह अकेला जीवित बेटा किस कारण पिता से बगावत करके घर से भाग निकला, इसका कोई प्रामाणिक पाठ घरवालों के पास नहीं था। मालूम बस इतना था कि उसने घर से भागकर दरीबा कलाँ में ही किसी चाँदीवाले की दुकान पर चाँदी के बर्तन-जेवर धोने-चमकाने की नौकरी कर ली थी। उस नौकरी से जवाहरात के प्रतिष्ठित व्यापारी की हैसियत के बीच के सोपानों का जिक्र परिवार में लगभग वर्जित मान लिया गया था। उन्हीं की तीसरी पत्नी की चार सन्तानों में से दो भाइयों के बीच की दूसरी सन्तान के रूप में मैंने होश सँभाला। चौथी (बहन) के जन्म के एक ही वर्ष के बाद लाला जी

का स्वर्गवास हो गया। कुलीनता का प्रमाण यह था कि रिश्तेदारी हैसियतदार सम्पन्न घरानों से थी। सभी की रिहाइश आसपास के गली-मोहल्लों में थी। तीज-त्योहार, शादी-बारात में बराबरी का व्यवहार चलता था। इसलिए परिवारों के जीवन खासे भरे-पूरे थे। परिवार-नियोजन का कोई मसला था ही नहीं। इसलिए परिवारों में ख़ुशी-ग़म के अवसरों की कमी कभी नहीं रहती थी।

सार्वजनिक संचार-माध्यम मुख्य रूप से दो ही थे—एक डिब्बानुमा रेडियो और दूसरा अख़बार। अख़बार ज़्यादातर उर्दू का ही आता था। शहर में वही शाइस्ता, अहले ज़बान समझी जाती थी और हिन्दी लिखने-पढ़ने से ज़्यादा बोलने की घरेलू भाषा। अंग्रेज़ी जाननेवाले वयस्क ज़्यादातर कायस्थ परिवारों में थे। वे या तो नौकरी-पेशा लोग थे या फिर वकील-मुंशी। पहली स्थिति के लिए अंग्रेज़ी जानना ज़रूरी था और दूसरी के लिए उर्दू। अंग्रेज़ी का अख़बार पढ़ने का चलन हो सकता है पढ़े-लिखे परिवारों में रहा हो पर व्यापारी लाला लोगों के परिवारों में तो प्रायः उर्दू का अख़बार ही आता था, जिसे पढ़ने का हक या ज़रूरत परिवार के मुखिया की ही समझी जाती थी। महिलाओं और वयस्क बच्चों का अख़बार से कोई रिश्ता जैसे था ही नहीं। अन्तरराष्ट्रीय ख़बरों के नाम पर दूसरे विश्वयुद्ध से सम्बन्धित सुर्खियाँ और अन्तर्देशीय ख़बरों में कोई हादसानुमा ख़बर, गाहे-बगाहे रुचि का विषय बन जाती थी। एक और क्षेत्र था जिसमें सबकी दिलचस्पी रहती—स्वाधीनता आन्दोलन की गतिविधियाँ, जिसके प्रमुख आकर्षण थे महात्मा गांधी। इसके समानान्तर आर्य-समाज के सुधारवादी कार्यक्रमों का प्रभाव भी जन-मानस पर काफ़ी था। चाँदनी चौक से ज़रा हटकर, मोती टॉकीज़ के पीछे एक भव्य इमारत थी। नाम था 'दीवान हॉल'। नीचे की मंज़िल में एक बड़ा हॉल था जिसमें नियमित हवन होते, प्रवचनों का आयोजन किया जाता। आवश्यकता पड़ने पर विधवा-विवाह और शुद्धि के कार्य भी सम्पन्न होते, जिनकी चर्चा भद्र समाज में बड़े आदर-भाव से की जाती थी। इन सब बातों की ख़बरें मुँह-दर-मुँह बनती-बिगड़ती प्रचारित होती रहती। पुरुष वर्ग में इनका केन्द्र बाज़ार मोहल्ला था। और स्त्रियों की बतकही का सबसे सुरक्षित स्थल मन्दिरों के आँगन-चबूतरे, जहाँ जाने पर परिवार से कोई बाधा आड़े नहीं आती थी, या फिर रिश्तेदारी में ख़ुशी-ग़म से जुड़े अवसर।

इन सबके अलावा सूचना-प्रसार का एक और दिलचस्प ज़रिया था—घर का 'नाई'। 'घर का' का मतलब घर से सम्बद्ध। हर बिरादरी के अपने-अपने मोहल्लों के घरों के साथ दो व्यक्ति जुड़े रहते—एक नाई और दूसरा ब्राह्मण। पंडित जी का आगमन तो शादी-ब्याह, जन्म-मरण पर रस्मों की अदायगी के निमित्त होता, पर

घर के नाई की स्थिति बड़ी दिलचस्प थी। वह घर का भेदिया, ख़बरी, केश-कर्तक और पंडित जी की तरह हर रस्म से सम्बद्ध–'ऑल इन वन' लगभग संस्थावत किसी-न-किसी बहाने अपनी उपस्थिति दर्ज किए रहता।

शादियों के निमन्त्रण-पत्र तब नहीं छपते थे। शहर के बाहर चिट्ठी-पत्री से और शहर के भीतर 'नाई' नामक संचार-माध्यम से ख़बर घर-घर पहुँचाई जाती। ऐसी जीती-जागती डाक के न पहुँचने का सवाल ही नहीं उठता था। लड़के की बारात का निमन्त्रण देने वह डलिया में सुपारियाँ लेकर निकलता। आमन्त्रण पूरे घर को, पर आमन्त्रित व्यक्ति परिवार से अपने व्यवहार के हिसाब से गिनती की सुपारियाँ उठाकर अपने घर से शरीक होनेवालों की संख्या का संकेत कर देता। बारातियों की संख्या तय करने का यह उस ज़माने का अपना तरीक़ा था। स्त्रियाँ बारात में नहीं जाती थीं। उनकी भूमिका बहू के घर आने पर आरम्भ होती थी।

मौत की ख़बर भी निकट सम्बन्धियों को छोड़कर घर-घर नहीं पहुँचाई जाती थी। उस अवसर पर भी नाई की भूमिका केन्द्रीय रहती थी। पहली ख़बर उसे ही मिलती और फिर वह कन्धे पर अँगोछा डालकर निकलता। हर चौरस्ते के मुहाने पर, या मकानों की सघनता जहाँ ज़्यादा हो, वहाँ खड़ा होकर वह बुलन्द आवाज़ में मरनेवाले के बाप-दादा के हवाले से घोषणा आरम्भ करता। मरनेवाले का जिक्र सिर्फ़ नाम से नहीं, 'अमुक' का बेटा-बेटी, बहू जैसे रिश्ते से करते हुए अन्त में आवाज़ खींचकर आलापी ढंग से ख़बर देता–काऽऽल कर गए हैं ऽऽऽऽ। शास्त्रीय राग की तरह इस घोषणा की लय-ताल-सुर सब निश्चित थे। सुर उठाते ही घरों में सन्नाटा छा जाता। सारे कान उसी दिशा में एकाग्र हो जाते। कोई बुज़ुर्ग बड़बड़ाता–अरे...कोई गया। और मालिक या मालकिन किसी नौकर को मुकाम की तरफ़ दौड़ा देते–तफ़सील जानने के लिए। आसपास के घरों की खिड़कियों से तत्काल चेहरे झाँकने लगते। जानेवाले के बारे में वस्तुस्थिति यानी उम्र, हैसियत, परिवार, मृत्यु के कारण के हिसाब से टीका-टिप्पणी के साथ-साथ मुर्दनी में शामिल होने की तैयारी शुरू हो जाती। ख़ुशी हो या ग़म, हर घटना के साथ ऐसी आनुष्ठानिकता जुड़ी रहती जिसका निर्वाह बड़े धैर्य और भागीदारी के भाव से किया जाता था। कहना न होगा, मौत के बाद की रस्में भी बड़ी तफ़सील से सम्पन्न की जातीं–उठावनी, तेरहवीं और चालीस दिन का स्यापा।

मोहल्लेदारी से रिश्तेदारी तक सामाजिकता निभाने के ऐसे अवसर पूरे समाज को आपस में बाँधे रखते। शहर की भौगोलिक संरचना ने इस सम्बन्ध-निर्वाह को सम्भव बनाया था। हर मोहल्ला लगभग आत्मनिर्भर। कूँचा सेठ के ही भीतर एक वैद्य जी थे जिनका धर्मार्थ औषधालय वहीं एक सिरे की गली में जैन मन्दिर से

सटे आँगननुमा बड़े से कमरे में चलता था। सिर पर बड़ा-सा पग्गड़ बाँधे, वे प्रायः बन्द गले का बुर्राक सफ़ेद शेरवानीनुमा कोट और धोती पहने रहते। बहुत सर्दी में बन्द कोट स्वदेशी गर्म कपड़े का सिला रहता। मुँह हमेशा ताम्बूल-रंजित, चेहरे पर हलके से चेचक के दाग, हाथ में चाँदी की मूठवाली छड़ी। बड़ा रौबीला व्यक्तित्व था उनका। इत्मीनान से फर्श में गाव तकिए के सहारे बैठे वे लोगों की नब्ज़ देख-देखकर दवा बाँटा करते। भस्म की शक्ल में दवा की पुड़ियाँ जिन्हें बीमारी के हिसाब से शहद, शर्बत या मलाई में मिलाकर खाने की हिदायत। औषधालय दान के पैसे से चलता था। वैद्य कन्हैयालाल जी इलाज के लिए आनेवाले अधिकांश परिवारों की अच्छी-बुरी बातों के राज़दार और सलाहकार की भूमिका भी निभाते, लगभग परिवारी जैसे।

दूसरे सिरे पर कूँचे और गली अनार के संगम से ज़रा दाहिने हाथ मुड़कर हकीम जोरावर सिंह का दवाखाना था। हकीम साहब चुस्त मोरी के चूड़ीदार पाजामे और सलेटी/भूरी अचकन में लैस बड़े सजीले जवान थे। बड़ी-बड़ी मारक आँखें, सुतवाँ नाक और नोकदार मूँछें, जिन पर हमेशा ताव दिए रहते। सिर पर किश्तीनुमा बाँकी कुछ ऊँचे पाड़ की टोपी। मुँह में सलीके से दबा पान। मुस्काननुमा हँसी ऐसी कि कोई भी कुर्बान हो जाए। मगर क्या मजाल, किसी के साथ कभी कोई बदफैली की हो! तरीक़ा वही, नब्ज़ देखकर दवा देनेवाला। बच्चों में बड़े लोकप्रिय क्योंकि दवाओं के साथ मिट्टी की छोटी-सी प्याली में जो खमीरा देते, वह प्रायः बीमारी के बहाने का कारण बन जाता। कभी-कभी कुछ अर्क सौंफ, पुदीना के, जिन्हें लेने पैदल की जद में आनेवाले बाज़ार गुलियान में छोटे लाल अकतार की दुकान तक जाना पड़ता।

हकीम जी की दवाइयों के लिए कुछ भुगतान होता—बस, दो-चार आने। ज़रूरत पड़ने पर वैद्य और हकीम दोनों ही घरों पर भी मरीज़ देखने आते। मालूम नहीं, इसके लिए कोई फीस मुकर्रर थी या नहीं। जो होगी वह इतनी कि देनेवाले पर उसका बोझ न पड़े क्योंकि ऐसे बोझ की कभी चर्चा नहीं सुनी।

बीमारी कुछ गम्भीर होती और वैद्य-हकीम के कब्ज़े नहीं आती तो डॉक्टर भी पहुँच के भीतर था। चाँदनी चौक में व दरीबा कलाँ से निकलकर दाहिने हाथ पर पाँच-छह दुकानें छोड़कर डॉ. कपूर की डिस्पेंसरी थी। वे ख़ुद बड़े ख़ुशमिज़ाज गोरे-चिट्टे पैंट-कोटधारी रौबीले इनसान थे। मामूली जुकाम-खाँसी से मलेरिया, मियादी बुखार, पीलिया, तपेदिक तक सब बीमारियों के विशेषज्ञ। यहाँ तक कि ज़रूरत पड़ने पर टाँके लगाने जैसी छोटी-मोटी सर्जरी को भी अंजाम देते। उनकी आमदनी का ज़रिया थे वे हलके-गहरे लाल-गुलाबी रंग के मिक्सचर जो उन्हीं की

डिस्पेंसरी से एक-दो रुपए में मिलते थे। घर आने की फ़ीस तय थी, जो शायद दो रुपए के आसपास रही होगी। बहुत ज़रूरी होने पर कभी-कभी रक्त, थूक, टट्टी-पेशाब की लेबोरेट्री जाँच के लिए भी दरीबे के ठीक सामने सीढ़ियाँ चढ़कर डॉ. एस.के. सेन की बड़ी-सी पैथ-लैब थी। बोली-बानी, पारम्परिक धोती-कुर्ते में सजे ठेठ बंगाली मोशाय। बड़े शिष्ट, मिष्टभाषी शालीन व्यक्ति।

इन सबसे निराली हस्ती थी, जर्राह अयूब खाँ की। दरीबे से निकलकर जामा मस्जिद की तरफ़ जाते हुए, पचास गज़ की दूरी पर दाहिने हाथ मोहल्ला छिपीवाड़ा और गली गुलियाँ मिलते थे। इसी संगम पर एक मकान की निचली में बाहर की तरफ़ खुलती, दो पत्थर सीढ़ियाँ चढ़कर अयूब खाँ की दुकान थी। छोटी-मोटी फोड़ा-फुंसी से लेकर बालतोड़ और कर्बंकिल जैसे गम्भीर फोड़ों का शर्तिया इलाज था उनके पास। मोटे काग़ज़ की नलकियों में भरी भूरी काली मलहमों के फाए बना-बनाकर वे शरीर के प्रभावित हिस्सों पर लगाते जाते। ज़रूरत पड़ने पर नश्तर-चीरा भी वहीं सम्पन्न हो जाता। मरीज़ों में बच्चों की संख्या ज़्यादा रहती थी। उनकी चीख़-पुकार और अयूब खाँ की अबे-तबे वाली डाँट-फटकार के बीच इलाज सम्पन्न होता चलता। न ऐंटी-बायटिक, न स्टरलाइज़ेशन, नश्तर को वे फटे कपड़े से कसकर साफ़ करते और तेल की कुप्पी या मोमबत्ती की लौ में घुमा-फिराकर उसकी शुद्धि हो जाती। इलाज पर ख़र्च वही इकन्नी-दुअन्नी से एक रुपए तक।

चारों तरफ़ खत्री, जैन, बनियों और कायस्थों के परिवारों से घिरे मियाँ अयूब खाँ उस पूरे परिवेश का सहज हिस्सा थे। अपनी वेश-भूषा, बोली-बानी सबसे सोलह आने मुसलमान दिखाई पड़ते। पर आसपास के मोहल्लों की सारी आबादी से उनका दुआ-सलाम से कुछ अधिक आपसदारी का सम्बन्ध था।

हर मोहल्ले की बनावट एक-जैसी होती थी। कूँचे/गली के नुक्कड़ पर गर्मियों में टाट/बुरादे में लपेटी सिल्ली से काट-काटकर बर्फ़ के टुकड़े बेचता बर्फ़वाला। वहीं किसी मकान की गली में खुलती दुकाननुमा कोठरियों में से माचिस, चूरन और बच्चों की खट्टी-मीठी गोलियों से लेकर रोज़मर्रा काम में आनेवाली न जाने कितनी चीज़ें बेचते बिसाती। इन दुकानों की सबसे बड़ी खूबी थी परिवारों की सहज पहुँच के भीतर इनकी स्थिति। घर के नौकर या किसी बच्चे को ज़रूरत पड़ने पर सौदा लाने के लिए दौड़ा दिया जाता। रुपए में उस समय 100 पैसे नहीं 16 आने, हर आने के 4 पैसे यानी कुल 64 पैसे होते थे। पैसे में भी दो धेले या तीन पाइयाँ। हर सिक्के का मोल था। एक या दो पैसे की बर्फ़ घरों में सूरज चढ़ते ही मँगाकर बुरादे में दबा दी जाती या टाट के टुकड़े में लपेटकर रख दी जाती। कम-से-कम आधे दिन की ज़रूरत पूरी करने के लिए उतना काफ़ी था।

सारी दोपहर गलियाँ खोमचेवालों की आवाज़ों से गूँजती रहती। याद नहीं, कभी बच्चों को एक या दो पैसे से ज़्यादा कुछ दिया जाता हो। खोमचे, आवाज़ें, बच्चे, घर सब तय थे। आवाज़ सुनते ही बच्चे हवेलियों के बाहरी चबूतरे पर पहुँच जाते और एक पैसे में फ़ी धेले के हिसाब से दो चीज़ों की प्राप्ति कर हवा हो लेते।

न परिवार-नियोजन कोई समस्या थी, न प्रदूषण। बिजली-पानी 24 घंटे इफ़रात से। हर जोड़े के पाँच-छह बच्चे होना आम बात थी। संयुक्त परिवारों की सदस्य संख्या का इससे सहज अनुमान लगाया जा सकता है। खाते-पीते परिवारों में बीस-पच्चीस सदस्यों का खाना-पकना आम बात थी। खाना बनाता महाराज, तैयारी करतीं घर की बहुएँ। खानेवालों के क्रम में सबसे पहले मर्द, उसके बाद औरतें, बीच में जहाँ-तहाँ बच्चे। खाने की जगह भी तय। रसोईघर में चटाई या पटरों के सामने लगी चौकी पर थाली में महाराज खाना परोसकर, 'आते जाओ, खाते जाओ, चलते जाओ' की लय बाँधकर सबको निबटा देता। खाने की कुर्सी-मेज़वाले अलग कमरे तो बस अंग्रेज़ अफ़सरों और काले नौकरशाहों की शहर के बाहरवाली कोठियों में होते थे। शहर के घरों में तो कभी-कभार कोई मेहमान आता तो जिसका मेहमान होता, खाना उसी के कमरे में चौकी लगाकर पहुँचा दिया जाता था। खाने-पीने का तौर-तरीक़ा पाक्-कला, व्यंजन जातियों के हिसाब से—बनिए, जैन, खत्री, कायस्थ, मुसलमान। शाकाहारी परिवार, मांसाहारियों के यहाँ खाने-पीने से यथासम्भव परहेज करते थे। दिलचस्प बात यह थी कि बोली-बानी, शब्द-सम्पदा, उच्चारण सबमें जातिगत और वंशगत संस्कारों के कारण ऐसा अन्तर था कि मुँह खोलते ही अन्दाज़ा लगाया जा सकता था कि वक़्ता का कुल-गोत्र क्या है। औरतों और मर्दों की ज़बान का फ़र्क अलग। चाहें तो इसे घरेलू और बाज़ारू ज़बान का फ़र्क कहा जा सकता है।

ज़बान का अन्तर पेशों के हिसाब से भी साफ़ दिखाई पड़ता था। कोर्ट-कचहरी की, दुकानदारी की, सरकारी दफ़्तरों की, शिक्षा-संस्थानों की, शब्द-सम्पदा, वाक्य-संरचना, बलाघात के अन्तर से खड़ी बोली के न जाने कितने रूप प्रचलित थे। पर यह अन्तर 'कुरु कुरु स्वाहा' के पात्रों में दिखाई पड़नेवाला अन्तर नहीं था, जहाँ बम्बइया हिन्दी पर मराठी, गुजराती, सिन्धी जैसी तमाम भाषाओं की छाप से भाषा के रंग ही अलग हो जाते हैं। यहाँ एक ही खड़ी बोली तरह-तरह के रूपों में नज़र आती थी। दिल्ली की खड़ी बोली का एक दिलचस्प रूप 'करखनदारी' था। इस रूप पर कई शोध-प्रबन्ध लिखे जा चुके हैं। वाक्य के आगे-पीछे 'अबे-तबे' या माँ-बहन से जुड़ी गालियों के बन्द कुछ ऐसे लगे रहते

थे जैसे शहर के मनिहार महिलाओं को चूड़ियाँ पहनाते समय आगे-पीछे दो अतिरिक्त चूड़ियाँ लगा देते थे। ये 'बन्द' बाक़ी चूड़ियों से मेल भले ही नहीं खाएँ पर उनके बिना जैसे चूड़ियाँ फबती नहीं थीं। यह करखनदारी भाषा प्रायः ताँगे-रेहड़ेवालों की ज़बान पर और जामा मस्जिद के आसपास के इलाक़ों में इफ़रात से, बेधड़क प्रयोग में लाई जाती थी। लगातार दोहराव से भाषा कैसे निरर्थक हो जाती है, इसका बेहतरीन नमूना थी यह ज़बान। गालियों से अलंकृत इस भाषा पर न कोई रोक-टोक थी, न ही चौंकाने जैसी कोई बात।

यह बात अलग है कि जामा मस्जिद और आसपास के इलाक़ों में महिलाओं का आना-जाना मजबूरी में ही होता था। गोकि भय का कोई स्पष्ट कारण नहीं था। पर उस इलाक़े का इतिहास इस संकोच का कारण था। साम्प्रदायिक दंगे देश के बँटवारे से पहले दिल्ली में कभी हुए हों—याद नहीं आता। व्यापारिक कारणों से हिन्दू-मुसलमान जनता के बीच ख़ासी आपसदारी थी। अधिकांश व्यापारिक ठिकानों के मालिक हिन्दू, पर शिल्पी और कारीगर ज़्यादातर मुसलमान। काम ज़ेवरात बनाने का हो, कपड़ों पर कशीदाकारी का, या हाथी दाँत और बर्तनों पर कारीगरी का—अधिकांश हुनर मुसलमानों के हाथों में थे। इसलिए परस्पर निर्भरता भी मेलजोल का महत्त्वपूर्ण कारण थी। पर रिहाइशी मोहल्लों का बँटवारा एकदम साफ़ था।

चावड़ी बाज़ार के आगे उर्दू बाज़ार की दिशा में बढ़ते ही मुसलमानों की घनी बस्ती शुरू हो जाती थी। मटिया महल, चितली क़ब्र, फराशखाना से होते हुए चाँदनी महल तक इस आबादी के रिहाइशी मोहल्ले थे। जामा-मस्जिद की सीढ़ियों से सटी हुई छोटी-छोटी दुकानें थीं, जिनमें कील-काँटे, औज़ारों से लेकर बड़े दुर्लभ मशीनी पुर्ज़े और चोरी किया हुआ माल बिकता था। आसपास के शहरों तक से लोग नायाब चीज़ों की तलाश में दिल्ली के इस मशहूर कबाड़ी बाज़ार के चक्कर काटते थे। छोटी-मोटी बातों को लेकर आए दिन मामूली झगड़ा-फ़साद या मार-पीट हो जाना, इस इलाक़े के लिए मामूली बात थी।

हिन्दुओं के मोहल्ले भी कोई बहुत दूर नहीं थे। मोटे तौर पर चावड़ी बाज़ार को विभाजन रेखा कहा जा सकता है, जो ख़ुद लम्बे समय तक वेश्याओं से आबाद था। नीचे दुकानें और ऊपर तवायफ़ों के कोठे। दिन में निगाहें नीची किए बाज़ार में तिजारती सौदे होते थे। क्योंकि तब भी वह काग़ज़ की सबसे बड़ी मंडी थी। रात में दबे पाँव, दुनिया की नज़रों से आँख बचाते वही लोग वहाँ जाते जिन्हें किसी कोठे पर चढ़ना होता। सदी के चौथे दशक तक तवायफ़ों की यह बस्ती विस्थापित करके पुनर्वास-योजना के तहत जी.बी. रोड पर बसा दी गई—बिना

शोर-शराबे के। क्योंकि पूरे नगरवासियों की इस विषय पर अनकही सहमति थी कि वेश्याओं को शरीफ़ों के मोहल्लों से ज़रा दूर ही होना चाहिए। उस समय की भौगोलिक बनावट के अनुसार जी.बी. रोड शहर के बाहरी हिस्से पर ही पड़ता था। पुरानी दिल्ली से नई दिल्ली जाने के लिए भी इस सड़क से गुज़रना कतई ज़रूरी नहीं था। यह बात चावड़ी बाज़ार के बारे में सही नहीं थी। इसके अलावा, उस समय आसफ़ अली रोड की विशाल इमारतों का भी अता-पता नहीं था। दरियागंज के दिल्ली गेट से अजमेरी गेट तक, इरविन अस्पताल (अब जयप्रकाश नारायण अस्पताल) को छोड़कर विराट सूनापन व्याप्त रहता था। लेकिन अजमेरी गेट से अन्दर दाखिल होते ही, पुराने शहर की वही चहल-पहल भरी ज़िन्दगी अपनी भौगोलिक संरचना, अपनी रवायतें, जो दिल्ली की निजी पहचान थी।

दिलचस्प है गली-मोहल्लों के शिरा-जाल से रचा वह इलाक़ा, जिसके एक तरफ़ तुर्कमान गेट के आसपास घनी मुस्लिम बस्ती है। अजमेरी गेट के पासवाली मस्जिद, कुछ आगे बढ़ने पर मशहूर हकीम अब्दुल हमीद का हमदर्द दवाखाना, और उधर गेट के दाहिनी तरफ़ अब के ज़ाकिर हुसैन कॉलेज (जो तब ऐंग्लो अरबिक कॉलेज था) की प्राचीन मुग़ल शैली की इमारत। जी.बी. रोड, इसी कॉलेज की इमारत के बग़ल से अजमेरी गेट को अलग करके सीध में बढ़नेवाली लम्बी सड़क है जो अन्त में खाड़ी बावड़ी पर ख़त्म होती है।

बहरहाल, अजीबोग़रीब बनावट थी—अजमेरी गेट से भीतर आने पर बसागत की। अब उस सड़क पर हॉर्डवेयर और उसी क़िस्म के दूसरे सामान की थोक मार्केट है। सड़क सीधी हौज़ काज़ी पर आकर ख़त्म होती है। इसी सड़क पर दाएँ हाथ बीचोबीच अब मैट्रो का स्टेशन बना है, जो पूरे इलाक़े के लिए बहुत बड़ी नेमत है। 'हौज़ काज़ी' नाम ही किसी हद तक यहाँ की रिहाइश की प्रकृति की तरफ़ इशारा करता है। जहाँ सड़क ख़त्म होती है, उसके ठीक सामने एक मस्जिद है। अनुमान किया जा सकता है कि इस चौराहे पर बीचोबीच मस्जिद से सम्बद्ध कोई बड़ा हौज़ रहा होगा। बाक़ी तीन सड़कों में से सीधी जानेवाली सड़क मशहूर चावड़ी बाज़ार है जो आज भी काग़ज़ और कार्डों की सबसे बड़ी थोक मार्केट है। दूसरा अजूबा है चावड़ी बाज़ार के दाएँ हाथवाली सड़क—बाज़ार सीताराम। हिन्दुओं की घनी बस्ती होने के अलावा, आज भी बाज़ार सीताराम दिल्ली की दावतों के विशेषज्ञ हलवाइयों के लिए मशहूर है। दिल्ली के महानगरीय विस्तार और सैकड़ों की संख्या में फैले तथाकथित 'केटरर्स' के हाथ में ठेठ दिल्ली की चाट, पकवानों और विशिष्ट खाद्य सामग्री तैयार करने का वह हुनर है ही नहीं जो सीताराम बाज़ार के पुश्त-दर-पुश्त चले आते इन हलवाई परिवारों के पास है।

समय के साथ बाज़ारवाद का प्रभाव क़ीमतों और व्यवहार दोनों पर पड़ा है, पर आश्वस्त करनेवाली बात यह है कि गुणात्मकता में कोई कमी नहीं आई है। अलबत्ता मिज़ाज़ में व्यावसायिकता और नखरा ज़रूर बढ़ गया है। सीताराम बाज़ार दो चीज़ों के लिए बहुत मशहूर था, आज भी है। एक चाट और दूसरी कुल्फ़ी। बरसों तक शहर के बाहर के केटरर्स ने इस विशेषता का फ़ायदा उठाया। वे बड़ी दावतों में इन्हें सीताराम बाज़ार से मँगाकर, दुगुने-तिगुने दामों पर परोसते रहे। सूचना-तन्त्र के विज्ञापनधर्मी माहौल में बात देर-सवेर उजागर हो गई। अब स्थिति यह है कि वहाँ के मशहूर 'कूड़ेमल मोहनलाल कुल्फ़ी वाले' का विज्ञापन बड़े ठसके से अंग्रेज़ी के दैनिक अख़बार में इस सुर्खी के साथ छपता है कि उन्होंने ही ऐश्वर्या-अभिषेक की शादी में कुल्फ़ी सप्लाई की थी। यह पूछने पर कि वहाँ किसने कौन-सी कुल्फ़ी पसन्द की? उनका जवाब था कि इसके बारे में उन्हें कोई जानकारी नहीं है। उनसे तो बस 'इवेंट' वाले सज्जन ने मुम्बई आकर कुल्फ़ी सप्लाई करने के लिए कहा, और उन्होंने कर दी। अब इस एक सदी पुरानी दुकान को जो अनिल शर्मा नाम के सज्जन चलाते हैं, उन्होंने पूरी प्रयोगवादी पद्धति से कुल्फ़ी के साठ से अधिक प्रकार ईजाद कर लिए हैं। क़ीमत है 20-25 रुपए। पर अब वे रिटेल में नहीं, केवल पहले से ऑर्डर मिलने पर ही कुल्फ़ी बेचते हैं—थोक में। चाहें तो उनका पता और मोबाइल नम्बर दोनों बाकायदा उपलब्ध हैं।

सीताराम बाज़ार एक और बात के लिए मशहूर है। वहाँ तमाम पुरानी दिल्ली के जमे हुए परिवारों के अलावा अच्छी-खासी संख्या में कश्मीरी पंडितों के परिवार हैं जो किसी समय विस्थापित होकर यहाँ आ बसे थे। कमला नेहरू का परिवार भी उन्हीं में था, जिन्हें ब्याहने के लिए जवाहरलाल नेहरू की बारात इसी सीताराम बाज़ार में आई थी। इस दृष्टि से इस बाज़ार का ऐतिहासिक महत्त्व है।

चावड़ी बाज़ार के बाईं तरफ़ जो सड़क इस चौराहे से शुरू होकर अन्दर ही अन्दर चाँदनी चौक के बाज़ार बल्लीमारान तक जाती है, उसे लाल कुआँ कहते हैं। इस सड़क का यह नाम क्यों पड़ा, ज़रूर कोई वजह रही होगी। पर खास बात है इसकी रिहाइशी संरचना की। इस लम्बी सड़क पर हिन्दू-मुस्लिम आबादी दोनों के मोहल्ले हैं। जबकि चावड़ी बाज़ार अन्ततः जब जामा मस्जिद पर ख़त्म होता है, तो उसके दाहिने तरफ़ से कटनेवाले तमाम रास्ते घनी मुस्लिम बस्तियों की तरफ़ ले जाते हैं और बाईं तरफ़ की सारी गलियाँ सघन हिन्दू आबादियों की तरफ़।

इस इलाक़े का सबसे बड़ा अजूबा है शहर का सबसे पुराना लड़कियों का स्कूल, जो आज भी उसी तरह चल रहा है—जामा मस्जिद के साए में। चावड़ी बाज़ार से निकलकर बाएँ हाथ चलते हुए सड़क कोने में स्थित इन्द्रप्रस्थ हायर

सेकंडरी स्कूल पर ख़त्म होकर जामा मस्जिद की तरफ़ घूम जाती है। किसी ज़माने में यह दिल्ली के पढ़े-लिखे सम्भ्रान्त परिवारों की लड़कियों की लगभग निर्विकल्प शिक्षा-संस्था थी। इसी स्कूल में प्रसिद्ध सरोद-वादक शरनरानी बाकलीवाल मेरी सहपाठी थीं और प्रसिद्ध संस्कृतिकर्मी 'विदुषी कपिला वात्स्यायन' लगभग चार वर्ष आगे थीं। हम लोगों के आगे-पीछे भी न जाने कितनी नामी हस्तियों ने इसी संस्था से स्कूली शिक्षा पूरी की। स्कूल आज भी उसी विराट हवेलीनुमा इमारत में चलता है जिसका एक दरवाज़ा जामा मस्जिद की तरफ़ और पिछवाड़ा छीपीवाड़े में खुलता है। स्कूल में खेल का मैदान न तब था, न अब है। अब क्या व्यवस्था है, नहीं जानती। तब लड़कियों को लाइन बनाकर, ठीक जामा मस्जिद के सामने से दरियागंज के ज़रा पहले 'पर्दाबाग़' नाम के जनाने उद्यान में ले जाया जाता था।

खास बात यह थी कि लड़कियों ने न कभी स्कूल के भीतर न इस पंक्तिबद्ध यात्रा के दौरान, उस मुस्लिम-बहुल इलाक़े में किसी तरह की दहशत या असुरक्षा महसूस की। यह बात इसलिए महत्त्वपूर्ण है कि बँटवारे से पहले इससे दिल्ली की जनता की ग़ैर-साम्प्रदायिक और सौहार्दपूर्ण मानसिक बनावट का अन्दाज़ा लगाया जा सकता है।

जामा मस्जिद की सीढ़ियों से लगी मांसाहारी खाने की तमाम दुकानें अपने विशेष खाद्य पदार्थों के लिए मशहूर थीं। तरह-तरह के कबाब, बिरयानी, रुमाली रोटी, सेवइयाँ, जिनका लुत्फ़ गाहे-बगाहे मांसाहार के शौकीन दूसरे धर्मों के लोग भी उठाते थे। निज़ामुद्दीन के मशहूर करीम के ढाबेनुमा रेस्तराँ की बुनियाद यहीं पड़ी थी। मूल दुकान आज भी उर्दू बाज़ार के कोने पर मौजूद है। दरअसल दिल्ली के बाशिन्दों की विविधता के अनुरूप दिल्ली का खान-पान एक ऐसा व्यापक विषय है जो अलग चर्चा की अपेक्षा रखता है।

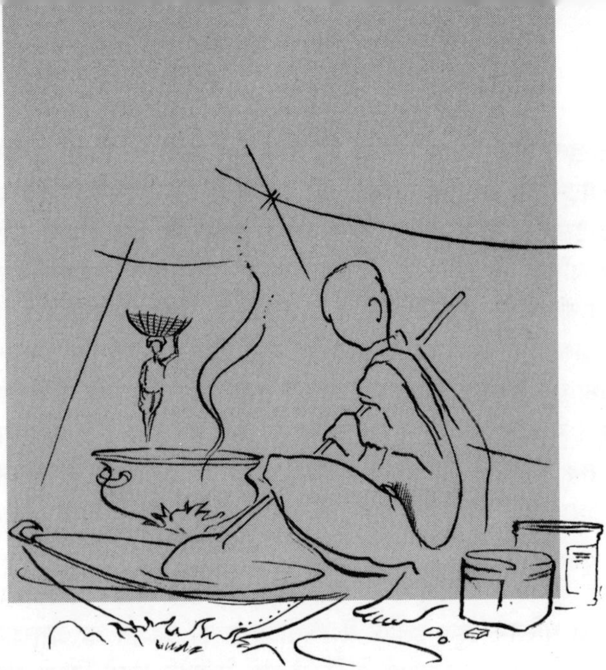

दिल्ली का 'खाना-खज़ाना'

दिल्ली के मूल निवासी जितने अपने चटोरपन के लिए मशहूर थे, उतनी ही दिल्ली उन खाद्य-पदार्थों के वैशिष्ट्य और विविधता के लिए, जिनकी लज़्ज़त ने खानेवालों में यह कद्रदानी पैदा की।

किसी समय एक कहावत प्रचलित थी : 'दिल्ली की बेटी, हिसार की गाय, करम फूटे से बाहर जाय'। इस करम फूटने की आशंका के और कारणों में से दिल्ली शहर के खान-पान की अपनी रवायत भी एक महत्त्वपूर्ण कारण रहा होगा, इसमें शक की गुंजाइश कम है। दिल्ली के मूल निवासी जितने अपने चटोरपन के लिए मशहूर थे, उतनी ही दिल्ली उन खाद्य-पदार्थों के वैशिष्ट्य और विविधता के लिए, जिनकी लज़्ज़त ने खानेवालों में यह कद्रदानी पैदा की।

इस बात का सबसे बड़ा प्रमाण यह है कि जिस रूप में इडली-डोसा या माँह की दाल और नान-रोटी ने आज लगभग अखिल भारतीय प्रसार पा लिया है वैसा दिल्ली के व्यंजनों के साथ नहीं हो सका। यह बात न दिल्ली के नागोरी हलवा, और चाट-पकौड़ी के बारे में लागू होती है, न खुरचन, हलवा-सोहन, बादाम पिस्ते की लौज (बर्फी), दौलत की चाट जैसी मिठाइयों के बारे में। यही नहीं कि इन पर शहर दिल्ली (पुरानी) की छाप लगी है, बल्कि इनके बनानेवाले हुनरमन्द

हलवाई, स्वाद और ठिकाने भी तय हैं। व्यंजन की विशिष्टता में बनानेवाले हाथों की कला की यह विरासत दिल्ली में पुश्त-दर-पुश्त चली आई है। जो बातें एक ठिकाने की विशेषता है, वही बात दिल्ली में भी किसी दूसरे ठिकाने पर मयस्सर हो सके–सवाल ही नहीं उठता। यह बात अलग है कि वक़्त के साथ कुछ ठिकाने लगभग उजड़ गए, कुछ के वंशजों को यह ख़ानदानी पेशा शान के खिलाफ़ लगा और वे मैदान छोड़ गए और कुछ ने तकनीकी संशोधन कर लिए। पर जो बच रहा है वह वक़्त की याद ताज़ा कराने के लिए काफ़ी है।

बोली-बानी, रहन-सहन की तरह खान-पान की रवायतें भी उसी पुरानी दिल्ली में क़ायम हुई जो फ़सीलों की चौहद्दी के भीतर क़ैद थी। 'लालकिले' को प्रस्थान-बिन्दु मानकर अगर चाँदनी चौक में आगे बढ़ें तो पहला मुकाम बाज़ार दरीबा कलाँ के कोने पर दाएँ हाथ पर वह जलेबी की दुकान है जिसका आकार 1½ × 1½ मीटर से ज़्यादा न होगा। आधी सदी से ज़्यादा हो गई जब सुबह से शाम ढले तक इस दुकान पर ग्राहकों की लाइन लगी रहती थी। संख्या में आज भी कोई कमी नहीं आई है। आयुर्वेद के अनुसार गर्म दूध में जलेबी को 'आधा सीसी' के दर्द यानी 'माइग्रेन' का कारगर इलाज और पथ्य दोनों माना जाता था। इस बात का लाभ उठाकर जलेबी के साथ दुकान के मालिक ने भी प्रसिद्धि पा ली थी–जलेबी ने स्वाद के साथ औषधि होने के लिए, और मालिक ने रोग के मरीजों की कनपटी की नस दबाकर रोग का उपचार करने के लिए। जलेबी उन्हीं के नाम पर 'अटल की जलेबी' कहलाती थी। कुछ वर्षों तक दुकान पर एक तख़्ती लटकी रही–असली घी के प्रयोग का दावा करते हुए, नकली साबित करनेवाले को 500 रुपए के इनाम की घोषणा के साथ। फिर अफ़वाह सुनी कि किसी सिरफिरे ने इस दावे को चुनौती दे डाली। नतीजतन, जुर्माना और इनाम दोनों भरने पड़े, पर न बिक्री पर कोई असर हुआ, न घोषणा की तख़्ती पर। जलेबी के साथ ही वे एक छोटा-सा समोसा भी बेचते थे, उस समय एक आने का। मुँह नमकीन करने के लिए। वह आज के 'कॉकटेल समोसे' का आदि रूप था।

इस जलेबी की शख़्सियत यह है कि यह सिर्फ़ बाज़ार दरीबा के चाँदनी चौकवाले नुक्कड़ पर ही बनती है। न केसर, न बनावट में महीन कशीदाकारी। पर इसकी रसबोरी प्रथुल बनावट की अपनी बेमिसाल लज़्ज़त है। जिसने खाया उसी ने सराहा।

ठीक ऐसी ही शोहरत चाँदनी चौक के बीचोबीच सेंट्रल बैंक के क़रीब छोटी-सी दही-बड़े (पंजाबी 'भल्ले') वाले की दुकान भी है। एक गली है जो पीछे के कम्पनी बाग़ के एक किनारे से शुरू होकर सेंट्रल बैंक की बग़ल में खुलती है। इतनी सँकरी कि उसमें कन्धे-से-कन्धा भिड़ाए बिना चलना मुश्किल है। आजकल

और भी, क्योंकि यही गली मेट्रो स्टेशन से चाँदनी चौक में आने का सबसे छोटा रास्ता है। इसी में कपड़े के थोक, लेकिन बिसातीनुमा व्यापारियों की छोटी-छोटी कतारबद्ध दुकानें भी हैं। मेट्रो से आवाज़ाही के कारण इसे 'इकतरफ़ा' भी घोषित नहीं किया जा सकता। नतीजतन, न जाने कितनों की सेंट्रल बैंक वाले के 'दही भल्ले' खाने की वर्षों पुरानी ललक अब पूरी होती दिखाई देती है। आजकल वहाँ एक कैसेट लगातार ग्राहकों से दो अनुरोध करता सुनाई पड़ता है—अपने बटुए और जेबों की सँभाल करें, और खाने के बाद पत्ते पत्तेदान में फेंकें, सड़क या नाली में नहीं। एक छोटे से मकान की सँकरी-सी गली से सटे दुकाननुमा बरामदे में विक्रेता टोली के तत्पर कौशल से कर्मठता और फुर्ती का पाठ पढ़ा जा सकता है। कुछ मिनट वहाँ खड़े रहकर दृश्य का जायज़ा लेने पर अनुमान लगाना मुश्किल नहीं है कि शाम को ठिया बढ़ाते समय रोकड़े में नकदी 50-60 हज़ार से कम तो नहीं ही होती होगी। एक और समानधर्मिता है जलेबीवाली दुकान से। यहाँ भी दही-भल्ले के साथ सहवर्ती व्यंजन बनता है—बेमिसाल आलू की टिकिया। बेमिसाल का मतलब बेमिसाल...पतली और करारी। दिल्ली के तत्कालधर्मी प्रबन्धन-कौशल और व्यवस्था का अपना नमूना।

कुछ और विशेषताएँ हैं इस इलाक़े की। इसी सैंट्रल बैंक के सामने थोड़ा लालकिले की तरफ़ हटकर दिल्ली शहर की सबसे पुरानी मिठाई की दुकान है जिसका नाम 'घंटेवाला' क्यों रखा गया, निश्चित रूप से तो नहीं कहा जा सकता, शायद 'घंटाघर' की निकटता के कारण। पर इतना तय है कि कुछ विशेष मिठाइयों के लिए एक पूरी शताब्दी से भी अधिक समय तक यह दुकान मशहूर रही। दुकान के ऊपर लगे नामपट्ट में उसका स्थापन वर्ष आज भी मौजूद है। सोहन हलवा, सोहन टिक्की, पिस्ते और बादाम की बर्फ़ियों के साथ 'घंटेवाला' अपनी घिया (लौकी) की बर्फ़ी के लिए जाना जाता था, उसी तरह जैसे पराँठेवाली गली के किनारेवाले 'कँवर जी' अपनी खस्ता कचौरियों, दालबीजी, मूँग की दाल की बर्फ़ी और खुरचन के लिए। इसका प्रमाण यह है कि कई दशकों तक वे परिवार जो शहर से निकलकर दूरवर्ती इलाक़ों में बस गए थे, विशेष अवसरों पर, अपना रुख इधर ही करते रहे। देसी मिठाइयों के अलावा शहर कोतवाली के सामनेवाले कोने पर बंगाली मिठाई की पुरानी दुकान 'अन्नपूर्णा' की अपनी विशिष्टता है। शहर के तमाम 'हल्दीरामों' और 'बीकानेरवालों' को ठेंगा दिखाते हुए यह दुकान आज भी मौजूद है, और चलती है—वहीं 'हल्दीराम' के साए में। अपनी मिठाइयों की अलग पहचान के बलबूते पर। 'घंटेवाले' 'कुँवर जी' की दुकान अब बँटकर आकार में आधी रह गई है पर 'अन्नपूर्णा' ज्यों-की-त्यों है।

दिल्ली के खान-पान की कोई चर्चा उस 'पराँठेवाली गली' के जिक्र के बिना अधूरी रहती है, जो चाँदनी चौक की धड़कती रग है। भला हो मेट्रो का जिसने इस निर्जीव होती जा रही गली में फिर से जान फूँक दी। अनेक व्यावहारिक कठिनाइयों के कारण लम्बे समय से पुरानी दिल्ली के तमाम इलाक़े शहर के बाहर निकल गए मूल निवासियों की पहुँच के बाहर हो गए थे। असर बाज़ारों पर भी पड़ा और ख़रीदारों पर भी। 'पराँठेवाली गली' विशेष रूप से श्री हीन होती जा रही थी। चप्पे-चप्पे पराँठों की दुकानों की संख्या कुछ साल पहले तक घटते-घटते दो रह गई थी। कुछ महीने पहले मेट्रो से जाना हुआ। जो भीड़ चाँदनी चौकवाले स्टेशन पर उतरकर बाज़ार की तरफ़ रवाना हुई, वह लगभग रोमांच पैदा करनेवाली थी। चाँदनी चौक को जैसे संजीवनी मिल गई थी और पराँठेवाली गली एक बार फिर गुलज़ार हो गई। दुकानों की वापसी हो गई। चूल्हे लहक रहे थे और तवों पर कड़छियाँ खनक रही थीं। पराँठों की विविधता में इजाफ़ा हो गया सो अलग। पहले दाल और सब्ज़ी के भरे पराँठे वहाँ की अपनी ख़ासियत थी। अब उन्हीं दुकानों में पनीर के साथ खुरचन के पराँठे भी बनने लगे हैं। भीड़ इतनी कि जगह के लिए इन्तज़ार करना पड़ता है। पेड़ों और कड़ाही के दूध की दुकानों की अपनी रौनक और अपना स्वाद अलग। दिलचस्प बात यह है कि गली का जलवा अब इंडिया इंटरनेशनल सेंटर के विशिष्ट आयोजनों में 'पराँठेवाली गली' के हवाले से, अवतरित हुआ है। जादू वह जो सिर चढ़कर बोले।

ज़माना इमिग्रेशन का है। विभाजन के बाद बसनेवालों में दो तरह के लोगों ने इसी पुराने शहर में अपनी पहचान बनाई। एक तो वे, जो घर से बेघर होकर यहाँ पैर रखने के लिए ज़मीन तलाश रहे थे। दूसरे वे, जो लम्बे समय से पूर्वी इलाक़ों से धीरे-धीरे यहाँ आकर बस रहे थे। लम्बे समय तक पंजाब से आनेवालों को 'शरणार्थी' कहा जाता था। गोकि समय के साथ, अपनी जिजीविषा, ज़िन्दादिली और संघर्षशीलता के बल पर इन्होंने दिल्ली के चप्पे-चप्पे पर, जहाँ ज़रा भी गुंजाइश मिली, वहीं कब्ज़ा करके पैर जमा लिए—उँगली पकड़ते पहुँचा पकड़नेवाले अन्दाज में—जायज़-नाजायज़ हर तरीक़े से। उनके लिए वह अस्तित्व का ऐसा विकराल संकट था जो मूल्य-बोध पर सबसे पहले घात करता है।

इस समुदाय को छोटे-मोटे धन्धों की सुविधा देने के लिए सबसे पहली मार्केट चाँदनी चौक के मुहाने पर; जैन 'लाल मन्दिर' और गौरीशंकर मन्दिर के ठीक सामने बनाई गई। कुछ दिन तक इसे 'रिफ़्यूजी मार्केट', फिर स्थायी तौर पर 'लाजपतराय मार्केट' कहा जाने लगा। इसी मार्केट में, सड़क की तरफ़ पहली पंक्ति में एक ढाबानुमा दुकान खुली जिसने पूरे दिल्ली शहर को छोले-भठूरे खाने

की दीक्षा दी। वर्षों 'विग पूरीवाले' के नाम से मशहूर इस दुकान ने मार्केट में ख़रीदारी के लिए आनेवाले ग्राहकों को दोपहर का भोजन मुहैया किया। इस हद तक कि लोग 'छोले-भठूरे' खाने के लिए लाजपतराय मार्केट जाने लगे। ध्यान ही नहीं आता था कि इसका दिल्ली के खान-पान से कोई रिश्ता नहीं है। दरअसल दिल्ली में 'छोलेवाद' की आमद मुख्य रूप से पंजाब से ही हुई। कोई सोच नहीं सकता था कि आलू की टिकिया और समोसे के साथ भी छोले का गठजोड़ बनाया जा सकता है। पर लेडी हार्डिंग अस्पताल के कोने पर पंचकुइयाँ रोड के बीचोबीच जिस पंजाबी हलवाई ने समोसों के साथ, लगभग सब्जी की तरह छोले परोसने शुरू किए, उसकी दुकान पर भी वर्षों से ग्राहकों का ताँता लगा रहता है। एक प्लेट समोसा और उसके बाद गरमागरम गुलाब जामुन। समोसा इतना बलिष्ठ कि भरपेट भोजन का जुगाड़ हो जाए।

ऐसे कई ठिकाने हैं जो दिल्ली के ठेठ खान-पान के बीच पंजाबी घुसपैठ के कारण मिली-जुली संस्कृति की तरह घालमेली शैली में प्रचलित भी हुए और खास समुदाय के बीच प्रतिष्ठित भी हो गए। अजमल ख़ाँ रोड पर रोशन की 'कुल्फी-फलूदा' और फतेहपुरी की मस्जिद के बग़लवाले सरदार जी के ढाबे की 'रबड़ी फलूदा' इसी घालमेल के उदाहरण हैं। और तो और, दिल्लीवालों की शादियों के अवसर पर दी जानेवाली दावतों में भी धीरे-धीरे इस मिश्र संस्कृति के खान-पान का प्रभुत्व होता गया। वही माह की दाल, मटर-मशरूम, दही-भल्ले, दम आलू, गोभी फ्राई, कोफ्ता और साथ में तन्दूरी रोटी—नान पराँठे के विविध रूप। दिल्ली ही नहीं, आसपास के उत्तरप्रदेश के इलाक़ों में भी इस लगभग पेटेंट व्यंजन-तालिका का वर्षों से राज रहा है। इधर कुछ विविधता और कुछ विशिष्टता के आग्रह से इस सूची में देसी-विदेशी व्यंजनों का घालमेल बढ़ा है। एक तरफ़ राजस्थानी गट्टे और दूसरी ओर चाऊमीन और पास्ता। इसके अलावा भाँति-भाँति के रंग-बिरंगे तथाकथित सलाद जिसमें रूसी, इतालवी, फ्रांसीसी के भारतीय संस्करणों से लेकर स्वास्थ्यवर्धक समझे जानेवाले पदार्थों की भरमार रहती है। अगर मेहमान सबके साथ न्याय करने लगे, तो 'वास्तविक' खाने तक पहुँचते-पहुँचते सामर्थ्य जवाब दे जाए। मिठाई की कैफ़ियत भी सामाजिक संस्कृति के मिथक को चरितार्थ करती दिखाई पड़ती है। अपनी-अपनी सुविधा और जेब के आधार पर आइसक्रीम और कुल्फ़ी के अलावा जलेबी-रबड़ी, मूँग-दाल हलवा, सर्दियों में गाजर का हलवा, मालपुआ, गुलाबजामुन में से कोई दो या तीन व्यंजन लगभग निश्चित रहते हैं। किसी ने विशेष उत्साह दिखाया तो छेने की बंगाली मिठाई की कोई क़िस्म इस सूची में जुड़ जाती है।

ध्यान देने की बात यह है कि इस सूची ने लगभग पेटेंट का दर्जा अख़्तियार कर लिया है जबकि इन मिठाइयों के मूल दिल्ली संस्करण से इनका लेना-देना कम ही होता है। दिल्ली में कुछ जातियों को छोड़कर बहुसंख्या शाकाहारी जनता की ही थी, इसलिए अधिक घालमेल उन्हीं व्यंजनों में हुआ। मांसाहारी समुदायों में प्रमुखता मुस्लिम और कायस्थ परिवारों की थी। विभाजन के बाद सिख और पंजाब से आनेवाले दूसरे समुदायों के लोग भी बड़ी संख्या में इनमें शामिल हुए। इनमें अन्तर केवल 'झटका' और 'हलाल' का ही नहीं था, पाक-विधि और पसन्द का भी था। विभाजन के बाद शाकाहारियों के बीच 'पनीर' का और मांसाहारियों के बीच 'चिकन' का चलन जिस मात्रा में बढ़ा है, उसका दिल्ली के मूल खान-पान में पहले कहीं अता-पता नहीं था। सामिष भोजन के ठिकाने मुख्य रूप से कायस्थ और मुस्लिम परिवारों में या जामा मस्जिद के आसपास के गली-बाज़ारों तक सीमित थे। सामिष व्यंजन आज की तरह खुले बाज़ारों, ढाबों में नहीं बिकते थे। मटन के साथ रुमाली रोटी बनानेवाले हुनरमन्द जामा मस्जिद से ही तलब किए जा सकते थे। यही स्थिति 'बिरयानी' की थी। आज दिल्ली शहर में 'बिरयानी' का सबसे मशहूर ठिकाना सुन्दरनगर के रास्ते में 'मटका पीर' पर किन्हीं 'टुंडे पहलवान' का है जो बड़े नखरे से, समय लेकर केवल ऑर्डर देने पर कुछ सामिष व्यंजन, विशेष रूप से 'बिरयानी' सप्लाई करते हैं। कद्रदानों का कहना है कि उनका सानी दूसरा नहीं। अन्दाज़ लगाया जा सकता है कि उनके पूर्वज पुरानी दिल्ली के ही किसी गली-मोहल्ले के वासी रहे होंगे।

दरअसल खान-पान की संस्कृति का गहरा सम्बन्ध हर समुदाय के इतिहास और भूगोल से होता है। लम्बी आनुभविक प्रक्रिया से गुज़रकर मनुष्य अपने खान-पान की रवायतें विकसित करता है जो उसके संस्कार का हिस्सा हो जाती हैं। अकेले भारत के विभिन्न प्रदेशों में ही इनकी विविधता इसका प्रमाण है। औपनिवेशिक हीन-ग्रन्थियों के मारे हम सार्वजनिक रूप से चीनी, जापानी, मैक्सिकन, थाई, इटेलियन खानों की पसन्दगी का चाहे जितना इज़हार करें पर तृप्ति अन्ततः उसी खाने से होती है जो हमारे संस्कार का हिस्सा बन चुका है। अगर ऐसा न होता तो अमेरिका और यूरोप के बाज़ारों में व्यापक पैमाने पर भारतीय व्यंजनों ने पैक्ड रूप में अपनी जगह न बना ली होती। भूमंडलीकरण के प्रभाव का एक पक्ष अपनी निजता और अस्मिता के प्रति अतिरिक्त संरक्षणशील, अधिक सतर्क होते जाना भी है। शायद इसी वृत्ति ने, इधर ठेठ दिल्ली के खान-पान के प्रति ऐसी ललक पैदा की है कि पुरानी दिल्ली के खान-पान को बढ़ती स्वास्थ्य-चिन्ता के अनुरूप कुछ ऐसें संशोधित कर लिया गया है कि स्वाद

बरकरार और आशंका निर्मूल। कारीगरी इसी को कहते हैं जहाँ हुनरमन्दी दूध के झाग उठाकर उन्हें ऐसे जमा दे कि खानेवाला सदी के मौसम में निडर होकर उसका कुल्फ़ी या आइसक्रीम की एवज़ में भोजनोपरान्त सेवन करे, वह भी इस नखरे के साथ कि वह 'दौलत की चाट' खा रहा है। दौलत की व्याख्या तो उसमें प्रयुक्त दूध-मेवा-मिश्री से किसी हद तक हो जाती है, पर वह 'चाट' किस अर्थ में है, इसे समझना-समझाना मुश्किल है। समझाने से ज़्यादा बनाना मुश्किल है। दूरदर्शन पर आए दिन होनेवाले कार्यक्रमों के बड़े-बड़े बाँकुरे बिना दीक्षा लिए इसकी गुत्थी को नहीं खोल सकते। तुर्रा उस पर यह कि बनाने की तज़वीज़, सामग्री, समय तो तय है ही, यह भी तय है कि बनाने से खाने के बीच का समयान्तराल कितना हो और अपनी रूप-सज्जा के साथ चाट का कूँडा कब तक टिका रह सकता है। ज़रा-सी चूक हुई नहीं, कि तिलस्म चकनाचूर हुआ।

यह हुनरमन्दी, जिससे लगभग हर व्यंजन में एक दुर्लभ विशेषता पैदा होती है, दिल्ली के 'खाने-खज़ाने' की अपनी पहचान है। बड़े-से-बड़े केटरिंग संस्थान में इसकी दीक्षा नहीं ली जा सकती क्योंकि ऐसी कोई निश्चित 'रेसेपी' नहीं जिसे कोई भी आज़मा ले और वह बात पैदा कर ले जो पुश्त-दर-पुश्त दिल्ली की गलियों में बसे कारीगरों के हाथों में चली आई है और आती रहेगी।

दिल्ली ऊपर दिल्ली

नई दिल्ली में जिस हद तक जाति और पद क्रम के अन्तर का ध्यान रखा गया, वह अभूतपूर्व था। लोगों के पते से न केवल उनकी व्यावसायिक हैसियत का, बल्कि उनके घर और बग़ीचे के माप का, सड़क की चौड़ाई का, और इस बात का बोध भी हो जाता था कि अफ़सर ब्रिटिश है या भारतीय।

चालीस के दशक में जब हमारी पीढ़ी ने होश सँभाला तो दिल्ली एक नहीं, दो थीं। एक नई, दूसरी पुरानी। नई दिल्ली गोरे साहबों की, काले हुक्मरानों की, और उन दूरन्देश रईसज़ादों की दिल्ली थी जो राजनीतिक हलक़ों के क़रीब रहने में अपना भविष्य तलाश रहे थे। इनके बीच एक तबका नई दिल्ली के निर्माता ठेकेदारों का था जिन्होंने गोरे साहबों के ख़्वाबों की तामीर की थी। इसके अलावा सरकारी दफ़्तरों के चपरासियों से लेकर क्लर्क और बाबू लोगों के पंक्तिबद्ध दड़बेनुमा क्वार्टर थे, जिन्हें सुविधा की दृष्टि से वहाँ आबाद कर दिया गया था।

शहर, यानी पुरानी दिल्ली में बच रहे थे व्यापारी लाला लोगों के परिवार। इनमें हीरे-जवाहरातों से लेकर कपड़े, काग़ज़, अनाज जैसी तमाम ज़रूरतों की चीज़ों के थोक व्यापारियों के अलावा मध्यवर्ग के खुदरा दुकानदार और छोटे-मोटे परचूनिए भी शामिल थे। इन व्यापारिक ठिकानों और दुकानों पर काम करनेवाला आर्थिक दृष्टि से निम्न वर्गीय समुदाय तो था ही, उनके अलावा ताँगे-रिक्शावाले,

ग्वाले, दर्जी, हलवाई, बढ़ई, लुहार, जड़िए, मिस्त्री, कुम्हार जैसे तमाम कामगारों की एक भरी-पूरी दुनिया थी जो हर सामाजिक व्यवस्था की रीढ़ होती है। यह पूरा समाज सहज समझदारी और हाथ की कारीगरी के बल पर चलता था जिसमें औपचारिक किताबी शिक्षा से ज़्यादा महत्त्व अनुभवजन्य ज्ञान और विरासत को दिया जाता था।

व्यापारी घरानों में लिखाई-पढ़ाई का महत्त्व कुछ-कुछ समझ में आने लगा था, पर वहीं तक जहाँ तक वह कारोबार में सहायक हो या फिर अफ़सरान के सामने आधुनिकता और हैसियत का दिखावा करने में काम आ सके। शिक्षित वर्ग में मुख्य रूप से अध्यापक, डॉक्टरी पेशा लोग, और अच्छी संख्या में वकील-मुंशियों की जमात थी। लेखक उँगलियों पर गिने जा सकते थे। कलाकारों में गिने-चुने चित्रकार, गायक और वादक। कला की कद्रदानी (विशेषकर संगीत की) व्यापारी और वकील परिवारों तक ही सीमित थी। आकाशवाणी का स्टेशन राजपुर रोड पर एक बँगले से ब्रॉडकास्टिंग हाउस के नाम से चलता था जिससे मुख्य रूप से गायन-वादन के कार्यक्रम और ख़बरें प्रसारित होती थीं। शेष कार्यक्रमों में सप्ताह में एक दिन महिलाओं के लिए और एक दिन बच्चों के लिए विशेष कार्यक्रम होते थे। जनता की रुचि मुख्य रूप से ख़बरें सुनने में रहती थी। सारा दिन डिब्बानुमा रेडियो चलाकर गाना-बजाना सुनने का चलन उस समय नहीं था।

वकील परिवार काफ़ी समय तक शहर से बाहर नहीं निकले। इसका महत्त्वपूर्ण कारण कोर्ट-कचहरी से नज़दीकी था। कचहरी उस समय भी तीस हज़ारी में थी और उसकी एक शाखा कश्मीरी गेट पर, चर्च के सामने उस पत्थर की इमारत में चलती थी जिसमें बाद में दिल्ली का मशहूर हिन्दू कॉलेज अपने आरम्भिक वर्षों में आबाद रहा। उस इलाक़े में कचहरी क़ायम करने की वजह यही रही होगी कि तब न्यायाधीश प्रायः अंग्रेज़ ही होते थे और सिटी मजिस्ट्रेट, डिप्टी कमिश्नर, कमिश्नर जैसे हुक्मरानों के बँगले भी सिविल लाइंस में ही थे। वकीलों के घर और कमरे अलबत्ता लम्बे समय तक नई सड़क और चाँदनी चौक के इर्द-गिर्द बने रहे। पहली खेप ने जब शहर छोड़ा तो रुख उसी सिविल लाइंस की तरफ़ किया जो पढ़े-लिखे ऊँचे तबके के लोगों की रिहाइश के लायक साफ़-सुथरा इलाक़ा समझा जाता था। कोर्ट रोड, कमिश्नर लेन, फ्लैगस्टाफ़ रोड जैसी सड़कों के अब तक चले आ रहे नाम इसी मानसिकता की तरफ़ इशारा करते हैं।

उस इलाक़े के महत्त्व का अन्दाज़ा इस ऐतिहासिक घटना से लगाया जा सकता है कि जब 12 दिसम्बर, 1911 को प्रस्तावित भव्य 'दरबार' के लिए रानी

मेरी के साथ जॉर्ज पंचम भारत पधारे, तो और तमाम बातों के अलावा उन्होंने इस अवसर पर देश की राजधानी को कलकत्ता से बदलकर दिल्ली लाने के फैसले की घोषणा की। कलकत्ता के यूरोपियन व्यापारियों के अलावा लॉर्ड कर्ज़न और महात्मा गांधी ने भी उनके इस इरादे का यह कहकर विरोध किया कि ऐसा करना फ़िज़ूलखर्ची होगी। इसके बावजूद अपने इरादे की पुख़्तगी के बतौर जॉर्ज पंचम और रानी ने दरबार-स्थल के पास दो पत्थर रखकर प्रस्तावित नए शहर का शिलान्यास कर दिया और वायसराय लॉर्ड हार्डिंग ने राजा की इच्छा को आकार देने की ठान ली। दरअसल वायसराय लॉर्ड हार्डिंग की तीव्र इच्छा थी कि यह योजना उनके कार्यकाल में पूरी हो जाए, इसलिए इसके बारे में जितनी जल्दी सम्भव हो सके, फैसले ले लिए जाएँ।

जगह का चुनाव करने से पहले कुछ ऐसी आशंकाओं को दूर करना ज़रूरी था जो गहरे तक जमी थीं। उदाहरण के लिए यह व्यापक विश्वास था कि यमुना का तटवर्ती इलाक़ा मच्छरों से भरा है और ब्रिटिश-स्वास्थ्य के लिए नुकसानदायक साबित होगा। जब किंग्सवे कैम्पवाले स्थल को नापसन्द और नामंज़ूर किया गया तो छोटे होने के अलावा एक ज़्यादा बड़ी वजह यह भी थी कि ब्रिटिश लोगों की नज़र में वह गन्दगी-भरे पुराने शहर के बहुत क़रीब था।

वर्तमान कैंट के इलाक़े पर विचार करने के बाद उसे भी नामंज़ूर कर दिया गया। इसलिए कि इस इलाक़े को भी मलेरिया-ग्रस्त समझा जाता था। दूसरी आशंका यह थी कि प्रस्तावित गवर्नमेंट हाउस–सरकारी इमारतों में जिसकी स्थिति केन्द्रीय थी, 'रिज' की चोटी पर बनाए जाने पर भी, नई राजधानी के अलग-अलग हिस्सों से अच्छी तरह दिखाई नहीं देगा। लॉर्ड स्टेमफोर्डडम ने वायसराय को स्पष्ट चेतावनी दी थी कि 'गवर्नमेंट हाउस' किसी सूरत में जामा मस्जिद और लालकिले की तुलना में नाटा नहीं दिखना चाहिए। आगे चलकर समतल ज़मीन से घिरी रायसीना पहाड़ी इस दृष्टि से आदर्श साबित हुई। पुराने किले के निकट होने के कारण उसने ब्रिटिश और पूर्ववर्ती साम्राज्य के बीच एक प्रतीकात्मक सम्बन्ध भी मुहैया कर दिया जिसकी निर्माताओं को अपेक्षा थी। अमूमन राजनीतिज्ञों की तरह, हार्डिंग ने इस चुनाव का श्रेय ख़ुद ले लिया। योजना को कार्यान्वित करने के लिए अगले वर्ष यह ज़िम्मेदारी लन्दन काउंटी कौंसिल के कैप्टेन स्विंटन को सौंप दी गई। उन्होंने रॉयल ब्रिटिश इंस्टीट्यूट ऑफ आर्किटेक्ट्स से मशविरा करके इस काम के लिए एडविन लैंडसिअर ल्यूटन का नाम प्रस्तावित किया। ल्यूटन ने अपने साथ के लिए हर्बर्ट बेकर का नाम सुझाया। उनके साथ वे पहले दक्षिणी अफ्रीका में काम कर चुके थे।

उसी साल, दोनों वास्तुकारों और काउंटी के कुछ विशेषज्ञों को साथ लेकर कैप्टेन स्विंटन ने दिल्ली का दौरा शुरू किया। जिस जगह शहर का शिलान्यास किया गया था, वह इस टुकड़ी को पसन्द नहीं आई। उन्होंने एकमत से राजधानी के लिए उसे नामंज़ूर कर दिया।

नए सिरे से उचित स्थल की खोज में निकले इन विशेषज्ञों ने रायसीना की पहाड़ी के पास बसे मालचा गाँव को चुना। इस घटना का बयान गवर्नर जनरल लॉर्ड हार्डिंग ने इस तरह किया है : "मालचा गाँववाली जगह को नापसन्द करने के बाद मैंने घोड़े पर सवार होकर, दिल्ली के कमिश्नर हेली को साथ लिया। हम लोग मैदान में सरपट दौड़ते हुए कुछ दूरी पर स्थित रायसीना की पहाड़ी पर जा पहुँचे जो किसी समय महाराजा जोधपुर की मिल्कियत थी। पहाड़ी की चोटी से पुराने किले और हुमायूँ के मकबरे जैसे स्मारकों तक फैला दृश्य अद्भुत था। दूर से चाँदी की तरह झिलमिलाती यमुना की धारा का अन्तिम सिरा नज़र आ रहा था। मैंने कहा, गवर्नमेंट हाउस के लिए सही जगह यही है। हेली मेरे कथन से तत्काल सहमत हो गए। ल्यूटन और बेकर भी हमसे पहले ही गर्मियों में एक दिन हाथी की सवारी करते हुए रायसीना हिल को देखकर पसन्द कर चुके थे।" परियोजना के बारे में आख़िरी रिपोर्ट 20 मार्च, 1913 को तैयार करके सौंप दी गई। यह बात अलग है कि उसमें बाद में भी कई परिवर्तन किए गए। एक महत्त्वपूर्ण कारण था ख़र्च में यथासम्भव कटौती। औपनिवेशिक सत्ता को यह बोध था कि इस परियोजना में भारतीय पैसे का जो ख़र्चा होना था, उससे भारत के कृषिक या औद्योगिक विकास में कोई प्रगति नहीं होनेवाली थी। तय किया गया कि पहाड़ी की खुदाई से जो पत्थर निकलेगा उसका उपयोग भवन के निर्माण में किया जाएगा और जहाँ खुदाई होगी उस ख़ाली जगह पर एक विशाल रंगशाला बनाई जाएगी।

वायसराय और राजा, दोनों की राय थी कि राजधानी का निर्माण परम्परागत भारतीय शैली में होना चाहिए। अतः बेकर और ल्यूटन ने भारतीय वास्तुशिल्प की जानकारी हासिल करने के लिए दक्षिण की ओर कूच किया। वहाँ की इमारतों, हिन्दू मन्दिरों, उनकी मूर्तिकला, और महलों की देख-परख करने के बाद वे साँची, माँडू, ताजमहल (आगरा) से बीकानेर होते हुए लौटे। यात्रा ख़त्म होने तक उन्हें यह यक़ीन हो गया था कि वस्तुतः किसी ऐसी वास्तुकला का वजूद ही नहीं है जिसे वास्तुशिल्प की ठेठ भारतीय परम्परा कहा जा सके। उन्होंने अपनी राय का स्पष्ट इज़हार कर दिया। उनकी यह धारणा एक हद तक सही भी थी। हम विश्व में किसी से भी होड़ ले सकनेवाले किले बनाना जानते थे। हमारे पास शाही ठाठ

से रहने के लिए राजघरानों के रिहाइशी महल बनाने की कला भी थी। हमें उनके लिए मकबरे बनाने भी आते थे और मस्जिद-मन्दिर जैसे धार्मिक स्थलों के निर्माण में भी हम पारंगत थे। पर हमें ऐसी इमारतों के निर्माण का अनुभव नहीं था जिनमें संसद और विधान सभाओं की बैठक की जा सके। हमने न कभी अदालतें बनाई थीं और न ही सरकारी नौकरों के लिए दफ़्तर और क्वार्टर। यह विचार ही हमारे लिए नया था। हमारे यहाँ दरबार-ए-आम और दरबार-ए-खास का चलन था पर वे महज़ दरबार होते थे, इमारतें नहीं।

ल्यूटन का निश्चित मत था कि यूरोपीय अभिजात्यवादी शैली में जेकोबियन मज़बूती के मेल से इमारतों का निर्माण किया जाए जो मूल रूप में उसके अंग्रेज़ी देहात के घरों की शैली थी। उसने भारतीय वास्तुकला की हर शैली के निवेश का विरोध किया। ल्यूटन की नज़र में भारतीय वास्तुशिल्प, पश्चिमी मानस के लिए बहुत बोझिल था। उसमें समन्वय की कमी, उसे उबाऊ लगती थी। हिन्दू वास्तुशिल्प को वह महज़ जोड़-जाड़कर मुलम्मा चढ़ाने की कला समझता था। उसने यह तो स्वीकार किया कि उसमें आकर्षक पच्चीकारी है पर इस कला का श्रेय भी उसने इतालवी प्रभाव को दे दिया। जब वह शहर का नक्शा बना रहा था, तो उसकी ज्यामितिक रूपरेखा के रास्ते में अनगिनत गढ़, मस्जिदें और कब्रें–उसी के शब्दों में–'अनकेअर्ड न्यूसेंसेज' पड़ीं। दिल्ली की मस्जिदों के गुम्बद उसे शलगमों की याद दिलाते थे।

वायसराय लॉर्ड हार्डिंग को यह एहसास परेशान कर रहा था कि नई दिल्ली के निर्माण पर होनेवाला ख़र्च भारतीय राजस्व से किया जाएगा। वह इस विषय में भारतीय जनमत को अहमियत देना भी ज़रूरी समझता था। उसने इसलिए कलाओं के मिले-जुले प्रयोग का प्रस्ताव किया। हर्बर्ट बेकर का झुकाव भारतीय शिल्प के प्रति अधिक था। उसे लगता था कि यदि स्तम्भों का बहुतायत से उपयोग किया जाए तो उससे सब सन्तुष्ट भी हो जाएँगे और वह काफ़ी हद तक क्लासिकी कला भी होगी। उन्होंने बाहरी दिखावट को भारतीय रंग देने के लिए तीन आकृतियों का चयन किया–छज्जा, जाली और छतरी। शेष लगभग समूचा ब्रिटिश वास्तुकला के अनुरूप था। अन्ततः पश्चिम की क्लासिकी वास्तुकला के रूप और अनुपात में राजपूत और मुग़ल शैली के अलंकरण का मेल करके इन इमारतों का निर्माण मिश्र शैली में करने का फैसला किया गया। यह बात अलग है कि इनके अलंकरण पर हाथ खोलकर ख़र्च हुआ। उदाहरण के लिए राष्ट्रपति भवन की बाहरी दीवारों पर खुदाई से बड़ी संख्या में कमल, सर्प, हाथी, वृषभ, घंटे जैसी आकृतियाँ बनाई गई हैं। सबसे अधिक आहत करनेवाली बात वह लेख

है जिसे 1925 में, नार्थ ब्लाक के मेहराबदार दरवाज़े पर खोदा गया था। स्वातन्त्र्योत्तर मानसिकता को, इसमें निहित साम्राज्यवादी नीयत बहुत साफ़ दिखाई पड़ती है :

"स्वतन्त्रता ख़ुद-ब-ख़ुद जनता पर अवतरित नहीं होती, जनता को अपने आप ऊपर उठकर स्वतन्त्रता तक पहुँचना होता है। वह एक ऐसा वरदान है, जिसका भोग अर्जित करने के बाद ही किया जा सकता है।"

इस पूरे प्रसंग से जुड़ी एक मार्मिक घटना को बेकर ने भी कलमबन्द किया है। बरसात में वह अपने कुछ मित्रों के साथ घुड़सवारी करते हुए रायसीना पहाड़ी की चोटी पर पहुँचा। वर्षा की झड़ी में वे वहाँ खड़े थे। सामने ध्वस्त नगरों, कब्रों और स्मारकों के खंडहर दूर तक फैले थे। वीरानगी के उस नज़ारे ने उसके मन में असमंजस पैदा कर दिया कि एक नया नगर बसाने के लिए उस जगह का चुनाव करके कहीं उन्होंने गलती तो नहीं की। तभी अचानक बारिश रुक गई, बादल छँट गए और आकाश में एक विराट इन्द्रधनुष की छटा, उस छोर तक छा गई जहाँ अब इंडिया गेट खड़ा है। उसने इसे अच्छा सगुन मानकर वहाँ से प्रस्थान किया।

नए शहर का काम आगे बढ़ाया जाता, इसके पहले ही विश्व युद्ध छिड़ गया और योजना चार वर्ष के लिए स्थगित करनी पड़ी। सन् 1919 के बाद काम फिर शुरू किया गया। ल्यूटन उस समय बयालिस वर्ष का था। योजना के अनुसार पहाड़ी को खोदकर रंगशाला का निर्माण करना था और खुदाई से निकलनेवाले पत्थर का उपयोग वायसराय के निवास और सचिवालय की दोनों इमारतों के लिए होना था। ल्यूटन को बहुत जल्दी बोध हो गया कि उस पहाड़ी का पत्थर इस काम के लिए उपयुक्त नहीं है। इसके लिए विंध्याचल के पहाड़ों और मध्य भारत के दूसरे स्थलों से वही पत्थर मँगाना होगा जिसका इस्तेमाल मुग़लों ने किया था। इसके अलावा मकराना और जयपुर से संगमरमर और धौलपुर से भी वहाँ का पत्थर लाया जाना था। स्थिति में इस बदलाव से उनका सारा हिसाब-किताब गड़बड़ा गया।

ल्यूटन की मूल योजना हुमायूँ के मकबरे के पीछे यमुना पर बाँध बाँधकर एक विशाल ताल बनाने की थी ताकि उसके चारों तरफ़ नदी का तटवर्ती पथ बनाया जा सके। ल्यूटन को इस बात से बहुत तकलीफ़ हुई कि जहाँ ताल बनाया जाना था, उसकी जगह स्पोर्ट्स स्टेडियम बनाया गया। उनके बनाए डिज़ाइन में किंग्सवे (वर्तमान राजपथ) को भी सीधे पुराने किले के प्रवेश द्वार तक निर्बाध रूप से जाना था। उसके बीच इंडिया गेट और छोटे से स्मारक के अलावा और किसी

इमारत की कल्पना नहीं की गई थी। इसके अलावा वह यह भी चाहता था कि सचिवालय के दोनों तरफ़ से सीधी सड़कें निकाली जाएँ जो जामा मस्जिद के दक्षिणी द्वार पर जाकर ख़त्म हों।

वह लालकिले के दिल्ली गेट के सामने एक विशाल चौराहा बनाना चाहता था। इनमें से एक सड़क जामा मस्जिद से चलकर यमुना के एक भव्य घाट तक जाकर ख़त्म होती। इस सड़क के दाहिनी तरफ़ दरियागंज था। उस समय उस पर बड़ी संख्या मिलिटरी से सम्बन्धित इमारतों की थी। उसका विकास नए सिरे से एक आकर्षक शहरी क्षेत्र के रूप में किया जाना था।

नदी-बाँध-योजना ख़र्च के कारण निरस्त करनी पड़ी और जामा मस्जिद तक जानेवाली सड़क इसलिए कि उसके बीच में गुरुद्वारा रकाबगंज आ गया और सिखों ने इसकी इजाज़त नहीं दी। पूरे बाज़ार को ख़रीदकर उसके बीच से सड़क निकालने का ख़र्चा हद से ज़्यादा होने की आशंका अलग थी। अतः लॉर्ड हार्डिंग ल्यूटन की ऐसी तमाम योजनाओं को ख़र्च के नज़रिए से नामंजूर करते चले गए। उनकी इस हरकत को लक्ष्य करते हुए ल्यूटन ने टिप्पणी की कि वायसराय सिर्फ़ अगले तीन साल के बारे में सोच रहे हैं और मैं तीन सौ सालों के बारे में।

बहरहाल, ल्यूटन को कई समझौते करने पड़े। इस विषय पर उनके और बेकर के बीच हुआ विवाद भी बहुत चर्चित हुआ। ल्यूटन चाहता था कि वायसराय भवन सचिवालयों से कुछ ऊँचाई पर बने। उसका तर्क था कि राज्याध्यक्ष को सरकारी कर्मचारियों से ऊँचाई पर रहना चाहिए। बेकर ने इनकार करते हुए तर्क दिया कि जनतन्त्र के तत्कालीन माहौल में शासक और उसके सरकारी कर्मचारियों को बराबर ऊँचाई पर होना चाहिए। वायसराय और जॉर्ज पंचम ने बेकर के विचार को रज़ामन्दी दे दी। उसके बाद विजय चौक से राष्ट्रपति भवन और सचिवालयों के बीच के ढाल को लेकर विवाद छिड़ गया। ल्यूटन की इच्छा थी कि वह ऐसे खड़े कोण से बनाया जाए ताकि राष्ट्रपति-भवन दूर से ही, नीचे से ऊपर तक एक बार में ही नज़र आ सके। बेकर का कहना था कि ढाल खड़ा नहीं, हलकी गोलाई लिए होना चाहिए। इस बात से कोई फ़र्क नहीं पड़ता कि वायसराय निवास एक ही नज़र में नीचे से ऊपर तक दिखाई देता है या नहीं। इस बार भी विजय बेकर की ही हुई। इस घटना के बाद दोनों वास्तुशिल्पियों के बीच बोलचाल भले ही बन्द हो गई, पर नगर-निर्माण के काम में रुकावट नहीं आई।

उस वक़्त बस्ती के नाम पर, वीरानगी के बीच सिर्फ़ बाइस भट्ठे थे जिनमें इमारतों में काम आनेवाली ईंटें बनती थीं। इम्पीरियल देहली रेलवे नाम की एक छोटी लाइन की गाड़ी बदरपुर से कनॉट प्लेस तक रेत, पत्थर और निर्माण में काम

आनेवाला दूसरा सामान ढोकर निर्माण-स्थल तक पहुँचाया करती थी। लगभग तीस हज़ार मज़दूर जिनमें बड़ी संख्या राजस्थानियों की थी, एक साथ इस योजना को कार्यान्वित कर रहे थे। इनके अलावा कुछ लोग पंजाब से आए थे और कुछ संगतराश मिस्त्री थे जिनके बारे में कहा जाता है कि वे उन लोगों के वंशज थे जिन्होंने ताज़महल बनाया था। वे सब केर्न नाम के एक स्कॉट राज मिस्त्री की देख-रेख में काम कर रहे थे।

ऐसे कई परिवार जो इस शहर को बनाने में लगे थे, ओल्ड मिल रोड (अब रफ़ी मार्ग) नाम की सड़क पर बसे थे जो पार्लियामेंट हाउस के बाहरी गिर्दे के साथ-साथ घूमती थी। जहाँ अब एक मस्जिद और भारत के पूर्ववर्ती राष्ट्रपति फखरुद्दीन अली अहमद की क़ब्र है।

दिन भर धड़धड़ाती आरा मशीनों का शोर जब शाम ढलने पर बन्द होता तो पुरुषों का आठ आने, महिलाओं का छह आने और बच्चों का चार आने की दर से भुगतान कर दिया जाता था। रहने की जगह और पीने का पानी मुफ़्त था। दिन भर की मेहनत के बाद लौटती मज़दूर-स्त्रियों की टोली के लहराते लहंगों और मस्ती भरे समवेत गायन से पूरा वातावरण सजीव हो उठता था। खाने के लिए अलबत्ता वही रूखी-सूखी रोटियाँ, कभी-कभी साथ के लिए सिर्फ़ नमक-मिर्च।

यह बात अलग है कि ख़ुशहाली ने बनानेवालों की जगह बनवानेवालों का रास्ता पकड़ा। बहुत जल्दी सीमेंट, पत्थर और ईंटों के बचे हुए स्टॉक से ठेकेदारों ने अपने लिए उस सड़क पर बड़े-बड़े भवन बनवा लिए जो अब जन्तर-मन्तर रोड कहलाती है। इन्हीं के बीच नामी ठेकेदार सरदार शोभा सिंह का, जिन्हें बाद में 'सर' के खिताब से नवाज़ा गया, 'बैकुंठ' नाम का बँगला था। इसी इमारत में अब 'केरल हाउस' है। मशहूर पत्रकार ओर लेखक खुशवन्त सिंह इन्हीं सर शोभा सिंह के चश्मे-चिराग़ हैं जिनका बचपन और जवानी (बकलम ख़ुद) इसी बँगले में गुजरा।

शहर धीरे-धीरे आकार ले रहा था। 1922 तक निर्माण की सारी सामग्री जुटा ली गई थी। चार-पाँच साल के भीतर ही लोगों ने बियाबान के बीच से एक नए शहर को उभरते देखा। ल्यूटन हर बात की तफ़सील पर बड़ा ध्यान दे रहा था। सड़कों की निशानदेही करते ही उसने विशेषज्ञ को बुलाकर एक नर्सरी स्थापित की जो आज भी हुमायूँ के मक़बरे की बग़ल में मौजूद है। पेड़ों की पाँच सौ क़िस्में आस्ट्रेलिया, पूर्वी अफ्रीका, और देसी स्रोतों से इकट्ठी की गई। सड़कों के बनने के साथ-साथ ल्यूटन किनारों पर पेड़ों के रोपने की व्यवस्था करता जाता था।

अगर आज नई दिल्ली की ख्याति संसार की हरी-भरी राजधानियों में की जाती है तो इसका श्रेय उसी को जाता है। यह बात अलग है कि पेड़ों की क़िस्मों का चुनाव बहुत सही नहीं था पर सड़कें छायादार थीं और अब तक हैं।

योजना के अनुसार दिल्ली (अंग्रेज़ों की दिल्ली) शहर का निर्माण चार-पाँच वर्ष में पूरा होना था, मगर हुआ सोलह वर्ष में। सन् 1929 तक मुख्य इमारतें तैयार हो गईं। उस समय लॉर्ड इरविन वायसराय थे। तय किया गया कि औपचारिक उद्‌घाटन किया जाए। लन्दन काउंटी कौंसिल के कैप्टेन स्विन्टन यह देखने के लिए एक बार फिर पधारे कि उनकी योजना ने कैसा रूप ग्रहण किया है। देखकर उन्होंने दर्ज किया : "सबकी आँखों के सामने वायसराय-भवन, शाही शानो-शौकत के साथ सिर उठाए खड़ा है। हम उसे देखते हैं, उसके होने का यक़ीन करते हैं और चमत्कृत होते हैं।" स्विन्टन की इस उमंग के सभी सहभागी हों, ऐसा नहीं था। बिवरले निकल्स ने भारत के बारे में अपनी पुस्तक में, छतरियों और ऐसी दूसरी विशेषताओं को लक्ष्य करके इसकी वास्तुकला के बारे में लिखा था कि वह 'फैंसी ड्रेस में ब्रिटिश मेट्रन' जैसा दिखाई दे रहा था।

सरकारी अफ़सरों और कर्मचारियों की रिहाइश का भूगोल पूरी तरह औपनिवेशिक मानसिकता से तय किया गया था। कुछ दक्षिण की ओर वरिष्ठ राजपत्रित अफ़सरों के एक मंज़िले बड़े-बड़े बँगले बनाए गए। उसी दिशा में कुछ और आगे बढ़कर संयुक्त सचिवों के आवास बने। डिप्टी, और अंडर सेक्रेटरियों के अलावा रजिस्ट्रार और सुपरिंटेंडेंट पद के अधिकारियों को रेलवे स्टेशन और सचिवालय के बीच के क्षेत्र में आबाद किया गया। इनके बाद उच्च पदों के यूरोपियन क्लर्कों को। डाक-तार विभाग, आपूर्ति विभाग, और नई दिल्ली म्यूनिसिपल कॉरपोरेशन के भारतीय अफ़सरों को गोल डाकखाने के आसपास जगह दी गई—और भारतीय क्लर्कों को कुछ और दूर हटकर। चपरासी, धोबी और सफ़ाई कर्मचारियों को इस नए शहर के आख़िरी सिरे पर बसाया गया। केन्द्र के क़रीब, किंग्सवे (अब राजपथ) पर बड़ी रियासतों को स्थान मिला। धनाढ्‌य भारतीयों को, जिनमें छोटी रियासतों को भी शामिल कर लिया गया, कनाट प्लेस से निकलनेवाली सड़कों पर प्लाट आबंटित कर दिए गए। ब्रिटिश और भारतीय व्यापारियों को भी नई दिल्ली में आवास की सुविधा दी गई पर ज़रा दूरी पर। यह एकदम साफ़ था कि नई राजधानी का लक्ष्य शासन करना है।

बारीकी से सौपानिक-क्रम के अनुसार क्षेत्रों का आबंटन गोकि सभी औपनिवेशिक शहरों की विशेषता रही है जिसके उदाहरण फ्रांसीसियों द्वारा बनाए गए 'हनोइ' में, अमेरिकियों द्वारा निर्मित 'मनीला' में और ब्रिटिश-निर्मित 'लुसाका' में दिखाई

पड़ते हैं। पर नई दिल्ली में जिस हद तक जाति और पद क्रम के अन्तर का ध्यान रखा गया, वह अभूतपूर्व था। लोगों के पते से न केवल उनकी व्यावसायिक हैसियत का, बल्कि उनके घर और बग़ीचे के माप का, सड़क की चौड़ाई का, और इस बात का बोध भी हो जाता था कि अफ़सर ब्रिटिश है या भारतीय।

इम्पीरियल बस्तियों के नक़्शे ज्यामितिक दृष्टि से ऐसे बनाए जाते थे कि उनके माध्यम से ब्रिटिश बौद्धिकतावाद की श्रेष्ठता साकार रूप में व्यक्त हो सके। अंग्रेज़ों को भारतीय नगरों का, विशेषकर शाहजहाँनाबाद का वातावरण जन-संकुल और अव्यवस्थित लगता था। वे नई राजधानी को सायास उससे भिन्न स्वरूप देना चाहते थे। उसमें बड़े-बड़े चौक और सीधी सड़कें, सभ्यता की उत्कृष्टता के प्रदर्शन की दृष्टि से बनाए गए। इस प्रभाव की बढ़ोतरी के लिए उन्होंने विशेष क्लासिकी भंगिमावाले ढलान और मेहराब बनाए। इंडिया गेट जिसे स्वतन्त्रता-पूर्व दौर में 'ऑल इंडिया वार मेमोरियल आर्च' कहा जाता था, ऐसी ही भव्य निर्मिति है, जिस पर प्रथम विश्व युद्ध में खेत हुए भारतीय सैनिकों के नाम अंकित हैं। इसका डिज़ाइन ल्यूटन ने स्वयं बनाया था।

ठीक इसी तरह वास्तुकला की क्लासिकी शैली में; विजय के स्मारक (कुतुब मीनार की तर्ज़ पर) के रूप में गवर्नमेंट हाउस के सामने विशाल चौक में जयपुर स्तम्भ बनाया गया। इस स्तम्भ के उपलब्ध आरेख इस बात का प्रमाण हैं कि इसे बनाते समय ल्यूटन के मन में रोम के त्राजन-स्तम्भ का आदर्श था। अलबत्ता, इस स्तम्भ पर लगे शिलालेख की इबारत ध्यान देने लायक है। यह ल्यूटन द्वारा प्रस्तावित मूल पाठ का वायसराय इरविन द्वारा किया गया संक्षिप्त रूप है : 'विचारों में आस्था, वाणी में विवेक, आचरण में साहस, जीवन में त्याग–भारत की महानता की यही पहचान रहे।'

जब नई दिल्ली बियाबान बंजर थी तब सरदार सोभा सिंह ने, जहाँ अब करोलबाग़ है वहाँ की ज़मीन दो आना प्रति वर्ग गज़ के हिसाब से और कनॉट प्लेस का इलाक़ा दो रुपए प्रति वर्ग की दर से ख़रीदा था, वह भी फ्री-होल्ड (बकलम खुशवन्त सिंह)। उन्हीं ने कनॉट प्लेस में वह पहली इमारत बनाई जिसमें पेस्ट्री की मशहूर दुकान 'वेंगर्ज़' है। आज भी उस पर 'सुजान सिंह ब्लाक' के नाम की लाल पत्थर की पटिया लगी है। शुरू में 'फ्राम्ज़ीज' नाम से एक पारसी परिवार वहाँ सिगार, चॉकलेट और शराब बेचता था, बाद में उसे 'वैंगर्ज़' ने ले लिया।

सोभा सिंह ने ही दिल्ली में 'रीगल' नाम का पहला सिनेमा हॉल बनाया और 'रिवोली' नाम से दूसरा। शुरू में परिवार ने ख़ुद ही इन्हें चलाने की कोशिश की। गोकि आलम यह था कि कभी-कभी पूरे रीगल हॉल में सिर्फ़ दस लोग होते थे

और ऐसी सूरत में मालिकों को मिन्नत करके दर्शकों के पैसे लौटाने पड़ते थे ताकि फ़िल्म दिखाने पर होनेवाले ख़र्च के घाटे से बचा जा सके।

साउथ-ब्लॉक भी सोभा सिंह ने ही बनाया था। उस समय पी.डब्ल्यू.डी. के पहले चीफ़ इंजीनियर तेजा सिंह मलिक थे। साउथ-ब्लाक के एक आले में एक तरफ़ निर्माताओं में सोभा सिंह, धर्म सिंह, बैसाखा सिंह के साथ चार-पाँच और नाम हैं और दूसरी तरफ़ वास्तुशिल्पियों में ल्यूटन और बेकर के साथ इंजीनियर तेजासिंह मलिक का नाम लिखा है। इन्हीं तेजा सिंह मलिक की बेटी के साथ सर सोभा सिंह ने अपने बेटे खुशवन्त सिंह की शादी की थी।

मूल योजना के कार्यान्वित होते-होते दो दशक बीत गए। अन्ततः राजधानी के रूप में नई दिल्ली का औपचारिक उद्घाटन 1931 में हुआ। इस बीच अंग्रेज़ हुक्मरानों के लिए 112 रिहाइशी बँगले बन चुके थे जिन्हें अब 'ल्यूटन्स ज़ोन' कहा जाता है। इन्हीं बँगलों के अलावा साठ एकड़ ज़मीन घेरकर चीफ कमांडर के लिए 105 कमरों का 'फ्लैगस्टाफ हाउस' बनाया गया, जिसके चारों तरफ़ नीम के पेड़ों से घिरे विराट मैदान थे। इनमें आज भी गुलाब की क्यारियों में लाल-सफ़ेद गुलाब खिलते हैं। इसी बँगले में स्वाधीन भारत के पहले प्रधानमन्त्री जवाहरलाल नेहरू का निवास था। अलबत्ता नाम बदलकर 'तीन मूर्ति भवन' हो गया था। अब उसमें नेहरू स्मारक लाइब्रेरी है। इनके अलावा राउज एवेन्यू में बनाए गए बँगले भारतीय अफ़सरों के लिए थे। जिन इलाक़ों की निशानदेही केवल भारतीयों के लिए की गई, उनका डिज़ाइन कुछ अलग था, जो बनानेवालों की समझ से अधिक 'भारतीय' था। नई दिल्ली के निवासियों की सुविधा के लिए कनॉट प्लेस नाम का बाज़ार भी बन चुका था। इस आर्केड का नक़्शा ल्यूटन के सहयोगी आर.टी. रसेल ने बनाया था और निर्माण जयपुर की एक जागीर पर हुआ था जिसका नाम माधोपुर था। कनॉट प्लेस के सिनेमाघरों की संख्या में भी बढ़ोत्तरी हो गई थी। 'ओडियन' और 'प्लाज़ा' के अलावा रीगल के ऊपर 'डेविकोज' नाम की एक और पेस्ट्री की दुकान खुल गई थी जिसने धीरे-धीरे रेस्तराँ का रूप ले लिया। इन तमाम स्थानों के नाम विलायती तर्ज पर रखे गए थे, जो आज तक बरकरार हैं।

सवाल नामों का नहीं, अंग्रेज़ी भाषा और अंग्रेज़ियत के दबदबे का था। पूरे माहौल में जो सुरुचि और व्यवस्था व्याप्त रहती थी, आज उसका अन्दाज़ा भी नहीं लगाया जा सकता। मिंटो रोड का पुल पार करते ही जैसे एक अलग दुनिया का द्वार खुल जाता था। तमाम दुकानें और डिपार्टमेंटल स्टोर। उन्हीं के बीच यूरोप के ऊँची श्रेणी के टेलर फैल्पूस और रैनकिंस। आर्मी-नेवी स्टोर्स, जो महिलाओं

के ऊँची क़िस्म के कपड़ों और बढ़िया शराब के साथ 'मैकेनो' और हॉर्नबी की मॉडल रेलगाड़ियों जैसे खिलौने भी बेचते थे।

इसके अलावा क्वींजवे (अब जनपथ) का मशहूर इंडिया कॉफी हाउस था, जो दूसरे विश्व युद्ध की समाप्ति (1945) तक हर समय अमेरिकन फौजियों से भरा रहता था। बाद में लम्बे समय तक यह लेखकों और पत्रकारों का बड़ा प्रिय मिलन स्थल/अड्डा बना रहा। कनॉट प्लेस इलाक़े के शोरगुल और मौज-मस्ती से भरे जीवन की उन्मुक्त उपस्थिति का यह एकमात्र स्थल था। यहाँ तक कि युद्ध के दौरान शरीफ़ लोग, विशेषकर महिलाएँ उस तरफ़ जाने से कतराती थीं।

बाक़ी पूरा इलाक़ा लगभग ट्रैफिक मुक्त क्षेत्र था जिसमें ऑस्टिन और मॉरिस जैसी गिनती की गाड़ियों के बीच अपवाद रूप में कोई रोल्स-रायस गुज़र जाती थी। शहर, यानी पुरानी दिल्ली और नई दिल्ली के बीच यातायात के गिने-चुने साधनों में समृद्ध लोगों के निजी वाहन मुख्य रूप से बग्घियाँ या ताँगे थे। या फिर किराए के ताँगे थे जिनके चालक, चाँदनी चौक में फ़व्वारे या हौज काज़ी से चार आने की सवारी या एक रुपए में पूरे ताँगे की दर से रीगल तक सवारियाँ ले जाते थे। टीन के कनस्तरनुमा बसों की एक तथाकथित बस सर्विस भी थी जिसके रुकने के स्टाप प्रायः कनॉट प्लेस के सिनेमाघर होते थे—रीगल, ओडियन और प्लाज़ा। कहना न होगा, ये बसें समय के लम्बे वक्फ़ों से लगभग अधभरी और अधमरी रफ़्तार से चलती थीं। वर्तमान राजपथ पर सन्नाटा ऐसा कि उस पर यदा-कदा घोड़े की टाप और बाइसिकल की चूँ-चपर की आवाज़ तक साफ़ सुनाई पड़ती थी।

सत्ता-संचालन के लिए वायसराय निवास, नॉर्थ और साउथ ब्लाक और पार्लियामेंट हाउस की स्थिति केन्द्रीय थी। बाक़ी भूगोल का निर्धारण इसी सत्ता-पीठ के इर्द-गिर्द इन्फ्रास्ट्रक्चर तैयार करने की गरज़ से किया गया। ख़रीदारी, मनोरंजन, चिकित्सा, नौकरशाही, धर्म-स्थल, संचार जैसी ज़रूरतों को ध्यान में रखते हुए बाज़ार, सिनेमाघर, अस्पताल, सरकारी क्वार्टर, गिरजे, यहाँ तक कि बिरला मन्दिर जैसी तमाम इमारतें देखते-देखते वजूद में आ गईं।

सत्ता के गलियारों से नज़दीकी क़ायम रखने की दृष्टि से रजवाड़ों ने इंडिया गेट के गिर्दे में आबंटित भूमि पर हैदराबाद हाउस, बड़ौदा हाउस, बीकानेर हाउस जैसे तमाम विशाल भवनों का निर्माण करा लिया था। इन इमारतों पर गुम्बज, छज्जे, छतरियों और स्तम्भवाली वास्तुकला का प्रभाव स्पष्ट दिखाई पड़ता है।

नई दिल्ली के निर्माण में ल्यूटन दो विशेषताओं के लिए हमेशा याद किए जाएँगे। छायादार सड़कों के संजाल की कल्पना और कार्यान्वयन के लिए और

ऐसी इमारतों के लिए जिनमें दिल्ली की तपती गर्मियों में भी कूलर या एअर कंडिशनरों की ज़रूरत महसूस नहीं होती। ऊँची छतों और मोटी दीवारों वाली इन बची-खुची इमारतों में अब भी इस वास्तुकला के अवशेष देखे जा सकते हैं। बेतरह ठंडे मुल्क से आनेवाले इन वास्तुशिल्पियों ने भारत की असह्य गर्मी का तोड़ निकालने के लिए सम्भवतः भारत की हवेलियों की वास्तुकला पर ध्यान दिया होगा। पुराने ढंग की इमारतों में नीचे के तलों की स्थिति आज भी यही है। ऊपरी तलों में रोशनी और आर-पार वायु-संचार की व्यवस्था आँगन पर लोहे के जाल बिछाकर और बाहर की तरफ़ खुलते बड़े-बड़े खिड़की-दरवाज़ों से की जाती थी। परिवारों की ज़िन्दगी गर्मी में प्रायः तलघर में और सर्दी में छतों पर गुज़रती थी। ध्यान मौसम की रवायतों के नियन्त्रण पर नहीं, उसके अनुरूप ज़िन्दगी के अनुकूलन पर रहता था।

दिल्ली : स्वाधीनता आन्दोलन के दौर में

ऊपरी नेमतों के छलावे और आधुनिकता के मुखौटे के भीतर शोषण और लूट की जो प्रक्रिया चल रही थी उससे बेख़बरी विद्रोह की घटना के बाद नहीं हुई। इसी एहसास ने आगे चलकर स्वाधीनता आन्दोलन का रूप ग्रहण किया।

दिल्ली 1931 में औपचारिक रूप से भारत में सल्तनते बर्तानिया की राजधानी घोषित हो गई। दिल्ली का मतलब नई दिल्ली। राजधानी की उस अवधारणा में पुरानी दिल्ली, ख़ासकर गली-कूचों में फ़सील के भीतर बसी दिल्ली का कोई वजूद नहीं था। यहाँ तक कि नई दिल्ली की तामीर से पहले के कश्मीरी गेट के बाहर के इलाक़े यानी सिविल लाइंस का महत्त्व भी कुछ फीका-सा पड़ गया था। लुडलो कासिल, जो किसी ज़माने में दिल्ली का विंडसर था, जहाँ कभी गवर्नर जनरल का निवास था, और पुराना सचिवालय जो 1912-1928 तक सेंट्रल लेजिस्लेटिव एसेम्बली की इमारत थी। जब सत्ता पीठ नए संसद भवन में चला गया तो ये इलाक़े सत्ता के स्थानान्तरित होने के साथ सरकारी हलक़ों में राजनीतिक दृष्टि से महत्त्वहीन हो गए। नतीजा यह हुआ कि

पुराने सचिवालय की इमारत में दिल्ली विश्वविद्यालय की आरम्भिक कक्षाएँ लगने लगीं।

पुरानी दिल्ली की आबादी नई दिल्ली की शान-शौकत, साफ़-सुथरेपन, भव्य इमारतों, चौड़ी छायादार वृक्षों से घिरी सड़कों और भीड़ मुक्त परिवेश से लगभग सम्मोहित थी। मुग़लों के बाद वास्तुकला का ऐसा अभिभूत करनेवाला मंजर अंग्रेज़ों ने ही पेश किया था। जब लॉर्ड हार्डिंग ने ल्यूटन के प्रस्तावों पर वित्तीय कटौती की कलम चलाई तो ल्यूटन ने जो टिप्पणी की, उसकी सार्थकता अब समझ में आती है। ल्यूटन ने कहा था कि वायसराय अगले तीस साल के बारे में सोच रहे हैं और मैं अगले तीन सौ साल के बारे में। ल्यूटन की यह टिप्पणी भविष्यवाणी साबित हुई। ब्रिटिश साम्राज्य का डेरा तो तीस साल पूरे होते न होते उठ गया, पर नई दिल्ली का वह इलाक़ा आज भी ल्यूटन्स ज़ोन के नाम से जाना जाता है और आगे भी जाना जाएगा।

इतिहास में साम्राज्यशाही और उपनिवेशवादी शोषण का अन्त इतनी जल्दी होनेवाला है, इसका अनुमान न लॉर्ड हार्डिंग को था, न ल्यूटन को। ज़ाहिर है, जिस मनोयोग और कौशल से राष्ट्रपति भवन, अग़ल-बग़ल की सरकारी इमारतों और संसद भवन का निर्माण किया गया था, उसके पीछे गोरे साहबों को ऐशोआराम मुहैया करने की वृत्ति काम कर रही थी। अनुमान लगाना कठिन है कि अगर ल्यूटन को ज़रा भी गुमान होता कि तीन दशक के भीतर उस महलनुमा भवन का उपयोग अंग्रेज़ वायसराय की जगह किन्हीं सी. राजगोपालाचारी या राजेन्द्र बाबू की रिहाइश के लिए किया जानेवाला है तो सूरतेहाल क्या होती!

दरअसल एक बार 1857 के विद्रोह का बर्बरता से दमन कर लेने के बाद, अंग्रेज़ शासकों का यह यक़ीन और बढ़ गया था कि उनकी नियति में विश्व पर राज करना लिखा है। 1858 में महारानी विक्टोरिया ने जो घोषणा-पत्र जारी किया था, उससे बात पूरी तरह भले ही न बनी हो, पर भारतीय मानसिकता में दुविधा ज़रूर पैदा हो गई थी। इसका प्रमाण है 1857 से 1900 के भी बाद तक रचा जानेवाला साहित्य। हिन्दी में तो रीतिकालीन प्रवृत्ति ही निःशेष नहीं हुई थी। पद्माकर तो 1925 तक जीवित रहे, पर जिन भारतेन्दु में आधुनिक चेतना की शुरुआत देखी जाती है, उनका जन्म भी 1858 में हुआ और उन्होंने साहित्य रचना युवावस्था में, 1857 के कई वर्ष बाद शुरू की। विद्रोह की सशक्त आवाज़ लोक-गीतों में ज़रूर सुनाई पड़ी—स्थानीय नेताओं के विरद गान के रूप में, पर विद्रोह के दौरान लिखित परम्परा में विरोध के नाम पर घोर असमंजस या चुप्पी व्याप्त है।

उस समय के हालातों पर शुरू में उर्दू में ज़रूर विरोध का स्वर सुनाई पड़ा। अंग्रेज़ों के खैरख़्वाह सर सैयद अहमद तक ने 'रिसाल-ए-अस्वाह-ए-बगवात-ए-हिन्द' और 'तारीख-ए-तरकशी-ए-बिजनौर' लिखा, पर बाद में वे भी अंग्रेज़ी शासन की न्यायप्रियता के धीर विश्वासी हो गए और अपने समुदाय की बेहतरी के प्रयास में जुट गए। ख़ुद मिर्ज़ा ग़ालिब अपने 'ख़तूते ग़ालिब' और 'दस्ताम्बो' में एक नहीं, दो ग़ालिब दिखाई पड़ते हैं। ज़हीर देहलवी ने ज़रूर 'दास्ताने ग़दर' की रचना की और 'फ़ुगान-ए-देहली' शीर्षक से लगभग चालीस शायरों की रचनाओं का एक संग्रह 1861 में छपा। इसके अलावा भी दिल्ली की बर्बादी और लूट को विषय बनाकर अख़बारों में छपे लेखों और कविताओं की संख्या काफ़ी है पर धीरे-धीरे आलोचना और टीस का स्वर मद्धिम पड़ता गया। अंग्रेज़ों की बदली हुई नीति ने बौद्धिकों की मानसिकता में कम-से-कम असमंजस तो पैदा कर ही दिया। यह भी नहीं भूलना चाहिए कि वह मुग़लिया सल्तनत का पतनशील दौर था। सामन्ती संस्कृति का यह हाल था कि बादशाह के दरबार के भीतर रुतबा ज़ौक जैसों का था, और ग़ालिब और मोमिन रिकॉग्निशन की आस में बाहर हाज़िरी बजाते थे। जिस सामन्तशाही में ग़ालिब ने संघर्ष और ज़िल्लत की लम्बी ज़िन्दगी गुज़ारी थी, उसके बर्बर दमन पर सहानुभूति एक हद तक ही हो सकती थी। यह बात अलग है कि अपनी पेंशन के लिए भी उन्हें कलकत्ते तक दौड़ लगानी पड़ती थी। उस ज़िल्लत के बावजूद उन्होंने उस अंग्रेज़ी तहज़ीब के दोनों चेहरे देखे थे। एक वह जिसने पूरे वहशीपन से 1857 में देहली के कत्लेआम में इकट्ठे इतने लोगों को फाँसी पर लटकाया था जिनकी गिनती नहीं की जा सकी थी और दूसरा वह जो 1858 के बाद लोगों को न्याय और बराबरी के व्यवहार का आश्वासन दे रहा था, जिसके साथ नई अदालतें, नए क़ानून, लॉ एंड ऑर्डर स्थापित करने के वायदे और पश्चिम की 'साइंटिफिक' और 'रेशनल' सभ्यता का पसारा जुड़ा था। कुछ ऐसी ही असमंजस भरी मानसिकता ने उनसे कहलवाया होगा : 'काबा मेरे पीछे है तो कलीसा मेरे आगे।'

क़हर अवध पर भी बरपा कम नहीं हुआ था। हिन्दी साहित्य का मुख्य क्षेत्र वही प्रदेश था और साथ ही निकटवर्ती इलाक़ा पश्चिमी उत्तर प्रदेश। एक ओर आतंक और दूसरी ओर लाभ-लोभ की मिली-जुली भावना के कारण देशभक्ति का जज़्बा वहाँ भी खुलकर प्रकट न हो सका। जो आया, वह व्यंग-वक्रता, रूपक-प्रतीक के माध्यम से, भंगेड़ी की मुद्रा अख़्तियार करके, या फिर पत्र-पत्रिकाओं में छपे लेखों में लुका-छिपी की शैली में। यह बात अलग है कि ऊपरी नेमतों के छलावे और आधुनिकता के मुखौटे के भीतर शोषण और लूट की जो प्रक्रिया चल

रही थी, उससे बेख़बरी विद्रोह की घटना के बाद नहीं हुई। इसी एहसास ने आगे चलकर स्वाधीनता-आन्दोलन का रूप ग्रहण किया।

हिन्दू-मुस्लिम समुदायों ने विद्रोह के दौरान जैसे कन्धे से कन्धा मिलाकर अंग्रेज़ों के विरुद्ध मोर्चा लिया था, उसमें दरार 1858 के बाद पैदा हुई थी, लेकिन बीसवीं शताब्दी में महात्मा गांधी के नेतृत्व में स्वाधीनता आन्दोलन ने जो देश और लोकव्यापी रूप ग्रहण किया, उसका पहला महत्त्वपूर्ण कार्यक्रम इन समुदायों के बीच एकता स्थापित करना था और दूसरा समाज से अमानवीय अछूत-प्रथा का उन्मूलन करना। दरअसल स्वाधीनता-आन्दोलन का आरम्भिक दौर जितना राजनीतिक था उतना ही सांस्कृतिक भी। भारतीय राष्ट्रवाद का लक्ष्य था जाति, धर्म, समुदाय के भेदभाव से मुक्त एक ऐसे अखिल भारतीय समाज की पुनर्रचना, जो व्यापक स्तर पर सामाजिक बुराइयों का उन्मूलन करे और 'स्वदेशी' और 'स्वराज' की दिशा में समवेत् रूप से बढ़ सके।

भारत के बारे में अंग्रेज़ी राज की नीयत और संकल्प के मूल में निहित आत्मविश्वास का अन्दाज़ा इस बात से लगाया जा सकता है कि वे एक हाथ से अखिल भारतीय स्तर पर स्वाधीनता आन्दोलन से सम्बद्ध घटनाओं और क्रियाकलापों का कड़ाई से दमन करते जाते थे और दूसरे हाथ से राजधानी के रूप में नई दिल्ली का पूरे जोश-ख़रोश से निर्माण और साज-शृंगार करने में जुटे थे। दिल्ली के प्रति उनके इस रवैये ने दिल्ली की जनता को गहराई तक प्रभावित किया था।

यह भी आकस्मिक नहीं है कि कांग्रेस के सब महत्त्वपूर्ण अधिवेशन दिल्ली के बाहर आयोजित हुए। वहीं निर्णायक प्रस्ताव पास हुए। अफ्रीका प्रवास में गांधीजी ने अहिंसा और सत्याग्रह का जो बीज मन्त्र पल्लवित किया था, उसका प्रयोग उन्होंने जिस रूप में अखिल भारतीय स्तर पर किया, उस तरह दिल्ली में नहीं। ऐसा नहीं था कि छिटपुट घटनाएँ यहाँ हुई ही न हों। गांधीजी ने 1924 का उपवास वर्तमान हंसराज कॉलेज के पास दिलकुशा कोठी में ही किया था। 1921 में मोहम्मद अली, शौकत अली वाली मन्त्रणा भी जामा मस्जिद के इलाक़े में स्थित जगत सिनेमा में ही घटित हुई थी। स्वामी स्वरूपानन्द और करपात्री जी महाराज की गतिविधियों का क्षेत्र भी दिल्ली ही थी। दिल्ली में ही ऋषभचरण जैन ने 1857 पर 'ग़दर' शीर्षक से पहला उपन्यास 1930 में लिखा था, जो प्रकाशित होते ही ज़ब्त कर लिया गया। लिखित शब्द पर चौकसी का यह आलम तो नहीं था कि 'पयामे आज़ादी' का होना भर सिर कलम कराने के लिए काफ़ी समझा जाता हो, पर शासन की नाक के नीचे दिल्ली में मुखर और साहसिक अभिव्यक्ति की गुंजाइश कम ही रहती थी।

यह भी भूलना नहीं चाहिए कि पुरानी दिल्ली की आबादी के घटक थे–मध्यवर्गीय व्यापारी लोग, इनसे जुड़े शिल्पी, कारीगर, वकील और उनके मुनीम गुमाश्तों के अलावा कोर्ट-कचहरी से सम्बद्ध पेशकार-अहलकार, डॉक्टर और उनके कम्पाउंडर, अध्यापक, कलाकार (जिनमें प्रधानता संगीतकारों की थी)। कुल मिलाकर इस मध्यवर्गीय समाज का हित शासन तन्त्र से जुड़ा था। सरकारी दफ़्तरों का बाबू वर्ग और निचले तबके के कार्मिक तो सीधे शासकों की निगरानी तले ही थे। छोटी संख्या उन छोटे-मोटे उद्योगपतियों और अपेक्षाकृत बड़े व्यापारियों की थी जो अपनी बहबूदी के लिए सरकार का मुँह जोहने को विवश थे। उनकी नज़र रायबहादुरी, रायसाहबी और 'सर' के खिताबों पर टिकी थी।

दिल्ली विश्वविद्यालय के पहले कुलपति रायबहादुर रामकिशोर शहर के नामी-गिरामी वकील थे और सर श्रीराम और सर शंकरलाल का सम्बन्ध उस उद्योग घराने से था जिसको दिल्ली की अनेक प्रसिद्ध शैक्षिक संस्थाओं को खड़ा करने का श्रेय प्राप्त हुआ। कलावन्तों को प्रश्रय देने में भी इन घरानों में उत्साह की कमी नहीं थी। धीरे-धीरे कलकत्ता के धनाढ्य मारवाड़ी सेठों ने भी भविष्य की योजनाएँ बनाकर दिल्ली की तरफ़ रुख कर लिया था। बिरला और डालमिया परिवार इनमें मुख्य थे। दिल्ली के अपने पुराने बाशिन्दों में सेठ छुन्नामल और जगत नारायण जैसों का अलग दबदबा था।

शैक्षिक-सांस्कृतिक क्षेत्र में दिल्ली आगे बढ़ रही थी। समाज-सुधार के कार्यक्रमों के बारे में आर्य-समाज काफ़ी सक्रिय था। दीवान हॉल में नियमित हवन-प्रवचन के अलावा आए दिन विधवा-विवाह, अन्तर्जातीय विवाह और शुद्धि के कार्यक्रम निष्पन्न किए जाते थे। हिन्दू महासभा की गतिविधियाँ बिरला मन्दिरवाली सड़क पर एक विशाल भवन से चलती थीं। रामकृष्ण मिशन की भी एक शाखा सक्रिय हो गई थी।

शिक्षा की दृष्टि से भी 1931-47 के बीच का समय दिल्ली के इतिहास का महत्त्वपूर्ण दौर है। एक तरफ़ शासकों ने मिशनरी उत्साह से इस दिशा में क़दम उठाया तो दूसरी ओर स्वत्व-बोध की प्रेरणा से मदरसा गाजीउद्दीन खाँ, महावीर जैन हाई स्कूल, इन्द्रप्रस्थ हाई स्कूल, हिन्दू कॉलेज जैसी शिक्षा-संस्थाओं की शुरुआत हुई। शासकों की प्रेरणा से प्रेजेंटेशन कॉन्वेंट, क्वीन मेरी हाई स्कूल, सेंट टॉमस और लेडी इरविन जैसे स्कूल खुले और सेंट स्टीफेन कॉलेज शहर की तंग गली की हवेली से निकलकर कश्मीरी गेट में आ गया। दयानन्द एंग्लो वैदिक और एंग्लो अरेबिक संस्थाएँ तो पहले ही वजूद में थीं।

शिक्षा के इन तमाम प्रयासों के बीच एक बात ध्यान देने की थी–भारतीय भाषाओं के प्रति हीन भावना। दिल्ली की स्थिति और विकट थी। आधुनिक दिखने के लिए अंग्रेज़ी पढ़ना ज़रूरी था और कोर्ट-कचहरी और पुराने तालीम याफ़्ता लोगों की अहले ज़बान उर्दू थी, वह भी फ़ारसी मिश्रित। अलबत्ता दुकानदारों के (शहर के) बही-खातों की व्यापारी भाषा शायद देवनागरी का ही कोई अलग रूप थी जो मुंडी कहलाती थी। उसके लिखने-पढ़नेवाले पेशेवर मुनीम होते थे। कुल मिलाकर माहौल में अंग्रेज़ी का दबदबा था। उसी से प्रेरित होकर घर के दो बच्चों का दाख़िला प्रेजेंटेशन कॉन्वेंट में कराया गया। स्कूल घर के पास और अंग्रेज़ी दाँ। पर बहुत जल्दी बच्चों में काले-गोरे के भेदभाव से प्रेरित एक घटना को लेकर पिताश्री का स्कूल के प्रिंसिपल से झगड़ा हुआ और खाँटी हिन्दुस्तानी में खरी-खोटी सुनाकर वे हमें स्कूल छुड़ाकर घर ले आए। पर जिस इन्द्रप्रस्थ स्कूल में मुझे दाख़िल किया गया, वहाँ भी हिन्दी यानी वर्नाकुलर को छोड़कर माध्यम अंग्रेज़ी था। विद्यार्थियों से उम्मीद की जाती थी कि वे आपस की बातचीत भी अंग्रेज़ी में ही करें। शायद कक्षा सात की एक घटना आज भी याद है। लंच के ख़ाली वक़्त में हम स्कूल की तंग गैलरी और सीढ़ियों पर धमाचौकड़ी मादरे ज़बान के सहारे ही मचाते थे। एक ऐसे ही मौके पर पीठ पर धौल जमाकर जिन्होंने सख़्त आवाज़ में डाँटते हुए जवाब तलबी की : "यू ईडियट। स्पीकिंग इन हिन्दी?" वे साढ़े चार फ़ीट कद की श्यामवर्णा, चिर कुमारी मिस रतन थीं। अपने कुशल अध्यापन, अनुशासनप्रियता और तीखे मिज़ाज के लिए ख्यात मिस रतन दक्षिण की रहनेवाली थीं। सामने के दो दाँत स्थायी मुद्रा में बाहर ही रहते थे। कैमेस्ट्री की उन अध्यापिका ने साइंस से मेरा डेरा इसलिए उठवा दिया क्योंकि उनका निश्चित मत था कि साइंस जैसे गम्भीर विषय में, नियमित रूप से नृत्य करनेवाली लड़की की कोई गति नहीं हो सकती।

देश की ख़बरें शहर में रेडियो और अख़बार–दो ही माध्यमों से पहुँचती थीं। यदि ख़बरों के ये दोनों माध्यम स्वतन्त्र होते, या फिर दूरदर्शन ख़बरें सुनाता नहीं, दिखाता तो निश्चित रूप से नक्शा कुछ और होता। उन स्थितियों में, दिल्ली के अपेक्षाकृत शान्त, स्थिर परिदृश्य में लहरें तो उठती थीं, तूफ़ान नहीं आते थे। ख़बरों का एक दृश्य माध्यम भी था। सिनेमाघरों में फ़िल्म शुरू होने से पहले, समसामयिक सामाजिक/राजनीतिक घटनाओं पर ख़बरों की फ़िल्म डिवीजन द्वारा तैयार की गई एक रील दिखाई जाती थी। गांधीजी और स्वाधीनता आन्दोलन की सरगर्मियों के साथ द्वितीय महायुद्ध से सम्बन्धित घटनाओं के दृश्य-बिम्ब इन्हीं रीलों के द्वारा मन पर अंकित हुए थे। अब यह काम अपने ढंग से दूरदर्शन कर रहा है।

दिल्ली के जीवन में उद्वेलन बड़ी घटनाओं की सूचना से पैदा होता था; या फिर तब जब गांधीजी बैठकों और मन्त्रणाओं के लिए दिल्ली आते थे। हिन्दी के लेखक वियोगी हरि उस समय प्रायः उनके साथ रहते थे। वे शुरू के दिनों में किंग्सवे कैम्प के पास हरिजन बस्ती में ठहरते थे, बाद में नई दिल्ली में बिरला हाउस में ठहरने लगे थे। उनकी तापस जीवन-शैली और लोगों की भाषा में उनसे संवाद, दोनों का अद्भुत प्रभाव पड़ता था सामान्य जन पर। 'स्वराज' और 'स्वदेशी' के लिए चलाए गए उनके आन्दोलन से दिल्ली की जनता अछूती नहीं थी। जिस चरखे का प्रचार उन्होंने ग्रामीण मुक्ति, लघु उद्योग-धन्धों के प्रोत्साहन और आत्मनिर्भरता के प्रतीक के रूप में किया था, वह दिल्ली के बहुसंख्यक मध्यवर्गीय परिवारों में पहुँच गया था। लोग दैनन्दिन जीवन में धार्मिक अनुष्ठान की-सी भावना से नियमित रूप से सूत कातते थे, और पूनियाँ गांधी आश्रम पहुँचाया करते थे। गांधी आश्रम का उस समय एकमात्र ठिया चाँदनी चौक में वहीं था, जहाँ अब भी है। शहर के हिस्सों में अलग-अलग शाखाएँ कई वर्ष बाद खोली गईं।

जब भी देश के किसी भाग में कोई घटना घटती तो उसकी प्रतिक्रिया दिल्ली में ज़रूर होती पर सामाजिक जीवन बहुत अस्त-व्यस्त होता दिखाई नहीं पड़ता था। उदाहरण के लिए गोल-मेज़ कॉन्फ्रेंस की असफलता के बाद गांधीजी के लौटने पर सिविल नाफ़रमानी का आन्दोलन जब तेज़ हुआ, तो उसमें हर समुदाय, धर्म और आयु के लोग शामिल हुए। एक लाख बीस हज़ार गिरफ़्तारियाँ हुईं, जिनमें दिल्लीवासी शामिल नहीं थे।

स्वाधीनता आन्दोलन से सम्बद्ध घटनाओं से प्रेरित होकर, कभी कुछ सभाएँ, इन्कलाबी नारे लगाते हुए कुछ जुलूस, बाज़ार-हाट में चर्चाएँ, अंग्रेज़ों के पक्ष-विपक्ष में बहस-मुबाहिसे, गांधीजी के स्वदेशी आन्दोलन से प्रेरित होकर खादी पहनने का संकल्प और चरखे की कताई-जैसी बातों से वातावरण में सरगर्मी ज़रूर पैदा होती रहती थी पर खुलकर प्रभावी रूप में धरना, प्रदर्शन, विदेशी वस्तुओं का बायकाट, सत्याग्रह या गिरफ़्तारियाँ देने का उपक्रम दिल्ली में उस रूप में नहीं दिखाई पड़ता था, जैसा देश के दूसरे भागों में घटित होता था।

दिल्ली की जनता जिन कुछ प्रसंगों को लेकर विशेष रूप से उद्वेलित हुई थी, उनमें से एक था इस संघर्ष के परिदृश्य पर सुभाषचन्द्र बोस का उदय और दूसरा दूसरे महायुद्ध की घोषणा। सुभाष ने विशेष रूप से युवा वर्ग का ध्यान आकर्षित किया था—किसी हद तक मॉडल के रूप में। कांग्रेस के चुनाव में उनकी जीत, नीतियों से मतभेद, रहस्यमय ढंग से उनका प्रकट और लुप्त होते रहना—ये प्रसंग,

युवा-पीढ़ी को रोमांचित करने के लिए काफ़ी थे। कुछ लोग खुलकर और बहुत से दबी ज़बान से उनका पक्ष-समर्थन करने लगे थे। क्रान्तिकारियों के साथ ब्रिटिश सरकार ने जो सलूक किया था, उसकी स्मृति इतनी पुरानी नहीं हुई थी कि सुभाषचन्द्र बोस की कार्य-प्रणाली और आज़ाद हिन्द फौज़ का खुला समर्थन करने की हिम्मत जनता जुटा पाती। पर इस पूरे प्रसंग पर रहस्य का जो पर्दा पड़ा था, उसके पीछे छिपी सच्चाई जानने के लिए लोग घंटों अपने रेडियो सेट पर उस स्टेशन को पकड़ने की मशक्कत करते रहते थे जिसके बारे में मशहूर था कि बोस उससे अंग्रेज़ विरोधी ब्राडकास्ट करते हैं।

दूसरे महायुद्ध में बिना भारतीय नेताओं से परामर्श किए, सरकार ने भारत को युद्ध का हिस्सा घोषित कर दिया। भारत ने फ़ासिस्ट ताक़तों की निन्दा करते हुए, अपने को युद्ध से असम्बद्ध रखने की पेशकश ज़रूर की, पर युद्ध के बारे में साम्राज्यशाही नीयत साफ़ होते ही प्रान्तीय कांग्रेसी सरकार ने इस्तीफ़ा तो दिया ही, 1940 में सत्याग्रह आन्दोलन चालू कर दिया। छह महीने के भीतर 25,000 लोग जेलों में भर दिए गए।

उस माहौल में दिल्लीवासियों की युद्ध विषयक दहशत देखने लायक थी। आए दिन बमबारी की आशंका की अफ़वाहें फैलतीं। ब्लैक आउट करके बमबारी की स्थिति में करणीय की रिहर्सल कराई जाती। अफ़वाह गरम थी कि जापानी सेनाएँ उत्तर-पूर्व में कोहिमा तक पहुँच गई हैं और कभी भी राजधानी पर बम गिराकर भारत पर कब्ज़ा कर सकती हैं। उस स्थिति में जान-माल के बचाव का क्या होगा? जिनके पास खोने को कुछ नहीं था, वे भागकर जान बचाने की फिक्र कर रहे थे। जिनके पास सम्पत्ति थी, उन्हें जान के साथ माल बचाने की फिक्र सता रही थी।

बच्चों को पहली बार पता लगा कि हवेली के नीचे की मंज़िल के कोनेवाले कमरे के नीचे एक तहखाना भी है। तब नक़दी-गहने बैंक के लॉकर में रखने का चलन नहीं था। शहरों में तिजोरियाँ और ग्रामीण क्षेत्रों में धरती में कोई गड्ढा लॉकर का काम करते थे। सो गठरियाँ बाँधकर यह तय पाया गया कि भागने की स्थिति में जो ले जाते नहीं बनेगा, वह उस तहखाने के हवाले कर, वापसी पर पाने की आस लिए प्रयाण करना पड़ेगा। जान और माल के बीच चुनाव करना हो तो 'जान है तो जहान है' के हवाले से जान की फिक्र करना स्वाभाविक था।

यही नहीं, एक काम और किया गया। बमबारी होने पर बिजली-पानी की सप्लाई चालू रहने का प्रश्न नहीं था। अँधेरा झेला जा सकता था, पर प्यास का क्या होगा? सो बड़े से आँगन के एक कोने में आनन-फानन में कुआँ खुदवाया

गया। उस समय जल-स्तर की कोई समस्या नहीं थी, सो बहुत गहरे जाने की ज़रूरत नहीं पड़ी। परिवार के वयस्क सदस्य अफ़वाहों के साये में तरह-तरह की आशंकाओं से जूझ रहे थे, और बच्चा पार्टी भय से ज़्यादा उत्सुकता और अनहोनी की सम्भावना से रोमांचित थी।

ख़तरा जल्दी ही टल गया, और जल्दी ही युद्ध-समाप्ति की घोषणा भी हो गई। युद्ध की समाप्ति के साथ दो ऐसी घटनाएँ जुड़ी थीं, जिन्होंने दिल्ली को दो तरह से आन्दोलित किया—एक, अणु-बम के प्रयोग से होनेवाले नर-संहार ने और दूसरे, सुभाषचन्द्र बोस के लापता होने और आज़ाद हिन्द फौज के अफ़सरों की गिरफ़्तारी ने। जनरल शाहनवाज़ खाँ, कर्नल प्रेम सहगल और कर्नल गुरबख़्श सिंह का दर्जा जनता की नज़र में, परी-कथाओं के बहादुर राजकुमारों से कम न था। सरकार के लिए वे युद्धबन्दी थे जिन पर ब्रिटिश साम्राज्य के खिलाफ़ षड्यन्त्र करने का आरोप लगाया गया था। उन्हें विशेष क़ैदियों की हैसियत से लालकिले में रखा गया था। हो सकता है, सरकार को उन्हें दूसरे क़ैदियों के साथ रखने में आन्दोलन का ख़तरा महसूस हुआ हो! आख़िर महत्त्वपूर्ण बात तो यह भी थी कि एक हिन्दू, एक मुसलमान और एक सिख यदि एक साथ आज़ाद हिन्द फौज की टुकड़ियों की अगुआई कर रहे थे, तो इससे तत्कालीन भारतीय मानस की बनावट का पता चलता था। यह तथ्य भी कम महत्त्वपूर्ण नहीं था कि उन पर नवम्बर, 1945 में मुक़दमे की जो शुरुआत हुई, उसमें आरोपियों के पक्ष से पैरवी करने के लिए जवाहरलाल नेहरू, भूलाभाई देसाई, तेज बहादुर सप्रू, के.एन. काटजू और आसफ़ अली ने वकालत के चोगे पहन लिए। इस वकील ब्रिगेड और व्यापक जनमत के दबाव के बावजूद उन्हें उम्रकैद की सज़ा सुना दी गई।

लालकिले को शासन ने उस समय लगभग छावनी बना रखा था। फिर भी दिल्ली की जनता इस उम्मीद में उमड़ी पड़ रही थी कि उन रणबाँकुरों की एक झलक ही देखने को मिल जाए। मुक़दमा खुली अदालत में चलाने का ख़तरा सरकार ने मोल नहीं लिया, और फैसले पर असन्तोष तो प्रकट हुआ पर उल्लेखनीय बावेला नहीं खड़ा हुआ। शायद इसलिए भी कि कम-से-कम फाँसी की सज़ा से बचाव तो हो गया था।

अन्तरराष्ट्रीय स्तर पर दूसरे विश्वयुद्ध के बाद स्थितियों में बहुत बदलाव आ गया था। ब्रिटिश साम्राज्य की हैसियत पहलेवाली नहीं रह गई थी। 1942 में मित्र देशों ने 'यूनाइटेड नेशनल डिक्लेरेशन' जारी किया था, जिसमें सभी पराधीन देशों की जनता को अपने भविष्य का रास्ता तय करने की स्वतन्त्रता देने की माँग की गई थी। उसे चर्चिल ने यह तर्क देकर खारिज कर दिया कि वह चार्टर

केवल जर्मनी के अधीन देशों पर लागू होता है, भारत पर नहीं। और देशों के दबाव के कारण क्रिप्स मिशन बातचीत के लिए भारत आया ज़रूर पर कोई नतीजा नहीं निकला। नतीजतन गांधीजी ने 'भारत छोड़ो' का नारा दे दिया। प्रस्ताव पारित होने के अगले दिन ही कांग्रेस पर प्रतिबन्ध लगाकर सारे नेता गिरफ़्तार कर लिए गए। यह ऐसी घटना थी जिसका अखिल भारतीय स्तर पर विरोध करने के लिए जनता ने जो आन्दोलन किया, उसमें हिंसा का रास्ता भी अपनाया जाने लगा।

दिल्ली के गली-बाज़ारों में भी 'इन्कलाब ज़िन्दाबाद', 'टोडी बच्चा हाय! हाय!' और 'हिन्दू मुस्लिम सिख ईसाई, आपस में सब भाई भाई' के नारे लगाते हुए टोलियाँ घूमने लगीं। इनमें भाग लेनेवाली अक्सर नौजवान पीढ़ी थी। इक़बाल का प्रसिद्ध तराना 'सारे जहाँ से अच्छा, हिन्दोस्ताँ हमारा' इन जुलूसों का प्रिय नगमा था।

सर स्टैफ़र्ड क्रिप्स ने न युद्धोपरान्त आज़ादी देने के लिए हामी भरी थी, न युद्ध के दौरान राष्ट्रीय सरकार बनाने की। इसलिए आन्दोलन का यह सिलसिला शुरू होने के बाद 1947 तक पूरी तरह नहीं टूटा। विशेषकर 1945-46 के दौरान हर छोटी-बड़ी बात को लेकर छोटा-मोटा विरोध, प्रदर्शन रोज़मर्रा की घटना हो गई। 1946 की बात है। इन्द्रप्रस्थ कॉलेज उस समय लड़कियों का दिल्ली में एकमात्र कॉलेज था। विद्यार्थियों की कुल संख्या 250 से कुछ अधिक थी। गिनी-चुनी अध्यापिकाएँ, और 'सीता परमानन्द' नाम की बड़ी शालीन, अनुशासनप्रिय प्रिंसिपल। किसी मसले पर लड़कियाँ हड़ताल करके जुलूस निकालने पर उतारू। प्रिंसिपल ने सबको गेट के सामने इकट्ठा कर अनुशासन और पढ़ाई के महत्त्व पर भाषण दिया। प्रतिक्रिया में यूनियन की प्रेसिडेंट विद्यार्थी नेता का ओजस्वी भाषण हुआ, जिसमें तर्क कम देशभक्तिजन्य आवेग अधिक था। साथियों के साहस को ललकारा गया था। प्रिंसिपल ने लोहे का ऊँचा प्रवेश द्वार बन्द करा दिया पर लड़कियों की अच्छी-खासी संख्या बग़ल की दीवार कूदकर जुलूस में नारे लगाती फ्लैगस्टाफ़ रोड से विश्वविद्यालय की दिशा में प्रदर्शन के लिए बढ़ गई। मामला अनुशासन भंग करने का था। दोनों पक्षों में से कोई झुकने के लिए तैयार नहीं था। प्रिंसिपल ने इसे अपने सम्मान का प्रश्न बनाकर अन्ततः इस्तीफ़ा दे दिया। यह बात अलग थी कि जिनके कारण यह स्थिति पैदा हुई थी, वे ही प्रिंसिपल की विदाई पर ज़ार-ज़ार रो रही थीं। मुझे यह घटना उस पीढ़ी की चारित्रिक बनावट और मानवीय सम्बन्धों को समझने की दृष्टि से बहुत महत्त्वपूर्ण लगती है।

युद्ध की समाप्ति के समानान्तर भारत में दो राष्ट्रों का प्रस्ताव सामने आ गया। इसका बीज यद्यपि 1940 में मुस्लिम लीग के लाहौर अधिवेशन में पड़ चुका था, पर पूरा समर्थन मुस्लिम नेताओं से भी नहीं मिल रहा था। मौलाना आज़ाद जैसे व्यक्तियों और पश्चिमोत्तर प्रान्त के 'ख़ुदाई ख़िदमतगार' जैसे संगठनों ने इस प्रस्ताव का डटकर विरोध किया और ब्रिटिश सरकार ने लीगियों को प्रोत्साहित किया। विश्वयुद्ध की समाप्ति और फ़ासिज़्म के पतन के साथ उपनिवेशों की जनता में स्वतन्त्रता की माँग आरोह के चरम को छू रही थी। एशिया और अफ्रीका के देशों में इस अभियान में भारतीय जनता के संघर्ष की स्थिति अपने अहिंसात्मक सत्याग्रही स्वरूप के कारण अद्वितीय और आदर्श थी। 1943 के बंगाल के भयंकर अकाल में लाखों की संख्या में लोगों की मौत ने सरकार की छवि और बिगाड़ दी थी। यूँ भी, विश्वव्यापी आर्थिक मन्दी के उस दौर से खाने-कपड़े पर राशन-नीति की जो शुरुआत हुई, वह लम्बे समय तक चली। राशन कार्ड में हर चीज़ के दो खाने। तौल-नाप प्रति व्यक्ति के हिसाब से तय। एक खाना मोटे अनाज, प्रायः आयातित गेहूँ और बिनौले जैसे चावल का, और कपड़े के मद में मिल की बनी मोटी खादी या एक ऐसे कपड़े का जिसे लट्ठा कहा जाता था। दूसरे खाने में कुछ छानबीन कर खाने लायक थोड़ा-सा देसी गेहूँ, कुछ बेहतर चावल और कपड़े में पापलिन और मलमल-वायल। मात्रा एकदम तय। बहुत दिन तक आयातित लाल अमेरिकी गेहूँ (शायद स्वतन्त्रता के बाद भी) मोटे अनाज के नाम पर चलता रहा। परिवारों में, ग़रीब-अमीर जनता के बीच मोटे-पतले की अदला-बदली आम बात थी। अक्सर यह सम्बन्ध मालिक-नौकर के बीच बनता था।

ब्लैक मार्केट में तब भी मनचाही ख़रीद-फ़रोख़्त सम्भव थी। परिवारों की देशभक्त पीढ़ी में इस हरकत को लेकर अक्सर टकराव की स्थितियाँ पैदा होती थीं। आज अनाज और तन ढकने लायक कपड़े के लिए घंटों राशन की दुकानों पर लाइनों में लगे रहने के उस दृश्य की कल्पना भी नहीं की जा सकती।

दिल्ली में हलचल तब मची जब स्वतन्त्रता देने के नाम पर लॉर्ड और लेडी माउंटबेटन राजधानी पधारे। व्यवहार में बड़े शालीन, शिष्टाचारी दम्पति। कूटनीति अपनी जगह। नेहरू परिवार की उनसे ख़ूब छनी। गांधीजी बार-बार बातचीत के लिए और नेताओं के साथ शिरकत करते रहे, पर नतीजा वही ढाक के तीन पात। धर्मनिरपेक्षता के जिस सिद्धान्त के लिए गांधीजी ने पूरा जीवन साधना करके स्वाधीनता आन्दोलन खड़ा किया था, उसी को पैरों तले रौंदते हुए, देश को विभाजित स्वतन्त्रता हासिल हुई।

15 अगस्त, 1947 का वह दिन दिल्ली के इतिहास में जितना सत्ता के हस्तान्तरण के लिए याद किया जाएगा, उतना ही इस बात के लिए कि इस पूरे प्रकरण का सूत्रधार सारी उत्सवधर्मिता को पीठ दिखाकर दूर कलकत्ते में उसी साम्प्रदायिकता की समस्या से जूझ रहा था जिसे उसने जीवन का लक्ष्य बनाया था। लाखों की संख्या में दिल्लीवासी दौड़े जा रहे थे संसद भवन की दिशा में जहाँ लेने-देनेवाले सब उत्साहित थे। जिन्हें गांधीजी की अनुपस्थिति की सुध भी रही होगी, उन्होंने उस पर बेसुधी की चादर डालकर अवसर का तकाज़ा पूरा किया। इस सवाल को उस क्षण किसी दिल्लीवासी ने उठाया या नहीं, और अगर नहीं तो क्यों नहीं? कहा नहीं जा सकता कि इतिहास के पास इसका तसल्लीबख़्श जवाब है या नहीं।

आज़ादी के बाद दिल्ली

राजनीति, साहित्य और शिक्षा

ऐसी स्थितियों में नैतिकता, औचित्य, यहाँ तक कि मानवीयता भी पीछे छूट जाती है। मुख्य रहता है आत्मरक्षा और उसके बाद अपनों की रक्षा का सवाल। ख़ुद पाँव टिकाने के बाद, जो पीछे रह गए थे, लोगों ने उनकी खोज-ख़बर के लिए शरणार्थी कैम्पों के चक्कर काटने शुरू किए। हर परिवार की कुछ साझा और कुछ अपनी-अपनी अलग दास्तान थी।

दिल्ली आख़िर आज़ाद हो गई। कुछ हफ़्तों के लिए शहर ने विभाजन की विकलांगता पर चादर डाल दी। दिल्ली तब इतनी पसरी नहीं थी कि अलग-अलग हिस्सों की छन्द-लय अलग पहचानी जा सके। बस, शहर दिल्ली, और नई दिल्ली। इधर कश्मीरी गेट के बाहर की सिविल लाइंस के इलाक़े जिन पर किंग्सवे तक पहुँचकर लगभग विराम लग जाता था और उधर करोल बाग़ का कुछ विस्तार हो गया था। बिल्डर्स ने छोटे-छोटे दोमंज़िले मकानों में छोटे-बड़े फ़्लैट बनाकर किराए पर उठा दिए थे। वह मोहल्ला वेस्ट एक्सटेंशन एरिया कहलाता था जिसमें आबादी ज़्यादातर दक्षिण से आकर बसे सरकारी कर्मचारियों की थी।

आज भी याद है, पिता की मृत्यु के बाद, माँ ने सारी जमा-पूँजी इकट्ठी करके छोटे-बड़े चार बच्चों की रोटी-रोज़ी के लिए जैसे-तैसे कुछ हज़ार रुपए में एक ऐसा ही मकान ख़रीद लिया था। पचपन रुपए फ़ी फ़्लैट के हिसाब से चार फ़्लैटों का

जो किराया आता था, उससे हाउस टैक्स का भुगतान करने के बाद, पेट भरने और पढ़ाई-लिखाई की फ़ीस चुकाने का जुगाड़ हो जाता था। जिस हवेली में रहते थे, वह उस सुनसान सड़क पर थी जिसे आज साइकिल मार्केट यानी एस्प्लैनेड रोड कहा जाता है। पर उसके अधिकांश पर नातेदारों का नाजायज़ कब्ज़ा था, और मिल्कियत का मामला मुक़दमेबाज़ी की गिरफ़्त में था जिसने ताज़िन्दगी माँ का पीछा नहीं छोड़ा।

ये विषम स्थितियाँ अपनी जगह और आज़ाद होने की उमंग अपनी जगह। बे-पढ़ी-लिखी पूरी तरह गृहस्थिन माँ, गांधीजी की परम भक्त थीं। घर में चरखे का प्रवेश उन्होंने ही कराया और बच्चों ने सूत कातना भी उन्हीं से सीखा। वही कते सूत की पूनियाँ इकट्ठी करके चाँदनी चौक में गांधी-आश्रम में पहुँचा देती थीं। राजनीति की पेचीदगियों से बेख़बर, पर देशभक्ति की भावना से पूरी तरह सराबोर। कहीं किसी नेता का भाषण हो, जितना घरेलू सीमाओं के भीतर सम्भव होता, वे पहुँचने की भरसक कोशिश करतीं। कांग्रेस के सब बड़े नेता उनके सम्मान के पात्र। जो नाम स्वाधीनता आन्दोलन के सन्दर्भ में कानों में पड़ते थे, उनमें प्रमुख थे—जवाहरलाल नेहरू, मौलाना अबुलकलाम आज़ाद, सरदार पटेल और महिलाओं में सरोजिनी नायडू और राजकुमारी अमृत कौर। इनके अलावा कृपलानी दम्पति, आचार्य जे.बी. और सुचेता जी और महात्मा गांधी की डॉक्टर और सहयोगी होने के नाते डॉ. सुशीला नैयर। नाम और भी थे पर सबके सरताज तो गांधीजी ही थे। दूरदर्शन तो था नहीं। उनकी छवि या तो अख़बारों में छपी तस्वीरों के आधार पर बनी थी, या रेडियो में सुनी ख़बरों के सहारे। कभी-कभार फ़िल्म देखने का अवसर आता तो फ़िल्म डिवीजन की रील से देश की राजनीतिक गतिविधियों का अन्दाज़ा होता।

आज़ादी मिलने तक, सुभाषचन्द्र बोस और आज़ाद हिन्द फ़ौज की कहानी तो परी देश के उस राजकुमार के क़िस्से जैसी हो गई थी, जिसका राजकुमार मंज़िल पर पहुँचे बिना ही रहस्यमय ढंग से न जाने कहाँ अदृश्य हो गया था। गांधीजी को अपने लिए न तख़्त चाहिए था न ताज। घुटन्ना धोती और हाथ में लाठी से लैस वह फ़कीर इतने बड़े ब्रिटिश साम्राज्य से लोहा कैसे ले सका, यह सबके सम्भ्रम और आदर का विषय था।

सत्ता के हस्तान्तरण के जिस नाटक की दर्शक आम जनता थी, उसके नायक तो जवाहरलाल नेहरू ही थे। कुछ समय बड़ी गहमागहमी रही—दो तरह से—एक तरफ़ अन्तरिम सरकार और कुछ समय बाद सी. राजगोपालाचारी की गवर्नर जनरल के रूप में ताजपोशी। बाद में मन्त्रिमंडल का गठन, लॉर्ड माउंटबेटन की

विदाई, गवर्नर जनरल की जगह राष्ट्रपति राजेन्द्र प्रसाद का चुनाव। और दूसरी तरफ़ पंजाब से विस्थापित लाखों क्षत-विक्षत लोगों की भीड़। सरकार, स्थानीय प्रशासन और आम जनता सब अपने-अपने स्तर पर इस नई स्थिति का सामना कर रहे थे।

तब उम्र ऐसी नहीं थी कि राजनीतिक घटनाओं की भीतरी पेचीदगियाँ समझ में आतीं। उम्र से ज़्यादा पारिवारिक माहौल नासमझी के लिए ज़िम्मेदार था। मध्य-वर्ग के व्यापारी परिवार की उस पहली पीढ़ी के बच्चे थे हम, जिन्होंने शिक्षा में रुचि दिखाई थी। आज की तरह सारे जहान की ख़बरें आनन-फ़ानन में दूरदर्शन के माध्यम से साकार नहीं होती थीं। अख़बार और रेडियो से घटनाएँ शाब्दिक रूप में पहुँचती थीं और छपे और देखे चेहरों के आधार पर वे कल्पना के सहारे साकार बिम्बों का रूप लेती थीं। सुनी-सुनाई बातों के आधार पर प्रचलित धारणाओं को ही मन में धारकर सन्तुष्ट रहते थे सब। जानकार होने का सन्तोष अधिक मायने रखता था, घटनाओं की तह में जाकर उनका विश्लेषण करने या सहमति-असहमति की शब्दावली में सोचने का जैसे सवाल ही नहीं उठता था।

राजनीतिक पार्टी के नाम पर दबदबा सिर्फ़ कांग्रेस का था। स्वाधीनता आन्दोलन की बागडोर उसी के हाथ में थी। क्रान्तिकारियों की शहीदाना भूमिका को बड़े सम्मान से देखा जाता था। मुस्लिम लीग और जिन्ना के प्रति जो आक्रोश इतर समुदायों में था, वह विभाजन के साथ जुड़ी साम्प्रदायिक घटनाओं के साथ हिकारत और धिक्कार के भाव में बदल चुका था। लॉर्ड माउंटबेटन ने पूरे प्रसंग का निर्वाह जिस सहृदयता और कूटनीतिगर्भित उदारता से किया था, उसके कारण ब्रिटिश सरकार के प्रति आक्रोश भी ठंडा हो चला था। यहाँ तक कि जो जुलूस, प्रदर्शन, नारेबाज़ी, आज़ाद हिन्द फ़ौज के अफ़सरों के मुक़दमे के दौरान, जनता के रोष और सरकार के विरोध की अभिव्यक्ति के लिए आम बात थी, उसका भी जोश अब शान्त हो गया था।

पूरे प्रसंग में, कांग्रेस के भीतरी मतभेद, सुलह-सफ़ाई की पूरी प्रक्रिया गुज़र जाने के बाद, पारित प्रस्तावों के रूप में सामने आते थे। सामान्य जन को हांडी के भीतर जो पाक-प्रक्रिया चलती रहती थी, उसका आभास भले ही होता हो, ब्यौरे तो वर्षों तक ज्ञात नहीं हो सके। आज़ादी तो आख़िर आज़ादी थी, भले ही कटी-फटी रही हो। रचनाकार या तो चुप थे, या दबी ज़बान से आज़ादी का आह्वान कर रहे थे। पर जो गुज़र चुका था, उसकी टीस तो दिलों में रही ही होगी वरना कवि की ज़बान पर ऐसी बात कैसे आती :

आज जीत की रात
पहरुए, सावधान रहना

पीड़ा सरहद के उधर भी थी। बड़ी पीड़ा से फ़ैज़ ने 'सुब्हे-आज़ादी' में लिखा होगा :

ये दाग़ दाग़ उजाला, ये शब ग़जीदा सहर
वो इंतिज़ार था जिसका, ये वह सहर तो नहीं

तमाम हर्ष-उल्लास के बावजूद कुछ ऐसा था जो भीतर ही भीतर टीस रहा था। एक तो वे अनुभव जिनसे वक़्त के उस दौर में दिल्ली वाले गुज़रे थे। दूसरी वह वर्तमान वास्तविकता जो विकराल मुँह बाए सामने खड़ी थी 'शरणार्थी' समस्या की शक्ल में।

इस बात से इनकार नहीं किया जा सकता कि साम्प्रदायिक दंगे उस विकराल रूप में दिल्ली में प्रायः उस पैमाने पर नहीं होते थे, जैसे देश के दूसरे भागों में। कुछ होते नहीं थे और कुछ होने नहीं दिए जाते थे। दिल्ली आख़िर देश की राजधानी थी। इसके अलावा शहर की बसागत ऐसी थी कि दंगाइयों को दंगे की शुरुआत नाप-तौलकर करनी पड़ती थी। कुछ घनी मुसलमान बस्तियों के इलाक़े थे, जिनमें मुख्य रूप से जामा मस्जिद के एक तरफ़ के तमाम गली-मोहल्लों के अलावा, हौज़ काज़ी और तुर्कमान गेट के कुछ हिस्से शामिल थे। लाल कुएँ से जो सड़क सीधी बल्लीमारान की तरफ़ जाती थी, उस पर भी बीच-बीच में हिन्दू मोहल्लों की संख्या बहुत कम नहीं थी। ज़ाहिर है कि सब एक-दूसरे के प्रति सशंक, सहमे-डरे से अपने-अपने साँकल-कुंडों की मज़बूती की थाह लेते हुए। यह वक़्त का तकाज़ा था कि सारी आपसदारी के बावजूद, जो मुस्लिम समाज, हिन्दुओं के मन में बराबर कुछ-कुछ आतंक का कारण रहता था, वह ख़ुद सहमा, संकुचित, सन्देहग्रस्त हो चला था।

यह कड़वी सच्चाई है कि मुसलमानों के साथ दोस्तियाँ और खान-पान का निर्वाह करने के अपने क़ायदे, अपने कोड थे जिसे दोनों वर्ग बिना कहे समझते थे और एतराज़ भी नहीं करते थे। पिताजी जब तक जीवित रहे, व्यापार के नाते अफ़सरों से सम्बन्ध बनाए रखना व्यावहारिक दृष्टि से ज़रूरी था। वे तबीयत के शौकीन और कला-प्रेमी थे। बच्चों की उर्दू शिक्षा के लिए एक मौलवी साहब, और गाना सिखाने के लिए उस्ताद चाँद ख़ाँ और तबले की संगत के लिए मशहूर उस्ताद काले ख़ाँ की आमद तो नियमित रूप से होती थी। इनके अलावा आकाशवाणी के तत्कालीन स्टेशन डायरेक्टर बुखारी साहब की मेहमानदारी का मौक़ा भी गाहे-बगाहे आता रहता था। दावतों के मौक़े पर एक ख़ास अलमारी

से चीनी के बर्तन उन ख़ास मेहमानों के लिए निकाले जाते और दावत के बाद धुलाई-सफ़ाई करके वापस वहीं बन्द कर दिए जाते थे। अगर पीतल के बर्तनों का संसर्ग हो जाता तो कोयलों की गरम राख से तपाकर उनकी शुद्धि की जाती थी। यह विचित्र क़िस्म का अछूतवाद था, जिसका निर्वाह व्यवहार की अनिवार्यता मानकर सहज रूप से किया जाता था। दिलचस्प बात यह थी कि इसमें मेहमान के रुतबे से कोई फ़र्क नहीं पड़ता था।

सामान्य जीवन में, दिन ढलने के बाद तो महिलाओं-बच्चों को जामा मस्जिद के इलाक़े की तरफ़ जाने की इज़ाजत थी ही नहीं। एस्प्लेनेड रोड पर भी सन्नाटा पसर जाता था। चावड़ी बाज़ार के उधर की तरफ़ तो दिन में भी जाना बचाया ही जाता था। जाने के स्थल दो ही थे। दोनों उर्दू बाज़ार के आगे उस सड़क पर जो दरियागंज पर जाकर ख़त्म होती है। इनमें एक था विक्टोरिया ज़नाना अस्पताल और दूसरा जगत सिनेमा। फ़िल्म तो शहर के लफंगों के सिवा कोई अकेले देखता नहीं था। पूरे के पूरे परिवार कभी-कभार बड़ी उत्सवधर्मी मानसिकता से इकट्ठे जगत सिनेमा में जाते थे, गोकि वह सेठ जगतनारायण खन्ना की मिल्कियत थी। अस्पताल में साड़ियों से ज़्यादा बुर्के ही नज़र आते थे। बोलचाल में उसे मछलीवाला अस्पताल कहा जाता था। हिन्दू परिवार या तो नज़दीकी के कारण या आपातस्थिति में ही उसका उपयोग करते थे।

दो दरगाहें और थीं, जिन पर हर वर्ग के श्रद्धालु, कोई मनौती माँगने या किसी चमत्कार की उम्मीद में उपस्थित होते थे। एक जामा मस्जिद के साये में, और दूसरी सड़क पार करके लालकिले की तरफ़। इन दरगाहों की दूरव्यापी मान्यता का सबूत मुझे दो साल पहले तब मिला, जब प्रसिद्ध कहानीकार उषा प्रियंवदा अपने बसन्तकुंज के फ़्लैट से टैक्सी लेकर हरे-भरे पीर की दरगाह पर चढ़ावा चढ़ाने पहुँचीं। पता लगा कि उनकी बड़ौदावासिनी दिवंगता बड़ी बहन ने कभी कोई मन्नत माँगी थी। यह अभियान उसी के पूरा होने पर कृतज्ञता ज्ञापन के लिए था। हमारा परिवार बरसों इसी दरगाह से एक फर्लांग भर की दूरी पर रहता रहा पर आर्यसमाजी संस्कारों वाली माँ ने न कभी पंडितों-मौलवियों की तरफ़ रुख़ किया और न मन्दिरों-दरगाहों की तरफ़। अलबत्ता, जैन परिवार से सम्बन्ध हो जाने के कारण कभी-कभार जैन मन्दिरों और तीर्थ-स्थलों के दर्शन करने में उन्हें आपत्ति नहीं होती थी। पर वे नगरों में दिगम्बर मुनियों के प्रवेश और घनी आबादी वाली बस्तियों में उनके भ्रमण के औचित्य को कभी स्वीकार न कर सकीं। न वे कभी उनकी प्रवचन सभाओं में गईं और न ही कभी उनके 'आहार' के लिए चौका लगाने का पुण्य-लाभ करने की बात उनके मन में आई। पर जैन मन्दिरों के

रखरखाव की स्वच्छता से वे हमेशा प्रभावित रहती थीं। कुछ बचपन के संस्कारों ने और कुछ आजीवन संघर्ष करते रहने की नियति ने उस अपढ़ स्त्री को अद्भुत रूप से विवेकवान, तर्कशील और मानवीय बना दिया था।

जब विभाजन के सन्दर्भ में दंगों का कहर बरपा हुआ तो वे बेहद चौकस हो गईं। आँख-कान खोले, हर समय जामा मस्जिद की तरफ़ से किसी अप्रत्याशित हमले की आशंका से ग्रस्त। मुसलमानों को वे मूलतः हिंसक कौम समझती थीं। उन्होंने इस बात की बाक़ायदा तैयारी की थी कि यदि उस दिशा से किसी गिरोह ने हमला किया तो क्या किया जाएगा। उनके इस भय की ठोस वजह थी। दोनों समुदायों के सरकारी स्तर पर स्थानान्तरण की व्यवस्था के प्रसंग में जामा मस्जिद के ठीक सामने उन्हीं दिनों मेओ समुदाय के लोग लाकर बसाए गए। उनके रहने के लिए सैकड़ों तम्बू देखते-देखते खुले विस्तृत मैदान में गड़ गए। उस बस्ती के आसपास फटकने की हिम्मत तो किसी की होती नहीं थी। नतीजा यह हुआ कि उनकी बर्बरता और हिंसक क्षमताओं की काल्पनिक कथाएँ ख़ूब बढ़ा-चढ़ाकर फैलने लगीं। रात के समय वे लोग भी मशालें जलाकर पहरा देते थे, ताकि नगरवासियों को यह एहसास बना रहे कि वे सोए नहीं हैं। हमारी हवेली की पहली मंज़िल के हर कमरे के बाहर बालकनी थी, और उस पर जाने के सारे दरवाज़े जामा मस्जिद की दिशा में खुलते थे यानी उधर का हर मंज़र नज़र के दायरे में था।

रात में जब अँधेरा हो जाता, तो माँ सारे घर की बत्तियाँ गुल करके धीरे से किवाड़ खोलकर उधर क्या हो रहा है, इसका जायज़ा लेने की कोशिश करतीं। डेढ़ पसली की पाँच फुटी दुबली-पतली माँ उचक-उचककर हर कोण से यह तय करने में लगी रहतीं कि उधर से इधर कूच करने की तैयारी तो नहीं चल रही! इस आशंका की भी वजह थी। रह-रहकर उधर से रात में समवेत् और बुलन्द आवाज़ में स्वर उठता, 'अल्लाहो अकबर!' शायद असुरक्षा के भाव से अपनी संगठित सामुदायिक ताक़त का अहसास कराने के लिए। जब यह घटना पहले दिन घटी तो आनन-फ़ानन में मोहल्ले-मोहल्ले पुरुष उतरकर गलियों में इकट्ठा हुए। मोहल्ला कमेटियाँ बनीं। तय पाया गया कि बारी-बारी से हर घर से एक पुरुष आठ-दस लोगों की टोली में शरीक होकर रात को पहरा देगा। नतीजा यह हुआ कि जब उधर से 'अल्लाहो अकबर' की आवाज़ उठती तो इधर से 'तुर्की-ब-तुर्की' जवाब में 'हर-हर महादेव' का नारा बुलन्द होता। भय दोनों तरफ़ था। गोकि इन्तज़ाम इतने कड़े थे कि कहीं ज़रा भी दंगा या तोड़-फोड़ होते ही पुलिस की सीटियाँ गूँजने लगतीं और दस्ते प्रकट हो जाते।

यही क्रम लगभग हफ़्ते भर चलता रहा। दोनों पक्ष एक-दूसरे के मन में हवाई आतंक पैदा करने में जुटे रहे। मुहल्ले के नौजवानों ने अपने बुज़ुर्गों के प्रति यह सम्मान और शराफ़त ज़रूर दिखाई कि जब भी कोई उम्रदराज़ सदस्य पहरेदार टोली में शामिल होने के लिए उतरता, वे हाथ जोड़कर उसे ससम्मान वापस भेज देते। धीरे-धीरे खेमे जैसे लगे थे, वैसे ही उखाड़ लिए गए और उनके वासियों को गन्तव्य की ओर चलता कर दिया गया।

इस बीच माँ, रातों तक अपने ढंग से पहरेदारी भी करती रहीं और दिन में उनकी मशीन लगातार चलती रही। उन्होंने घर के सदस्यों के हिसाब से गिनकर लम्बी कमरबन्द पट्टियाँ सिलकर तैयार कर लीं ताकि भागने की स्थिति में उनमें गहने, नगदी और जो क़ीमती सामान सम्भव हो, वह भरकर लोग भाग निकलें। भागने के लिए ऊपरी छत के किनारे सटाकर बाँस की सीढ़ियाँ रख दी गईं, जिनके सहारे पिछवाड़े के घर की छत पर उतरा जा सके और वहाँ से इसी तरह छतों के रास्ते भाग निकलना सम्भव हो सके। पीछे जिन घरों की छतें सटी थीं, वहाँ से हिन्दू मोहल्लों का सिलसिला शुरू होता था। सामने के दरवाज़े से निकलने का मतलब सीधे मौत के मुँह में प्रवेश करना था।

आख़िर ऐसा कुछ हुआ नहीं, पर आतंक के साए में गुज़रे उन दिनों के अनुभवों की स्मृति आज भी धुँधली नहीं हुई है। वैसे इस तरह की छिटपुट घटनाएँ शहर के अलग-अलग इलाक़ों में घटती रहती थीं। कर्फ़्यू, सड़कों पर वीरान सन्नाटा, पुलिस की गश्त—सबने मिलकर ऐसा दहशतज़दा माहौल पैदा कर दिया था कि माँ दिन में भी सड़क की तरफ़ खुलनेवाले दरवाज़ों से बाहर झाँकने नहीं देती थीं। पर हमारे भीतर भय-मिश्रित जिज्ञासा लगातार कुलाँचे मारती रहती थी। ऐसी ही एक दोपहर को मेरा दाँव लग गया। हो सकता है, माँ निंदिया गई हों। मैंने धीरे से दरवाज़ा खोला और बालकनी से सूनी सड़क पर नज़र टिका दी। उस समय वहाँ साइकिल मार्केट नहीं थी। सड़क पार दूर तक फैले परेड ग्राउंड की वीरानगी सड़क के सन्नाटे को और गहरा रही थी। तभी जामा मस्जिद की तरफ़ से उस वीराने को चीरती हुई, साइकिल पर एक मानव मूर्ति धीरे-धीरे चाँदनी चौक की दिशा में आगे बढ़ती दिखाई दी। कैरियर पर छह-सात साल का बच्चा बैठा था। सन्नाटा इतना था कि साइकिल के पहियों की आवाज़ भी साफ़ सुनाई पड़ रही थी। यह व्यक्ति धीरे-धीरे हमारे घर के सामने से गुज़र ही रहा था, तभी बग़ल की गली से तीन-चार जवान लड़कों की टोली 'मारो-मारो' का हल्ला बोलती हुई उस पर टूट पड़ी। हाथ के लपलपाते छुरे से उन्होंने उसकी पीठ को गोद डाला। ख़ून का फव्वारा छूटा, साइकिल लड़खड़ाई और देखते-देखते 'बचाओ-बचाओ'

गुहारता हुआ वह आदमी धराशायी हो गया। शोर-शराबे के बीच पुलिस की सीटियों और क़दमों की आवाज़ एक साथ सुनाई पड़ी, मानो वे उसके पीछे ही आ रही हो। हत्यारे मौक़ा-ए-वारदात से ताबड़तोड़ भागे और हमारी ही दहलीज़ ठेलकर घर के भीतर दाख़िल हो गए। घर में हड़कम्प मच गया। सब अपने कमरों से बाहर। पुरुषों ने जीने से नीचे दौड़ लगाई ताकि उन्हें ऊपर चढ़ने से रोका जा सके। घरवाले उनसे हाथ जोड़कर बाहर जाने की विनती कर रहे थे और वे अख़बार के काग़ज़ों की फ़रमाइश कर रहे थे ताकि छुरे में लगे ख़ून को पोंछकर साफ़ कर लें। सब अपनी-अपनी जगह लाचार थे। अख़बार से ख़ून को पोंछकर मारनेवाले ने शर्ट उठाकर उसे पाजामे में बँधे खोल में खोंस लिया। और वे सीढ़ियों में बने पाखाने में ख़ून सने काग़ज़ फेंककर जिस तेज़ी से आए थे, उसी फुर्ती से ग़ायब हो गए।

मानवीयता और औचित्यबोध ऐसी स्थितियों में हवा हो जाते हैं, और आत्मरक्षा का भाव प्रमुख तत्काल चिन्ता इस बात की थी कि अगली आमद पुलिसवालों की न हो, वरना झंझट होगा। जल्दी-जल्दी उन रक्तरंजित काग़ज़ों को पलीता लगाकर घरवाले ख़ून के धब्बे को पोंछने-मिटाने में जुट गए। सबकी बोलती बन्द थी और मेरी लगभग घिग्घी बँधी थी। किवाड़ बन्द करते मैंने इतना और देखा था कि वह बच्चा रोता हुआ उठकर पैदल चला जा रहा था। हत्यारों ने उसकी जान बख़्श दी थी। पुलिसवालों ने उसका क्या किया, कोई नहीं जानता। पुलिस ने गली तक आने की ख़ानापूरी की, पर आशंका के विरुद्ध किसी ने घर का रुख़ नहीं किया। इस पूरे कांड में मुश्किल से दस मिनट का समय लगा होगा, पर मन पर छाप ऐसी कि छपी-सुनी ख़बरों के निहितार्थ कुछ और गहराई में समझ आने लगे।

झुंड-के-झुंड शरणार्थियों का मसला अलग ढंग का था। आधे-अधूरे जिन परिवारों के दूरदराज़ के रिश्तेदार जहाँ-जहाँ थे, उन्होंने पहला पड़ाव वहीं डालने की कोशिश की। अधिकांश परिवार एक खेप में साथ नहीं निकल पाए थे। जो आ गए, उनके जहाँ सींग समाए, वे वहीं घुस बैठे। उन हर तरह टूटे-हारे लोगों के लिए यह अस्तित्व का प्रश्न था। ऐसी स्थितियों में नैतिकता, औचित्य यहाँ तक कि मानवीयता भी पीछे छूट जाती है। मुख्य रहता है आत्मरक्षा और उसके बाद अपनों की रक्षा का सवाल। ख़ुद पाँव टिकाने के बाद, जो पीछे रह गए थे, लोगों ने उनकी खोज-ख़बर के लिए शरणार्थी कैम्पों के चक्कर काटने शुरू किए। हर परिवार की कुछ साझा, और कुछ अपनी-अपनी अलग दास्तान थी।

कुछ व्यवहार-बुद्धि और विवशता के दबाव में, काफ़ी परिवारों ने उन मकानों पर माल-असबाब सहित कब्ज़ा कर लिया, जिन्हें छोड़कर मुस्लिम परिवार भाग निकले थे। यह सुनी-सुनाई नहीं, आँखों देखी बात है। पहाड़गंज में शीला सिनेमा के पास सँकरी-सी गलियों के बीच एक मोहल्ला था—दरीबापान। उसके एक छोटे से आँगन के चारों तरफ़ बने, तीन कमरों में जिस कायस्थ दम्पति ने शरण ली, उनके छह बेटियाँ और तीन बेटे थे। इत्तफ़ाक से क्रम में दो बेटियों का नम्बर पहले था, और फिर एक बेटे के बाद दो बेटियों के क्रम से परिवार की गिनती पूरी हुई थी। इतने बच्चों के माँ-बाप की उम्र का अन्दाज़ा लगाया जा सकता है। कोई बच्चा इस क़ाबिल नहीं था कि कमाकर परिवार के भरण-पोषण में हाथ बँटा सके। इस परिवार की तीसरी बेटी बँटवारे के सात वर्ष बाद जब एम.ए. में मेरी सहपाठी हुई, तब उस परिवार के इतिहास से परिचय हुआ। तब भी आकाशवाणी में अनाउंसर की नौकरी करके वह जैसे-तैसे पढ़ाई जारी रखने के लिए संघर्ष कर रही थी। बड़ी दो बहनें तब तक काम पकड़ चुकी थीं, बाक़ी बच्चे पढ़ रहे थे। बाद की कहानी यहाँ अप्रासंगिक है। पर उनका कहना था कि लाहौर से भागते समय तन के कपड़ों के सिवाय वे कुछ साथ न ला सके थे।

ऐसा बहुतों के साथ हुआ था—ख़ासकर लाहौर निवासियों के साथ। बँटवारे की बातचीत के दौरान लाहौर विवाद का मुद्दा था। मुस्लिम आबादी को आशंका और हिन्दुओं को विश्वास था कि लाहौर भारत के हिस्से में आएगा। मुस्लिम जनता हिन्दुओं की सम्भावित सम्पत्ति को तबाह करके शहर छोड़ना चाहती थी और हिन्दू, परिवारों को भारत चलता करके इस उम्मीद में डटे रहना चाहते थे, कि जो गए हैं, वे भी आख़िर वापिस लौटेंगे। राजी सेठ के पिता के साथ यही हुआ था। उम्र का बड़ा हिस्सा फ्रंटियर के शहर नौशेरा में पठानों के बीच गुज़ारकर कुछ ही वर्ष पहले वे लाहौर आकर बसे थे। लाहौर धू-धू जल रहा था, और इंसानियत के सहज विश्वासी श्री देशराज त्रेयन को न मुसलमानों से डर लग रहा था, और कहीं न कहीं यह विश्वास गहरे घर किए था, कि बड़ी बहू की जचगी के बाद परिवार ही वापिस लौटेगा—जो न होना था न हुआ। फैसला हुआ और लाहौर पाकिस्तान में चला गया। बदली हुई स्थिति में बचे-खुचे हिन्दू जान हथेली पर रखकर, जाने कैसे-कैसे भागे। कुछ बचे, कुछ वहीं या रास्ते में कत्ल हुए। सुनी-सुनाई ख़बरों के आधार पर जिन पिता को परिवार ने दंगों की भेंट चढ़ा मान लिया था, जब किसी शिविर से उनके होने की ख़बर मिली, तो परिवारियों की मनःस्थिति कैसी होगी, अनुमान लगाया जा सकता है।

दो भाइयों के एक संयुक्त परिवार ने तो 7 जन्तर-मन्तर रोड पर, ठीक कांग्रेस के स्थानीय कार्यालय के पीछे के आउट-हाउसेज में ही डेरा डाल दिया जो दस-एक साल पहले तक क़ायम था। बाद में परिवार का विस्तार होने लगा, और वे मकान रख-रखाव के बगैर खंडहर हो चले, तो सुना गया कि वे इकाइयों में बँटकर वहाँ से निकले। मुआवजे में क्या ऐंठा, यह ईश्वर जाने। ऐसे न जाने कितने क़िस्से हैं उन विस्थापितों के, अपने अस्तित्व की लड़ाई लड़ने के बारे में। पर एक बात तय है, कुछ ऐसा है उस प्रदेश की आबोहवा और मिट्‌टी में जिसने ऐसी जाँबाज़ क़ौम पैदा की।

गिरते-पड़ते आकर उन्होंने जहाँ पाँव रखा, वहीं मज़बूती से जमा दिया। सरकार ने अपने ढंग से शिविरों की व्यवस्था की। ऐसा सबसे बड़ा शिविर पुराने किले में था और बाक़ी शहर के दूसरे स्थानों पर। इतनी बड़ी संख्या में लोगों की व्यवस्था की अपनी कठिनाइयाँ और खामियाँ थीं। पर जितनी हिम्मत से इन लोगों ने स्थिति का सामना करते हुए आनन-फ़ानन में अपने लिए राहें निकाल लीं, उसके सामने धीमी चाल से चलनेवाला दिल्ली का जन-जीवन जैसे स्तब्ध हो गया। उन्होंने फेरी लगाई, पटरियाँ बिछाईं, ठेलों पर सब्ज़ियाँ बेचीं, छोटा-मोटा जो काम जिससे बना, वही बिना किसी शर्मिन्दगी या गुरेज़ के उठा लिया, पर भीख नहीं माँगी। दिल्लीवालों ने श्रम का महत्त्व और गौरव उनसे सीखा। और दिल्ली फैलती चली गई—कई गुनी रफ़्तार से।

इनके जीवट और उत्साह से ही सम्भव हुआ कि बाज़ार के बाज़ार इनके नाम लिख गए। ऐसी पहली बड़ी मार्केट चाँदनी चौक के लालकिले वाले सिरे पर बनी लाजपतराय मार्केट है जिसे कई वर्षों तक रिफ़्यूजी मार्केट ही कहा जाता रहा। इस नाम पर उन्हें कोई एतराज़ न हुआ जिनकी वह पहचान कराता था। न उनके पास इसकी फ़िक्र करने की फ़ुर्सत थी, न ही उनके फक्कड़ाना मिज़ाज और सेहत पर इस बात का कोई असर पड़ता था। पर ख़ास बात यह थी कि देखते ही देखते इस मार्केट ने चाँदनी चौक के व्यापारियों की बत्ती गुल कर दी। कपड़े, बिजली के सामान और खाने-पीने की खोखेनुमा छोटी-बड़ी दुकानों पर इतनी भीड़ रहने लगी कि चाँदनी चौक बदरंग हो चला।

इधर जामा मस्जिद से चाँदनी चौक तक, परेड ग्राउंड के किनारे-किनारे पूरा साइकिल मार्केट बन गया। ग़रीबों की इस सवारी के ख़रीदार, गाड़ियों की तुलना में कहीं अधिक होते थे। सड़क गुलज़ार रहने लगी। बाज़ार के सामने रिहाइशी मकानों की लबे-सड़क नीचे की मंज़िलों में भी दुकानें खुल गईं। फ़र्क़ इतना था कि इधर पुराने व्यापारी और उधर तथाकथित रिफ्यूज़ी। इधर थोक-बाज़ारी और उधर खुदरा व्यापार।

विस्तार उतने पर ही नहीं रुका। नए इलाक़े, नए बाज़ार, नई जनसंख्या के लिए बने और आबाद होते गए। यमुनापार—गांधी नगर और कृष्णा नगर, उत्तर दिल्ली में किंग्जवे कैम्प, विजय नगर, रूप नगर, कमला नगर, शक्ति नगर, सराय रोहिल्ला, करोल बाग की तरफ़ पटेल नगर-ईस्ट और वेस्ट और नई दिल्ली की तरफ़ यूसुफ़ सराय, ग्रीन पार्क, विनय नगर, सरोजिनी नगर, नेताजी नगर जैसी तमाम बस्तियाँ इस नई संख्या को आबाद करने के दबाव से ही आगे-पीछे बनती चली गईं। यह बात अलग है कि इस अवसर का बहुत से पुराने शहर के निवासियों ने भी लाभ उठाया और वे भीड़-भाड़ से निकलकर, खुले हवा-पानी और सुविधाओं का हिसाब लगाते हुए इन बस्तियों में जा बसे। चुनाव सबने अपनी-अपनी हैसियत के हिसाब से किए। नतीजतन दिल्ली में कई तरह के बाज़ार, कई तरह की बस्तियाँ और कई तरह की संस्कृतियाँ बनती-फैलती चली गईं। ध्यान से अध्ययन किया जाए तो बड़े दिलचस्प नतीजे सामने आएँगे। वह समाजशास्त्रियों के अध्ययन का विषय है।

एक बात सामान्य थी। सब पुराने दिल्लीवालों को शिकायत थी कि इन नवागंतुकों ने दिल्ली की संस्कृति को लगभग हड़प लिया। यह शिकायत कितनी सच थी, इसे प्रमाणित करने की ज़रूरत नहीं है। लेकिन यह तय है कि यह आमद अनायास ही एक सांस्कृतिक हमले की तरह थी, जिसने बोली-बानी, खान-पान, तौर-तरीक़े, यहाँ तक कि मूल्य-व्यवस्था तक को अपने प्रभाव में ले लिया था। दिल्लीवालों की शाइस्तगी, नून-मेख़ वाली विलम्बित लय, बोली-बानी की नफ़ासत, पहनने-ओढ़ने की नखरेवाली रवायतें, तीज-त्योहार सब इस अन्धड़ की चपेट में आ गए थे। जो आए थे, उनके लिए अस्तित्व का सवाल था। ऐसे में तथाकथित नैतिकता, मूल्य, सभ्यता-संस्कृति के मुलाहिजे हवा हो जाते हैं। जिनकी ज़िन्दगियाँ दाँव पर लगी थीं, उनके लिए न इसके बारे में सोचना सम्भव था, न ही इसका अवकाश था। जैसे-जैसे इनकी स्थिति सुधरती गई, व्यापार पर इनकी पकड़ मज़बूत होती गई। पूरा सर्राफ़ा (दरीबा) इनका हो गया। चाँदनी चौक के भीतरी कटरों में थोक-व्यापार के तमाम छोटे-बड़े थोक-बाज़ारी ठिकाने इन्होंने ख़रीद लिए! आधे से ज़्यादा सदर बाज़ार और पहाड़गंज में यही चेहरे नज़र आने लगे। इस नई आबादी के उत्साह और जीवट और कर्मठता के सामने पुराने निवासियों का 'हाय दिल्ली', 'हाय दिल्ली' का राग अलापने के अलावा कोई चारा नहीं था। इतना ज़रूर था कि क्रमशः इस वर्ग की नेकनामी कुछ ऐसी हो गई कि न इन्हें कोई किराए पर जगह देकर राजी था, न व्यापारिक सम्बन्ध बनाकर।

एक तरफ़ यह आलम था, दूसरी तरफ़ राजधानी के राजनीतिक हलक़ों में बड़ी सक्रियता थी। नेहरू ने अन्तरिम सरकार के बाद जिस मन्त्रिमंडल का गठन किया था, उसमें मौलाना आज़ाद भी थे और जगजीवनराम भी, श्यामाप्रसाद मुखर्जी भी थे और सरदार पटेल भी, राजकुमारी अमृत कौर भी थीं और बलदेव सिंह भी। बाद में संविधान के प्रधान शिल्पी तो डॉ. अम्बेडकर ही हुए। ऐसी धर्म-जाति-लिंग निरपेक्ष राजनीतिक दृष्टि नेहरू के बाद विरल होते-होते अन्ततः विलुप्त हो गई। वे सच्चे अर्थ में लोकतान्त्रिक दृष्टि सम्पन्न प्रधानमन्त्री थे। इसलिए मतभेदों के बावजूद सबके सम्मान और विश्वास के पात्र थे।

उसी दौरान दिल्ली में ही एक और आस्था केन्द्र था, जिसकी तरफ़ लोग लगभग धर्म-भावना से, आत्मा के अनुरोध से खिंचे चले जाते थे। राजनेता भी और जनता भी। इसके सूत्रधार और नायक गांधीजी थे। सत्ता का सूत्र तो उन्होंने कभी पकड़ा ही नहीं, पर उनकी राय लेना, संकट की घड़ी में मध्यस्थता और सुलह-समझौते के लिए उनकी तरफ़ रुख़ करना बदस्तूर क़ायम था। मतभेदों के बावजूद नेहरू तब भी उनकी आँख के तारे थे। गांधीजी को जैसे समझ में आ गया था कि देश की राजनीतिक बागडोर उनके हाथ से निकल चुकी है, पर उनकी चिन्ताएँ तो सामाजिक शान्ति और साम्प्रदायिक सौहार्द से जुड़ी थीं। वे दिल्ली लौट आए थे। तीन मूर्ति पर बिरला-भवन में सन्ध्यावेला में उनकी प्रार्थना सभाएँ होती थीं। जब-जब दिल्ली में रहते, उनका नियमित कार्यक्रम होता था। शाम को निर्धारित समय पर खुले प्रांगण में जनता इकट्ठी होती, परम श्रद्धा-भाव से। वे धीमी चाल से युवा कन्धों का सहारा लिए सभा-स्थल में प्रवेश करते। सर्वधर्म-समभाव की भावना से गीता, कुरान, गुरुग्रन्थ साहब के अंशों के पाठ के बाद सभा 'वैष्णव जन तो तेने कहिए—' पद के गायन से शुरू होती। उसके बाद गुजराती मिश्रित हिन्दी में 'बैनो और भाइयो' को सम्बोधित करते हुए वे अपना प्रवचन आरम्भ करते।

किसी न किसी समसामयिक विषय पर शान्ति और सद्भावना बनाए रखने की अपील के साथ वे बड़ी मार्मिक निष्ठा से अपनी बात कहते। बिना भेदभाव के हर धर्म, आयु और वर्ग के लोग, इन प्रार्थना सभाओं में इकट्ठे होते। बड़ी संख्या ऐसे लोगों की थी जो नित्य नियम से वहाँ उपस्थिति दर्ज करते। माँ हम बड़े बच्चों को साथ लेकर यथासम्भव वहाँ पहुँचने का प्रयास करतीं। घर में बग्घीनुमा ताँगा था। जब वह सुलभ नहीं होता, तो वे सवारी के ताँगे में लद-फँदकर सदल-बल पहुँचती थीं। इतना अनुशासन, इतनी शान्ति धार्मिक प्रवचनों में भी कभी नहीं दिखाई पड़ी। सबकी टकटकी उस गैलरी की तरफ़ लगी रहती जिधर से आकर वे

ज़मीन पर बैठी निस्पन्द जनता के सामने बरामदे में स्थान ग्रहण करते। उन सभाओं में उपस्थिति, अपने आपमें एक अनुभव होती थी। कुछ ऐसा था वचनों से परे, जिसका स्पन्दन उस वातावरण में महसूस किया जा सकता था। शायद उनकी सत्यनिष्ठा, त्याग, आत्मविश्वास जिससे उनकी वाणी में कायल करने की शक्ति आती थी। जब कोई बड़ी घटना घटती तो उनकी वाणी करुणा और कातरता से जैसे आर्द्र हो आती थी। 15 अगस्त की परिणामी घटनाओं ने उनकी वाणी के ओज का हरण कर लिया था। राजनीति से उनका भरोसा जैसे उठ गया था, पर जनता पर उनका, और उन पर जनता का विश्वास क़ायम था।

हाल ही में पुरुषोत्तम अग्रवाल ने अपनी 'अल्पता' के प्रयोगों की चर्चा करते हुए एक घटना का ज़िक्र किया है। खालिस्तानी आन्दोलन के समर्थकों से दमदमी टकसाल में हुई एक बातचीत का जो टुकड़ा उन्होंने उद्धृत किया है, उसकी सच्चाई में अगर वह मनगढ़न्त भी होता, तो भी मुझे सन्देह न होता। क्योंकि कभी-कभी 'फैक्ट इज स्ट्रेंजर दैन फिक्शन'। पुरुषोत्तम ने बताया कि बातचीत के दौरान, उन लोगों के बीच से जो बड़े सलीके से यह समझाने की कोशिश कर रहे थे कि खालिस्तानी आन्दोलन के लिए हिंसा और आतंकवाद क्यों अपरिहार्य हैं, अचानक बिना किसी पूर्वापर क्रम या भूमिका के, एक सज्जन बोले, "वैसे जी एक बात है। अगर गांधीजी होते तो पंगा सुलट जाता।" पूछने पर उन्होंने खुलासा किया– "देखो जी, ऐसा है कि अगर वे होते तो सारे आतंकवाद और सारी गोलीबारी के बावजूद आते और अमृतसर में भूख-हड़ताल पर बैठ जाते।" पुरुषोत्तम ने इस घटना पर टिप्पणी की कि "मेरे लिए यह एक आध्यात्मिक अनुभव था।" (*वागर्थ*, फ़रवरी, 2007, पृ. 91-92)

मुझे न इस घटना पर आश्चर्य हुआ, न सुनाने वाले की टिप्पणी पर। मुझे लगा कि ज़रूर उस कहनेवाले ने कभी गांधीजी की प्रार्थना सभा में अपनी उपस्थिति दर्ज की होगी। वहाँ होना एक आध्यात्मिक अनुभव होता था। जिसने वह वाणी सुनी, जिसने उनके 'मौन' के क्षणों में शिरकत की, वही सत्य पर आधारित उस नैतिकता की शक्ति को समझ सकता है, जिसके कारण आज भी 'लगे रहो मुन्नाभाई' जैसी फ़िल्म जनता-जनार्दन में इतनी स्फूर्ति, इतनी अनुगामिता भर सकती है।

जिनकी समझ में यह बात न तब आती थी, न अब आती है, उन्हीं के बीच से वह गोली दागी गई थी, जिसने 30 जनवरी, 1948 को उनके प्राण हर लिए। यह बात अलग है कि गोली चलानेवाले ने भी यह हरकत करने से पहले उनके चरण छूकर उन्हें प्रणाम किया। यह व्यवहार उस शक्ति और वाणी की अमोघता

का स्वीकार था जिसका प्रतिरोध गोली जैसे जड़ साधन से ही सम्भव था। सारे तर्क और वाग्मिता उनके मौन तक के सामने निष्प्रभ और व्यर्थ हो जाते थे।

रेडियो से ख़बर फैलते ही पूरे शहर में मौत का मातम छा गया। सारे पैर बिरला-भवन की तरफ़ दौड़ रहे थे। रुँधे कंठ से नेहरू ने देश को सम्बोधित करते हुए कहा, 'द लाइट इज़ गॉन।' उस दिन उस प्रकाशपुंज के महाप्रस्थान से जिस अन्धकार का प्रसार हुआ था, क्या आज भी उस पर पूरी तरह विजय पाई जा सकी है—सोचने की ज़रूरत है।

गांधीजी की हत्या से दिल्ली ही नहीं, पूरा देश स्तब्ध था। सारे कान रेडियो से चिपके थे और घटना के सम्भावित कारणों के बारे में अटकलों का बाज़ार गर्म था। आम जनता के लिए यह कल्पनातीत था कि कोई उन्हें हिन्दू-विरोधी मानकर यह क़दम उठा सकता है। गोली लगते ही गांधीजी तो धराशायी हो गए। सभा में मौजूद जनता की तात्कालिक प्रतिक्रिया यह भी हो सकती थी कि उन्हें मारनेवाले को वहीं घेरकर वारा-न्यारा कर देती, पर ऐसा कुछ नहीं हुआ। न गोडसे ने भागने की कोशिश की न उपस्थित जनता ने उसके साथ हिंसक व्यवहार करने की। वह वहीं सिर झुकाए अपनी गिरफ़्तारी की प्रतीक्षा करता रहा। अगर वहाँ एकत्र भीड़ ने उसकी उपस्थिति को अहिंसक भाव से सहा तो इसका अर्थ न उससे सहमति थी, न सहानुभूति। ज़्यादा से ज़्यादा किंकर्त्तव्यविमूढ़ता हो सकती थी। पर मुझे इस स्थिति में कहीं न कहीं उस माहौल की भूमिका दिखाई पड़ती है जो उन प्रार्थना सभाओं में अनायास पैदा हो जाता था।

उनके अन्तिम संस्कार के दृश्य से भारतीय जनमानस फ़िल्मी रीलों के माध्यम से भली भाँति परिचित हैं। कहने लायक बात इतनी ही है कि वह मानव-समुद्र जो उमड़ रहा था, प्रायोजित नहीं था। अंसारी रोड के पिछवाड़े के मकानों की छतों पर तिल धरने की जगह नहीं थी। भीड़ में लोग अपने पाँव पर चलकर नहीं, अग़ल-बग़ल की रेल-पेल में निराधार कहीं से कहीं पहुँचे जा रहे थे। जहाँ से कुछ भी देखा जा सकता था, उन पेड़ों पर जनता ने बनमानुसों की तरह जगह बना ली थी। तमाम डालें बोझ न उठा पाने के कारण आसीनों को लिए नीचे आ रहीं। रोना-धोना अपनी जगह अलग। पूरी दिल्ली के सभी रास्तों का एकमात्र गन्तव्य था राजघाट।

धीरे-धीरे माहौल से मातम का साया छँटता गया। काफ़ी समय राजघाट पर देशभर से लोग, तीर्थयात्रा के भाव से आते रहे। पूरे विश्व ने इस हादसे को

मानवता के लिए बहुत बड़ी क्षति के रूप में देखा। गांधी सही अर्थों में युग पुरुष थे। विश्व के किसी भी राजपुरुष ने भारत आने पर राष्ट्रपिता की समाधि पर श्रद्धा अर्पित न की हो, ऐसा नहीं हुआ। केन्द्र में जब-जब नई सरकार बनी, मन्त्रिमंडल के गठन के बाद राजघाट पर, कर्त्तव्य-बोध से श्रद्धा अर्पित करने की परम्परा का निर्वाह करना सबने ज़रूरी समझा।

यह बात अलग है कि मतभेदों के निबटारे के लिए एक विश्वसनीय प्रेरणास्रोत का अभाव उन्हें ज़रूर सालता होगा जो सत्ता की बागडोर थामे थे। राजधानी में स्थितियाँ दो-तीन वर्षों में सहज हो चलीं। जो विभाजन की त्रासदी के कारण आफ़त के मारे आए थे, वे तो आबाद हो ही गए, उनके अलावा तमाम दूसरे भागों से बड़ी संख्या में लोगों ने रोज़ी-रोटी की तलाश में राजधानी की तरफ़ रुख किया। एक काफ़िला राज्य सभा और संसद सदस्यों का था। दूसरी खेप केन्द्र के अधीन विभिन्न मन्त्रालयों में काम करनेवाले अलग-अलग स्तर के सरकारी कर्मचारियों की थी। बड़े पैमाने पर इनकी आवासीय व्यवस्था का प्रश्न था। देखते-देखते नॉर्थ और साउथ ब्लाक में नीचे की तरफ़ दाएँ-बाएँ दूर तक मन्त्रालयों के लिए तरह-तरह की इमारतें खड़ी हो गईं। नॉर्थ और साउथ एवेन्यू के दोमंज़िले फ़्लैट बन गए जिनमें संसद सदस्य एक होता था, दुमछल्ले अनेक। परिवार सबके साथ नहीं आए, पर उनके स्थानापन्न रिश्तेदार और इलाक़े के सेवादार अच्छी-खासी संख्या में इनमें पड़े रहते थे। कुछ वर्ष बाद इन लोगों में से कुछ ने आबंटित घरों को ग़ैरक़ानूनी रूप से किराए पर देकर उसमें एक कमरा अपने लिए रोक लिया। अधिवेशन के दौरान वे वहीं बिराजते, दरबार लगाते और किराएदार परिवार उनके खान-पान की व्यवस्था कर दिया करता था। ध्यान देने की बात यह है कि इन तमाम इमारतों की वास्तुकला की तुलना साम्राज्यवादियों की देख-रेख में बनी ल्यूटन की दिल्ली से करने पर निराशा ही होती है। इस दृष्टि से दिल्ली की जनता को मुग़ल और ब्रिटिश शासकों का कृतज्ञ होना चाहिए कि दिल्ली की तमाम ऐतिहासिक इमारतें उन्हीं की देन हैं—वास्तुकला के आदर्श नमूने।

भारत के पहले प्रधानमन्त्री राजपुरुष ही नहीं, संस्कृतिपुरुष भी थे। उनकी एक नज़र देश की विदेश-नीति और आर्थिक विकास पर रहती थी और दूसरी संस्कृति के संरक्षण और प्रोत्साहन पर। उनके इस लगाव का प्रमाण है उनकी सुविख्यात रचना 'भारत की खोज', जो भारत के सांस्कृतिक इतिहास का बेहतरीन आख्यान है जिसकी रचना वे देश के ग़ुलाम रहते कर चुके थे। यह बात अलग है कि उनकी गुट-निरपेक्षता पर आधारित विदेश-नीति और विज्ञान व तकनीकी विकास पर आधारित अर्थनीति, समय-समय पर मतभेद और विवाद के विषय रहे हैं।

अपनी इस मानसिक बनावट के अनुरूप उन्होंने 'नाम' (गुट-निरपेक्ष आन्दोलन) की नींव डाली, बांडुंग कॉन्फ्रेंस करके 'पंचशील' के झंडे के नीचे विश्व के पूर्वी देशों को एकजुट करने का प्रयत्न किया। आर्थिक विकास के लिए उन्होंने रूस के मॉडल पर पंचवर्षीय योजनाएँ बनाईं और देश में इस्पात के कारखानों और नदियों पर बाँध-घाटी योजनाओं को कार्यान्वित करने की मुहिम चलाई।

इसी के समानान्तर कलाओं के प्रोत्साहन के लिए साहित्य, संगीत-नाटक और चित्रकला को ध्यान में रखकर दिल्ली में साहित्य, संगीत-नाटक और ललित अकादमियों की स्थापना हुई। शहर के बीचोबीच मंडी हाउस पर 'रवीन्द्र भवन' बना जिसमें तीनों अकादमियाँ एक-दूसरे के सान्निध्य में सक्रिय हुईं। यह महज संयोग नहीं है कि जवाहरलाल नेहरू ने स्वयं साहित्य अकादमी के पहले अध्यक्ष का पद सँभाला। यह तथ्य देश के प्रथम प्रधानमन्त्री की मानसिक बनावट और सांस्कृतिक रुझान को समझने की दृष्टि से महत्त्वपूर्ण है। उन्होंने इन अकादमियों का प्रशासनिक तन्त्र भी इस ढंग से बनाया कि इनकी दैनंदिन गतिविधियों में सरकारी हस्तक्षेप न हो और इनकी स्वायत्तता बनी रहे। यह बात अलग है कि जिन्होंने बाद में उनकी जगह ली, उन्होंने इस अधिकार का उपयोग कैसे, किस रूप में किया।

इस प्रसंग में एक विचित्र घटना तब घटी जब यशपाल की प्रसिद्ध कृति 'झूठा सच' का नाम साहित्य अकादमी के पुरस्कार के लिए प्रस्तावित होने की सम्भावना पैदा हुई। दिनकर जी इस प्रस्ताव से सहमत नहीं थे। बाक़ी दो निर्णायक अपनी बात पर अड़े थे। सुना गया कि जब दिनकर जी की किसी तरह नहीं चली तो उन्होंने यह धमकी देकर अपनी बात मनवा ली कि अगर निर्णय 'झूठा सच' के पक्ष में हुआ तो वे भरी सभा में इसका विरोध करेंगे और ज़रूरत पड़ने पर उपन्यास के उन अंशों का पाठ करेंगे जहाँ कांग्रेस की मुखर आलोचना की गई है। धमकी काम कर गई क्योंकि उन दिनों जवाहरलाल नेहरू स्वयं सभा की अध्यक्षता करते थे और अकादमी की गतिविधियों में पूरी रुचि लेते थे, अन्ततः पुरस्कार उस वर्ष भगवतीचरण वर्मा के 'भूले बिसरे चित्र' को दे दिया गया। इस घटना की जानकारी मुझे ख़ुद निर्णायकों में से ही एक के मुँह से हुई, इस टिप्पणी के साथ कि ज़रूरी नहीं था कि जवाहरलाल नेहरू ने उन अंशों को सुनकर 'झूठा सच' का विरोध ही किया होता, पर ख़तरा तो नहीं लिया जा सकता था। मुझे लगा कि वे नेहरू जी से कम दिनकर जी की गर्जन-तर्जन वाली शैली से ज़्यादा आशंकित थे। उन दिनों राजनीतिज्ञ हलक़ों में दिनकर जी का बहुत दबदबा था।

संविधान में हिन्दी की स्थिति को लेकर सरकार की नीति से भले ही असमंजस और अनिश्चय पैदा हुआ हो, पर कुल मिलाकर हिन्दी के नाम पर

सम्भावनापूर्ण भविष्य की उम्मीदें बँध रही थीं। इसका एक कारण यह भी था कि स्वाधीनता की लड़ाई का माध्यम भारतीय भाषाएँ, मुख्य रूप से हिन्दी रही क्योंकि जनान्दोलन, जनता की भाषा में ही किया जा सकता है। इसलिए इसमें भागीदारी करनेवाले वे नेता भी जिनकी शिक्षा-दीक्षा विदेशों में हुई थी और जिनका रिश्ता समाज के सम्भ्रान्त वर्ग से था, अपने 'इलीटिज़्म' को बलाए ताक रखकर, जनता के बीच, जनता की वेशभूषा और बोली-बानी अपनाकर ही इस लड़ाई में शामिल हो सके थे। बड़े-बड़ों ने अंग्रेज़ी और अंग्रेज़ियत का चोला उतारकर एक तरफ़ रख दिया। स्वदेशी भाषा को अपनाने का मतलब कहीं न कहीं देशभक्ति से अनायास जुड़ गया था। किसी को हिन्दी बोलने में शर्म महसूस नहीं होती थी।

इस परिदृश्य की याद ताजा करना इसलिए ज़रूरी था क्योंकि उस समय दिल्ली के शैक्षिक-सांस्कृतिक माहौल पर इस परिदृश्य का गहरा प्रभाव पड़ा था।

स्वाधीनता मिलने के साथ-साथ, 1947 में अंग्रेज़ी के प्रभुत्व के बावजूद दिल्ली विश्वविद्यालय में हिन्दी में ऑनर्स का पाठ्यक्रम शुरू हुआ था। स्थिति उस समय भी यह थी कि बाक़ी विषयों की पढ़ाई अंग्रेज़ी माध्यम से होती थी–संस्कृत की भी। फिर भी हिन्दी ऑनर्स शुरू होते ही देशभक्ति के जज्बे ने अच्छी संख्या में प्रतिभाशाली विद्यार्थियों को उस ओर प्रेरित किया। संस्कृत के प्रभुत्व से छुटकारा तब भी नहीं था। एक तो हिन्दी की पढ़ाई संस्कृत-विभाग की देख-रेख में होती थी और संस्कृत विभागाध्यक्ष पं. लक्ष्मीधर शास्त्री सेंट स्टीफेंस कॉलेज से विश्वविद्यालयी पाठ्यक्रमों का नियमन-संचालन करते थे। दूसरे, हिन्दी ऑनर्स के पाठ्यक्रम के आठ पर्चों में से संस्कृत साहित्य के दो पर्चे अनिवार्य थे। संस्कृत से मेरा सम्बन्ध विच्छेद पाँचवीं कक्षा के बाद ही हो गया था। इसलिए जब इकोनॉमिक्स ऑनर्स छोड़कर हिन्दी में प्रवेश लेने का प्रस्ताव सहपाठी मित्रों ने किया तो सारे देशभक्तिजन्य भाषा-प्रेम के बावजूद हिम्मत जवाब देने लगी। इन्द्रप्रस्थ कॉलेज में उसी वर्ष डॉ. सावित्री सिन्हा की नियुक्ति हुई थी। मिष्टभाषी हँसोड़ महिला थीं। विद्यार्थियों के बीच उनकी लोकप्रियता ने अच्छी-भली बारह लड़कियों को कोर्स के लिए राज़ी कर लिया।

परिवारों में उस समय लड़कियाँ अच्छी गृहिणियाँ होने के लिए तैयार की जाती थीं। अधिकांश अभिभावकों की रुचि उनके विषय में नहीं, बी.ए. की डिग्री में होती थी। घर में किसी को इस बात से फ़र्क नहीं पड़ा कि मैंने अपनी गाड़ी की पटरी स्वेच्छा से ख़तरा उठाकर बदल ली। उस वैतरणी को पार करने का ब्यौरा अप्रासंगिक है। काम की बात यह है कि इस घटना से भाषा और साहित्य की

दुनिया से मेरा रिश्ता जुड़ा। विश्वविद्यालय से सम्बद्ध कॉलेजों में उस दौर (1947-50) में ऐसे बड़े नाम नहीं थे, जिनका कोई विशेष प्रभाव पड़ा हो। बस, इतना याद है कि कॉलेज के विभाग की दूसरी प्राध्यापिका शीला अग्रवाल का जैनेन्द्र जी से परिचय था। तपस्विनी की-सी वेशभूषा में, गरिमामयी संजीदगी में आवृत्त शीला जी अपनी कर्मठता और एक खास ढंग की नैतिक शुचिता से सामनेवाले को बहुत प्रभावित करती थीं। उन्होंने ही एक दिन जैनेन्द्र जी को आमन्त्रित करके छात्राओं से मिलवाया। याद आता है कि लाख प्रेरित करने पर भी छात्राओं में से किसी का बोल नहीं फूटा। शीला जी ही हमारी सुविधा के लिए कुछ प्रश्न करती रहीं और हम सब मन्त्रमुग्ध मूर्खाओं की तरह बैठे उत्तरों के एक-एक शब्द का परम भक्ति भाव से आचमन करते रहे। आज यह भी याद नहीं कि उन्होंने क्या कहा और हमने क्या सुना। पर यह ज़रूर याद है कि स्वराजी के से वेश में सस्वर चिन्तन की शैली में एक-एक शब्द तौल-तौल कर बोलते हुए जैनेन्द्र जी ने हम सबको अभिभूत कर लिया था। बाद में पता लगा कि शीला जी विनोबा भावे के भूदान आन्दोलन में चली गईं। शायद जैनेन्द्र जी से उन्हें जोड़नेवाला सूत्र कुछ ऐसी ही मानसिकता में रहा होगा।

उस समय दिल्ली विश्वविद्यालय का कोई 'कैम्पस' नहीं था। गिने-चुने कॉलेज, वे भी बिखरे हुए। सेंट स्टीफेंस और हिन्दू कॉलेज कश्मीरी गेट में, रामजस कॉलेज दरियागंज में, तब का 'दिल्ली' और अब का जाकिर हुसैन कॉलेज अजमेरी गेट पर। बस, सिर्फ़ लड़कियों का एकमात्र कॉलेज इन्द्रप्रस्थ अपनी जगह तब से अब तक यथावत् मौजूद है—लगातार विस्तार करता हुआ। मिरांडा हाउस तो उसी साल खुला था जिस साल बी.ए. ऑनर्स की परीक्षा देकर (1950 में) हमने विश्वविद्यालय को अस्थायी रूप से अलविदा कह दी थी—चार वर्ष के लिए।

चार वर्ष बाद 1954 में जब एम.ए. की पढ़ाई करने के लिए दुबारा इन्द्रप्रस्थ कॉलेज में प्रवेश किया, तब तक विश्वविद्यालय और शहर के साहित्यिक माहौल में बड़ा परिवर्तन आ चुका था। हिन्दी विभाग संस्कृत-विभाग की छत्रछाया से मुक्त होकर 1952 में, कलासंकाय में स्वतन्त्र विभाग हो गया था। नए-नए कॉलेज खुल गए थे। उन सबमें पूर्वी-पश्चिमी उत्तर प्रदेश से हिन्दी के उस समय गणमान्य समझे जानेवाले अध्यक्षों की नियुक्ति हो चुकी थी। विभाग के अध्यक्ष थे डॉ. नगेन्द्र और प्राध्यापक पद पर थे डॉ. विजयेन्द्र स्नातक और डॉ. उदयभानु सिंह। जो विद्यार्थी ऑनर्स-काल में मेरे पीछे थे, उनमें कुछ मेरी ग़ैरहाज़िरी में एम.ए. करके मिरांडा और इन्द्रप्रस्थ कॉलेज के हिन्दी विभागों में नियुक्त हो चुके थे। मेरा लौटना उनके लिए अहं स्फीति का और मेरे लिए धर्मसंकट का कारण बना। मैंने

चुपचाप उनसे बचाव के लिए रामजस कॉलेज में दाखिला ले लिया। उस समय कोई बात किसी से छिपती नहीं थी। डॉ. सावित्री सिन्हा को ख़बर मिली। उन्होंने स्नेहिल भाव से तलब किया और यह आश्वस्त करके कि मेरे आत्मसम्मान की रक्षा उनका दायित्व होगा, वे मुझे वापिस लौटा लाईं। उन्होंने अपने वचन का निर्वाह किया।

कॉलेजों में जो लोग आए थे, उनमें डॉ. दशरथ ओझा (हिन्दू), डॉ. ओमप्रकाश (हंसराज), श्री भारत भूषण 'सरोज' (रामजस), डॉ. विशम्भरनाथ भट्ट (दिल्ली) और डॉ. कमला सांघी (मिरांडा हाउस) मुख्य थे। इनके अलावा कुछ और लोग भी थे, पर उस समय विभागों के (कॉलेज हो या विश्वविद्यालय) अध्यक्ष का बड़ा रुतबा होता था। रोटेशन लागू नहीं हुआ था। स्वयं डॉ. नगेन्द्र रीडर थे, पर रौब-रुतबा ऐसा कि उनके सामने दूसरे विषयों के अधिकांश नामी-गिरामी प्रोफ़ेसर नहीं ठहरते थे। इसका एक कारण उनकी अंग्रेज़ी साहित्य की पृष्ठभूमि, उसके बाद रेडियो की नौकरी और सबसे अधिक उनके राजनीतिक सम्बन्ध थे। अफ़वाह थी कि उनकी नियुक्ति राष्ट्रकवि मैथिलीशरण गुप्त के प्रयास से तत्कालीन राष्ट्रपति बाबू राजेन्द्र प्रसाद के हस्तक्षेप से हुई थी।

डॉ. नगेन्द्र विश्वविद्यालय में आदर और आतंक, दोनों के आलंबन थे। विद्यार्थियों, सहयोगियों और अधिकारियों, सबके बीच। उन्होंने दायित्व का निर्वाह भी पूरी निष्ठा, प्रतिबद्धता और विषय के प्रति समर्पित भाव से किया। पर अपनी 'आतंक' वाली मुद्रा की अन्ततः उन्हें भारी क़ीमत चुकानी पड़ी, वरना उन्होंने अखिल भारतीय स्तर पर दिल्ली विश्वविद्यालय की प्रतिष्ठा को इतनी ऊँचाई तक पहुँचाया कि वह पूरे भारत में हिन्दी विभागों के लिए लगभग मॉडल का काम करने लगा। हिन्दी विभाग की जिस अवधारणा को उन्होंने कार्यान्वित किया, उसमें सबसे बड़ी खूबी थी ग़ैर-साम्प्रदायिक उदार दृष्टि। डॉ. नगेन्द्र के अध्यक्षता-काल में कॉलेजों की संख्या दिन दूनी, रात चौगुनी गति से बढ़ी। उसी अनुपात में सैकड़ों की संख्या में प्राध्यापकों की नियुक्ति हुई।

स्वयं डॉ. नगेन्द्र की पदोन्नति 1956 में प्रोफ़ेसर पद पर हो गई थी। वर्षों विभाग का हर तरह निर्माण उन्हीं के हाथों हुआ। ध्यान देने की बात यह है कि विभाग और कॉलेजों में वे ढूँढ़-ढूँढ़कर जिन नामी विद्वानों और रचनाकारों को लाए, उन पर किसी को गर्व हो सकता था। इनमें डॉ. भरत सिंह उपाध्याय, पं. कृष्णशंकर शुक्ल, पं. कैलाश चन्द्र मिश्र और बाद में डॉ. भोलानाथ तिवारी और देवीशंकर अवस्थी जैसे विद्वानों के अलावा, रचनाकारों की लम्बी सूची थी—मोहन राकेश, मन्नू भंडारी, अजित कुमार, कैलाश वाजपेयी, इन्दु जैन, स्नेहमयी चौधरी,

महीप सिंह, लक्ष्मीनारायण लाल, रामदरश मिश्र, विश्वनाथ त्रिपाठी, नित्यानन्द तिवारी के अलावा भी इस सूची में बहुत-से नाम शामिल किए जा सकते हैं। दो बड़े नामों में, जिन्हें प्रस्ताव के बावजूद अलग-अलग कारणों से उन्होंने नहीं लाना चाहा, उनमें एक अज्ञेय थे, दूसरे नामवर सिंह। एक कारण था मोहन राकेश के साथ उनका अनुभव और दूसरा उनमें अपने मन की आशंकाएँ और अविश्वास। पर यह प्रश्न काफ़ी समय उनके मन में लटका रहा कि ऐसा करके उन्होंने सही किया या गलत? यह बात अलग है कि उन्हें अपनी गलतियाँ स्वीकार करने का अभ्यास कम ही था।

ख़ास बात यह थी कि वे ऐसा करते समय किसी की जाति, कुल-गोत्र को सर्वथा अप्रासंगिक मानते थे। विश्वविद्यालय में हिन्दी विभाग में उनके सहयोगियों में विभिन्न जातियों के लोग थे। यही स्थिति कॉलेजों में थी। शहर के नामी-गिरामी सभी रचनाकारों से उनका जाति-निरपेक्ष सम्बन्ध था।

पाठ्यक्रम में भी उन्होंने हिन्दी के साथ उर्दू-साहित्य को शामिल करके बनाए रखने की बहुत कोशिश की। इसी तरह 'कम्पोज़िट कोर्स' के नाम पर उन्होंने एक ऐसे पाठ्यक्रम की संरचना की जिसमें हिन्दी के अलावा संस्कृत और किसी एक हिन्दी-इतर भारतीय भाषा का साहित्य पढ़ाया जाता था ताकि भविष्य में कुछ विद्यार्थी तुलनात्मक अध्ययन की दिशा में अग्रसर हो सकें। तरह-तरह की व्यावहारिक बाधाओं के बाद अन्ततः ये पाठ्यक्रम बन्द हुए। जब 'कम्पोज़िट कोर्स' बन्द किया गया तब विभाग की अध्यक्ष ख़ुद मैं थी। पाठ्यक्रम लक्ष्य-भ्रष्ट हो चुका था और उसका उपयोग अंक बढ़ोतरी की दिशा में चोर दरवाज़े की तरह किया जाने लगा था। बड़ी लाचारी और तकलीफ़ के साथ मुझे यह क़दम उठाने पर विवश होना पड़ा था। उस दिन डॉ. नगेन्द्र भी बेहद दुखी होकर बड़ी देर सोच में बैठे रहे।

उनमें सामन्ती और आधुनिक प्रवृत्तियों का अजब घालमेल था। शोध उन्होंने रीतिकालीन साहित्य पर किया पर पढ़ते-पढ़ाते आधुनिक साहित्य थे। उनकी आरम्भिक आलोचना पुस्तकें आधुनिक साहित्य पर केन्द्रित थीं। उन्होंने बड़ी संख्या में आधुनिक साहित्य पर आलोचनात्मक और समीक्षात्मक लेख लिखे जो अपने समय से बहुत आगे थे। धीरे-धीरे उनकी रुचि साहित्य से ज़्यादा साहित्यशास्त्र में हो गई। उन्होंने एक बड़ा काम यह किया कि एक तरफ़ संस्कृत की काव्यशास्त्रीय चिन्तन परम्परा के सभी मानक ग्रन्थों का हिन्दी अनुवाद कराके, उनकी विश्लेषणात्मक भूमिकाएँ लिखीं, दूसरी तरफ़ उन्होंने पश्चिम की क्लासिकी परम्परा के ग्रन्थों को भी इसी रूप में हिन्दी पाठकों को सुलभ कराया। यह बात अलग

है कि यह प्रवृत्ति उन पर ऐसी हावी हो गई कि बाद में वे 'नई समीक्षा' शैली विज्ञान, काव्य बिम्ब, सौन्दर्यशास्त्र, समाजशास्त्र जैसे तमाम विषयों पर अकादमिक शैली में स्वतन्त्र पुस्तिकाएँ लिखने लगे जिनसे उनकी ख्याति में क्षति ही हुई। सच्चाई यह थी कि उनकी आधुनिकता पश्चिम और हिन्दी के रोमांटिक काव्य से आगे बढ़ने पर जवाब दे जाती थी।

प्रकृति से वे हठाग्रही थे। जो ठान लेते थे, उसी को सही मानते थे। मज़ाक में नए रचनाकार उन्हें 'ही' वादी आचार्य कहा करते थे। कुल मिलाकर उनका व्यक्तित्व सकारात्मक था। सारी सृष्टि के सुख-दुःख की चिन्ता करते हुए सबके प्रति संवेदनशील। बच्चे उनकी कमज़ोरी थे, चाहे जिसके हों। पर दूसरों को 'स्पेस' देना उनकी प्रकृति में नहीं था। जीवन के अन्तिम दशक में जब उनमें थोड़ी लचक पैदा हुई, तब तक शायद बहुत देर हो चुकी थी।

उनका सम्पर्क शहर के राजनीतिक और सरकारी क्षेत्रों में मान्यता प्राप्त जिन रचनाकारों से था, उनके सत्संग ने भी सम्भवतः उनकी साहित्यिक अभिरुचि को एक विशेष मोड़ दिया था, जिसके कारण समसामयिक रचनाकारों को वे एक सिरे से खारिज कर देते थे। समकालीन साहित्य को वे सराह नहीं सके। इसमें कोई चतुराई या राजनीति नहीं, उनकी पसन्द की लाचारी थी।

शहर में जिन्होंने अलग-अलग मार्गों से प्रवेश किया, उनमें वरिष्ठों में राष्ट्रकवि मैथिलीशरण गुप्त के अतिरिक्त दिनकर, बच्चन, नरेन्द्र शर्मा, बालकृष्ण शर्मा नवीन, कुछ बाद में भवानी प्रसाद मिश्र जैसे नाम थे। नई साहित्यिक चेतना के वाहक मुख्यतः पत्रकारिता के माध्यम से आए जिनमें सबसे बड़ा नाम अज्ञेय का था। उनके अलावा अपेक्षाकृत युवा पीढ़ी में सर्वेश्वर दयाल सक्सेना, रघुवीर सहाय, श्रीकान्त वर्मा, साहित्य अकादमी में भारत भूषण अग्रवाल और रंगमंच की दुनिया में सुरेश अवस्थी और नेमिचन्द्र जैन। बाद में गिरिजाकुमार माथुर भी शामिल हो गए थे और नए कहानीकारों की तिगड़ी—मोहन राकेश, कमलेश्वर और राजेन्द्र यादव भी। नामवर सिंह का आना 1965 के बाद हुआ।

दिल्ली में हिन्दी सेवी संस्थाओं की अलग दुनिया थी। इनमें मुख्य था हिन्दी साहित्य सम्मेलन। बीज रूप में, रीगल सिनेमा के सामने थिएटर कम्यूनिकेशन बिल्डिंग के नीचे के तल से सम्मेलन की गतिविधियाँ चलती थीं। इनका प्रमुख लक्ष्य था लोकप्रिय रचनाओं के माध्यम से हिन्दी का प्रचार-प्रसार। उपर्युक्त दोनों समुदायों के कार्यक्षेत्र एक-दूसरे से बिलकुल अलग थे। साहित्य-सम्मेलन के साथ जिन लोगों का जुड़ाव था, उनमें कवियों में रामानन्द दोषी, रमानाथ अवस्थी, रामावतार त्यागी, देवराज दिनेश और नाटककारों में चिरंजीत जैसे लोग थे। इसके

संचालन की बागडोर गोपाल प्रसाद व्यास के हाथ में थी, जो मुख्य रूप से हास्य-व्यंग्य की रचनाओं के कारण बड़े लोकप्रिय थे।

व्यास जी जीजा-साली और पति-पत्नी जैसे सम्बन्धों पर लिखी कविताओं और अपने हँसोड़ स्वभाव के कारण जनप्रिय व्यक्ति थे। उन्होंने हिन्दी-सेवा के नाम पर राजनीतिक हलक़ों में भी काफ़ी दबदबा क़ायम कर लिया था। शहर के व्यापारी वर्ग में भी उनका बहुत मान था। उनकी सबसे बड़ी उपलब्धि थी गणतन्त्र दिवस के आसपास लालकिले के दीवान-ए-आम में, सालाना कवि-सम्मेलन का आयोजन। वे इसके लिए भारत भर से जनप्रिय कवियों को आमन्त्रित करते थे। उस शाम दिल्ली की आम जनता समुद्री ज्वार-भाटे की तरह उस दिशा में उमड़ती थी।

गम्भीर बौद्धिक तेवरवाले रचनाकारों के बीच यह प्रयास उपेक्षा या उपहास का विषय बना रहा। हज़ारों की उस भीड़ के बीच हिन्दी की जोत जगाए रखने के लिए इस तरह के आयोजनों की भूमिका और ऐतिहासिक महत्त्व पर पुनर्विचार होना चाहिए क्योंकि इसके श्रोताओं की संख्या ही भारी नहीं होती थी, वे देर रात गए बड़े मनोयोग से जनता के कवियों को सुनते थे। एकाध बार कुछ 'नए' कवियों को मंच सौंपा गया तो वहाँ भारतभूषण अग्रवाल के 'तुक्तकों' के अलावा कुछ नहीं जमा। वस्तुतः भारत जी ने बहुत सोच-समझकर इस श्रोता-रिझाऊ शैली को हलकी हास्य कविता या गालबजाऊ देशभक्तिपरक कविताओं की लोकप्रियता पर जवाबी हमले के लिए इजाद किया था। वरना जो जनता नरेन्द्र शर्मा को हूट करके काका हाथरसी की माँग का कोरस गाती थी, उसके बीच जमने का और कोई ज़रिया नहीं हो सकता था।

व्यास जी का दूसरा लक्ष्य था शहर में हिन्दी-भवन का निर्माण। जब वे इस विषय की चर्चा करते थे तो उनके भीतर छिपा ब्रजभाषा काव्य का रसग्राही प्रकांड विद्वान् उभरकर आता था। आरम्भ में उन्हें विशेष सहयोग नहीं मिला। हिन्दी के नाम का खाने और सेवा का गीत गानेवालों से तो बिलकुल नहीं। उन्होंने लगभग 'एकला चलो रे' के संकल्प से अन्ततः अपना लक्ष्य सिद्ध किया।

हिन्दी पत्रकारिता के शिखर पुरुष बनारसीदास चतुर्वेदी उनसे पहले इस दिशा में प्रयास कर चुके थे। सहयोग देने के नाम पर उनका जो अनुभव हुआ था, उसकी जानकारी हिन्दी-प्रेम के पाखंड को समझने के लिए ज़रूरी है। चतुर्वेदी जी ने दुखी होकर जो पत्र 16/6/67 को अपने अभिन्न मित्र और हितैषी सीताराम सेक्सरिया को लिखा, उसके अंश ध्यान देने लायक हैं–'...हिन्दी जगत में दूसरों की साधना से निर्मित चीज को येन-केन-प्रकारेण हड़पनेवाले तैयार रहते हैं। तालाब खुदने से पहले मगर आ कूदते हैं। इन मगरमच्छों से भवन की रक्षा करनी होगी।'

भवन का प्रारूप व्यापक है, उद्देश्य अत्युत्तम। पर बिल्ली के गले घंटी कौन बाँधेगा?

मुझे शान्तिनिकेतन के हिन्दी भवन तथा दिल्ली के हिन्दी भवन दोनों का पर्याप्त अनुभव है। निजी तौर पर मैं आपको बतला दूँ कि हिन्दी भवन (दिल्ली) के लिए न तो एक पैसा सेठ गोविन्ददास ने दिया, न मैथिलीशरण जी ने, न दिनकर जी ने, न बच्चन जी ने, न जैनेन्द्र जी ने। सभी ने स्पष्ट मना कर दिया... और दिल्लगी की बात यह है कि आगे चलकर हिन्दी भवन ने इन्हीं लोगों का सम्मान किया।''*

यह सही है कि उस ज़माने में तथाकथित 'अभिनन्दनीय' लोगों के बीच ऐसी होड़ाहोड़ी मची कि कहीं कोई बचा न रह जाए। बाद में उस पंक्ति में इतने स्वनामधन्य छुट्भैये शामिल हो गए कि सच्चे अर्थ में रचनाकारों के लिए वैसे अनुष्ठान में शामिल होना शर्मनाक मालूम होने लगा। वैसे यह बीमारी शैक्षिक जगत में भी प्रवेश कर गई और अभी तक फल-फूल रही है। साहित्यिक जगत में इस प्रवृत्ति ने जो रूप ग्रहण किया है, वह एक साथ दिलचस्प और दयनीय है। तरह-तरह के 'आयोजन-प्रायोजन', तरह-तरह के 'निमित्त' सब मित्रों, भक्तों, शिष्यों के खाते में। बेख़बरी की मासूम मुद्रा बनाए हुए या फिर औरों की अबोधता पर भरोसा किए हुए। ऐसी नौटंकी पर कौन है भला जो कुर्बान न हो जाए? पर यह बहुत बाद की बात है।

साठ से अस्सी तक के दो दशक अनेक दृष्टियों से बड़े गहमागहमी के दशक थे। राजनीतिक और शैक्षिक-साहित्यिक, सभी दृष्टियों से। मोह पालने से अन्ततः मोहभंग होने तक की दूरव्यापी यात्रा के दशक। देश पर चीनी, पाकिस्तानी आक्रमण हो चुके थे। परिणाम जो रहे हों, पर नेहरू के आत्मविश्वास को डिगाने के लिए अकेला चीनी आक्रमण ही काफ़ी था, जिसने उनकी जान ले ली। पंचवर्षीय योजनाओं की विफलता भी सामने आ चुकी थी। गुट-निरपेक्षता की विदेश-नीति के भी वैसे नतीजे सामने नहीं आ रहे थे, जैसी आशा थी। कुल मिलाकर अनिश्चय, अस्थिरता, दिग्भ्रम, जिसके कारण साहित्य में अस्तित्ववादी मुहावरों और एक हद तक सोच को भी फलने-फूलने के लिए अनुकूल परिस्थिति निर्मित हो गई थी। यह सिलसिला लगभग एक दशक तक चला। कुल मिलाकर इसे महाबलियों के पतन या कम से कम श्रीहीन हो जाने का दशक कहा जा सकता है।

---

* बनारसीदास चतुर्वेदी के चुनिन्दा पत्र, पृ. 21

शैक्षिक जगत में, परिस्थितियों ने सत्ता की बागडोर डॉ. नगेन्द्र के हाथ से ले ली थी। वे जब तक रहे, हिन्दी की विश्वविद्यालीय दुनिया के बेताज बादशाह की तरह अखिल भारतीय स्तर पर मन्त्रालयों से विश्वविद्यालयों तक हिन्दी से सम्बन्धित तमाम गतिविधियों का संचालन करते रहे। वे बड़े योजना विलासी आचार्य थे। उन्होंने अपनी अध्यक्षता के दौरान विश्वविद्यालय में 'हिन्दी माध्यम कार्यान्वयन निदेशालय' की स्थापना की। 'अनुसन्धान परिषद्' आरम्भ की। 'भारतीय हिन्दी परिषद्' के अधिवेशन आयोजित किए। शहर में बसे सभी वरिष्ठ साहित्यकारों से सम्पर्क-सम्बन्ध क़ायम रखे, जिनका लाभ समय-समय पर उनके विद्यार्थियों को होता था। अपने निजी सम्बन्धों को दरकिनार कर भी वे अक्सर विभाग के हित में आयोजन करते थे।

अज्ञेय से विश्वविद्यालय के पाठ्यक्रमों में नए साहित्य के प्रवेश के प्रसंग को लेकर उनकी बराबर लाग-डाँट चलती रहती थी। फिर भी वे उन्हें तब तक आमन्त्रित करते रहे, जब तक एक संगोष्ठी में अज्ञेय की अकारण कड़वाहट भरी टिप्पणी से वे मर्माहत नहीं हुए। बात आगे नहीं बढ़ती, पर इस घटना पर धर्मयुग में एक रिपोर्टनुमा लेख छापकर धर्मवीर भारती ने दोनों के बीच की दूरी को और पुख़्ता कर दिया। इस घटना के कुछ समय बाद मैंने लेडी श्रीराम कॉलेज में दक्षिण परिसर के एक सेमिनार का आयोजन किया। दोनों आए। संयोग से दोपहर-भोजन के लिए आमने-सामने बैठना हो गया। मैं प्रबन्ध में व्यस्त थी। तभी प्रो. रामस्वरूप चतुर्वेदी लपके हुए आकर बोले, "अरे, आप यहाँ लगी हैं, उधर महाआलोचक और महाकवि के बीच महामौन खिंचा है, बड़ी साँसत है, चलकर उबारिए।" मैं लपकी, प्रयास किया, सफलता आंशिक और अस्थायी थी, पर संकट टल गया।

मशहूर था कि डॉ. नगेन्द्र, प्रो. हरवंशलाल शर्मा और आचार्य हजारीप्रसाद द्विवेदी की त्रयी विश्वविद्यालयों की दुनिया पर अखंड शासन कर रही है और उनमें भी संचालन सूत्र डॉ. नगेन्द्र के हाथ में ही है। वास्तविकता ठीक ऐसी नहीं थी, जैसी ऊपर से दिखाई पड़ती थी, पर इसमें आंशिक सच्चाई तो थी ही। कुल मिलाकर इन लोगों की कार्य-पद्धति में दबंगई ज़्यादा थी, पर कुचक्री ये कतई नहीं थे। नैतिकता, उचित-अनुचित के बीच अन्तर करने का विवेक और आत्मसम्मान परवर्तियों की अपेक्षा कहीं अधिक था। सबसे बड़ी बात थी, क्षुद्रता और कायरता, आचार और व्यवहार दोनों में नहीं थी। उस पीढ़ी के जाने के बाद हिन्दी और हिन्दी विभागों का जो हश्र हुआ है, उस पर टिप्पणी करना बेमानी है।

डॉ. नगेन्द्र दिल्ली विश्वविद्यालय के हिन्दी विभाग के अन्तिम स्थायी अध्यक्ष थे। उसके बाद विश्वविद्यालय के अर्थशास्त्र के विभाग के प्रस्ताव पर अध्यक्ष पद

के चक्रानुक्रमण की पद्धति लागू हो गई। प्रस्ताव के कारण अकादमिक और शैक्षिक नहीं, दूसरे थे—कुछ ऐसी सुविधाओं की प्राप्ति जिनका सिलसिला 'रोटेशन' लागू होने पर बन्द हो गया। इससे सत्ता का जनतान्त्रीकरण तो हुआ पर पूरे तन्त्र में राजनीति, आपाधापी, षड्यन्त्रकर्मिता कुछ ऐसी बढ़ी जिसके परिणामों का इतिहास गवाह है। तानाशाही से मुक्ति तो कहीं-कहीं ही ज़रूरी थी, पर बदले में जो क़ीमत चुकाई गई, उस पर टिप्पणी अनावश्यक है।

उधर साहित्यकारों की आमद से शहर में जो सरगर्मी और शैक्षिक जड़ता को तोड़नेवाली पारस्परिकता और रचनात्मक ऊर्जा पैदा हुई, उसकी कहानी अलग है।

राजनीति : शिक्षा और साहित्य

राजधानी दिल्ली में तो राजनीतिक हलक़ों में असमंजस के बावजूद, व्यावहारिक स्तर पर हिन्दी की लहर-बहर थी। राज्यसभा में राष्ट्रकवि मैथिलीशरण गुप्त आए, उनके पीछे बालकृष्ण शर्मा 'नवीन', रामधारी सिंह दिनकर, विदेश मन्त्रालय में हरिवंश राय बच्चन, आकाशवाणी में नरेन्द्र शर्मा, गांधी प्रतिष्ठान में भवानीप्रसाद मिश्र और अख़बारों की दुनिया में अज्ञेय, सर्वेश्वर दयाल सक्सेना, रघुवीर सहाय, श्रीकान्त वर्मा जैसे रचनाकार धीरे-धीरे आकर जुड़ गए।

राजधानी दिल्ली स्वाधीनता के बाद धीरे-धीरे सम्भावनाओं की नगरी की हैसियत अख़्तियार करती जा रही थी। संविधान बना, मन्त्री और मन्त्रालय बने। उनसे जुड़े सरकारी कार्यालय बने। लोकसभा और राज्यसभा के चुनाव हुए। विभाजन से उत्पन्न राजनीतिक-आर्थिक समस्याएँ धीरे-धीरे सुलझती गईं और ज़िन्दगी अपनी लय बाँधकर चल निकली।

जवाहरलाल नेहरू के सांस्कृतिक रुझान के कारण सरकार ने कलाओं और संस्कृति के प्रोत्साहन पर भी अपेक्षित ध्यान दिया। राज्यसभा में साहित्यकारों और संस्कृतिकर्मियों को मनोनीत करने के पीछे यही दृष्टिकोण काम कर रहा था। पर बहुभाषा-भाषी देश होने के कारण संविधान में भाषाओं की सापेक्ष स्थिति के बारे में मन्त्रिमंडल का नज़रिया बहुत साफ़ नहीं था। सदियों से भारतीय भाषाओं ने गुलामी की ज़िल्लत भोगी थी। भारतीय भाषाओं के प्रति

मुग़ल बादशाहों और हुकूमते बरतानिया के रुख में बुनियादी अन्तर था। मुग़लों ने शासन क़ायम किया तो यहीं बसने के इरादे से। अंग्रेज़ों के लिए उनके अधिकृत इलाक़े उपनिवेशों से अधिक और कुछ न थे। लिहाज़ा भारतीय भाषाओं और कलाओं में दोनों की दिलचस्पी के कारण अलग-अलग थे। फ़ारसी और उर्दू सरकारी कामकाज की भाषाएँ ज़रूर रहीं पर भारतीय भाषाओं में रचित साहित्य, संगीत की शास्त्रीय परम्पराओं और चित्रकला की विभिन्न शैलियों के प्रति मुग़लों में कद्रदानी का जो जज्बा था, वह न कम्पनी सरकार और न उसके बाद रानी विक्टोरिया के शासन काल में दिखाई पड़ा। अंग्रेज़ी शासन ने स्थानीय भाषाओं में उतनी ही दिलचस्पी ली जितनी जनसम्पर्क के लिए, या फिर शासितों की संस्कृति और मानसिक बनावट को समझने के लिए ज़रूरी था। आरम्भिक दौर में मिशनरियों का रुझान ईसाई-धर्म के प्रचार-प्रसार के लिए भारतीय भाषाओं की तरफ़ ज़रूर हुआ।

प्राच्य विधा के विद्वानों की रुचि आधुनिक भारतीय भाषाओं में उतनी नहीं थी जितनी संस्कृत, फ़ारसी के क्लासिकी साहित्य में। इसके अलावा इस बोध ने कि आधुनिक ज्ञान-विज्ञान और नई जानकारियों का स्रोत अंग्रेज़ी में रचित साहित्य ही है, अंग्रेज़ी के बरक्स भारतीय भाषाओं की हैसियत 'वर्नाक्यूलर्स' के रूप में तय कर दी। यह महज़ संयोग नहीं है कि जॉर्ज ग्रियर्सन ने अपने इतिहास में भारतीय भाषाओं के लिए 'लैंग्वेज' नहीं, 'वर्नाक्यूलर्स' संज्ञा का प्रयोग किया है। नतीजा यह हुआ कि भारतीय जनमानस में धीरे-धीरे अपनी भाषाओं के बारे में हीन-ग्रन्थि ने अंकुरित होकर जड़ें जमा लीं। अंग्रेज़ी शासन के दौरान मध्यवर्ग के बीच एक ऐसा 'भद्र लोक' तैयार हुआ जो सरकारी तन्त्र से किसी न किसी रूप में जुड़ा था और अंग्रेज़ी भाषा, पोशाक, रहन-सहन सबको अपनाने में शान समझता था। इस प्रवृत्ति ने अपनी मातृभाषाओं को लेकर जो अवरोध पैदा किया, उसका प्रतिफलन इस भ्रम में हुआ कि ये भाषाएँ अभी राज-काज, ज्ञान-विज्ञान, शिक्षा-संस्कृति के तन्त्र की बागडोर सँभालने में पूरी तरह समर्थ नहीं है। इस भद्र लोक की संतति की शिक्षा या तो विदेशों में अथवा अंग्रेज़ी माध्यम की संस्थाओं में हुई थी।

पहली बार स्वाधीनता आन्दोलन ने इस वर्ग को देसी भाषाओं के महत्त्व से अवगत कराया। उसमें भी दो तरह के स्वाधीनता सेनानी थे–एक ठेठ स्वदेशी काट के–गांधी, पटेल, लाला लाजपतराय जैसे, दूसरे वे, जिन्होंने आन्दोलन के प्रभाव से स्वदेशी बाना धारण किया था। इनमें जवाहरलाल नेहरू का परिवार मुख्य था। संघर्ष के दौरान अंग्रेज़ी और अंग्रेज़ियत का परित्याग करने पर भी नेहरू के भाषणों

की बनावट से साफ़ दिखाई पड़ता था कि वे सोच अंग्रेज़ी में और बोल हिन्दी में रहे हैं। इसी दुविधापूर्ण मनःस्थिति के कारण नेहरू और उन जैसी सोचवाले राजनेताओं ने स्वाधीन भारत की भाषा नीति को निर्णायक रूप से प्रभावित किया। यह जानते हुए भी कि भारत में हिन्दी बोलनेवालों की संख्या सर्वाधिक है, हिन्दी को राजभाषा का दर्जा नहीं दिया गया।

भारत ने रूस से पंचवर्षीय योजनाओं का मॉडल तो लिया, पर सोवियत संघ (अविभाजित) की भाषा नीति से कुछ नहीं सीखा। हिन्दी के प्रसिद्ध रूसी विद्वान् वरन्निकोव ने इस विषय पर बातचीत के दौरान मुझे जानकारी दी थी कि बहुभाषा-भाषी रूस में इस सिलसिले में सरकार की नीति आरम्भ से ही स्पष्ट रही। वहाँ मातृभाषा वाले कॉलम में हर व्यक्ति दो भाषाएँ भरता था—एक रूसी और दूसरी अपनी क्षेत्रीय भाषा। जब तक सोवियत संघ का विभाजन नहीं हुआ, स्थिति यही बनी रही। राजकाज और सम्पर्क की भाषा रूसी और आपसी बोलचाल और दैनंदिन जीवन-व्यवहार की भाषा क्षेत्रीय। वहाँ भाषागत अस्मिताओं का सवाल सोवियत संघ के विघटन के समय उठाया गया। भारत में शासन की ढुलमुल नीति के कारण यह प्रश्न स्वाधीन अखंड भारत में ही पैदा हो गया था। दक्षिण का तत्कालीन हिन्दी विरोधी आन्दोलन इसका प्रमाण है।

बहरहाल, राजधानी दिल्ली में तो राजनीतिक हलक़ों में असमंजस के बावजूद, व्यावहारिक स्तर पर हिन्दी की लहर-बहर थी। राज्यसभा में राष्ट्रकवि मैथिलीशरण गुप्त आए, उनके पीछे बालकृष्ण शर्मा 'नवीन', रामधारी सिंह दिनकर, विदेश मन्त्रालय में हरिवंश राय बच्चन, आकाशवाणी में नरेन्द्र शर्मा, गांधी प्रतिष्ठान में भवानीप्रसाद मिश्र और अख़बारों की दुनिया में अज्ञेय, सर्वेश्वर दयाल सक्सेना, रघुवीर सहाय, श्रीकान्त वर्मा जैसे रचनाकार धीरे-धीरे आकर जुड़ गए। इनमें गिनती कवियों की ही ज़्यादा थी। नए-पुरानों के बीच सम्बन्ध सहज थे। मैथिलीशरण गुप्त आयु में सबसे बड़े थे। उनका नॉर्थ एवेन्यू का सरकारी फ़्लैट उत्तर-छायावादी पीढ़ी के रचनाकारों का मिलन-स्थल था। दद्दा सबकी श्रद्धा के पात्र थे। वे बड़े सहज भाव से सबका आदर-सत्कार करते। स्वयं बतरस के लोभी दद्दा के निवास से, नगर बाहर के साहित्यिक जगत की तमाम ख़बरें संचारित होतीं। वे स्वयं बिना लाग-लपेट के उनमें हिस्सेदारी करते। परिहास वृत्ति की भी उनमें कमी नहीं थी। यह बात अलग है कि कभी-कभी परिहास की चोट सुननेवाले पर भारी पड़ जाती थी। पर वक़्ता की नीयत पर सन्देह की गुंजाइश नहीं ही रहती थी।

उस पीढ़ी की मानसिक बनावट का अन्दाज़ा इस बात से लगाया जा सकता है कि उनकी महफ़िल बिना भेदभाव के सबके लिए खुली थी। डॉ. नगेन्द्र उनके

उतने ही कृपापात्र थे जितने अज्ञेय। मशहूर था कि दिल्ली से दद्दा की अनुपस्थिति में उनके फ़्लैट की चाबी अज्ञेय जी के पास रहती है और नगेन्द्र जी नियमित रूप से उनके यहाँ मय डॉ. सावित्री सिन्हा के पधारते थे। औरों का स्वागत घर के बने बेसन के लड्डू-मठरी से होता था, पर नगेन्द्र जी अक्सर रात्रि का भोजन करके ही लौटते थे क्योंकि आजी (दद्दा-पत्नी) का आग्रह ब्राह्मण को भोजन कराके, पुण्य लाभ करने पर रहता था। राष्ट्रपति राजेन्द्र प्रसाद और डॉ. नगेन्द्र के बीच सम्बन्ध-सूत्र मैथिलीशरण गुप्त की अनुकम्पा से ही क़ायम हुआ। अफ़वाह यह भी थी कि 1956 में दिल्ली विश्वविद्यालय में डॉ. नगेन्द्र की प्रोफ़ेसर पद पर पदोन्नति स्वयं राष्ट्रपति के हस्तक्षेप पर हुई थी। इस अफ़वाह के सत्यापन की कहीं कोई गुंजाइश नहीं थी। पर सच्चाई की सम्भावना इसलिए दिखाई पड़ती है कि अपनी सत्ता और शक्ति में अहंकार की सीमा तक डॉ. नगेन्द्र में जो घोर आत्मविश्वास पैदा होकर निरन्तर संवर्धित होता गया, उसके पीछे अपनी योग्यता और कर्मठता के अलावा एक कारण उनके सम्बन्ध-सूत्र भी थे। बहुत जल्दी वे मध्याह्न के सूर्य की तरह तपने लगे। अखिल भारतीय स्तर पर हिन्दी के किसी विभागाध्यक्ष का इतना ताप उनसे पहले या बाद में देखने में नहीं आया। डॉ. धीरेन्द्र वर्मा इलाहाबाद विश्वविद्यालय में बड़े समादृत थे। बनारस में आचार्य हजारीप्रसाद द्विवेदी की प्रतिष्ठा भी किसी मायने में कम नहीं थी। दोनों ही नगेन्द्र जी की चयन समिति के सदस्य भी थे और उनकी नियुक्ति के विरुद्ध भी थे। इसके बावजूद डॉ. नगेन्द्र की नियुक्ति हुई और देखते-देखते इन सबके साथ अवसर के तकाजे से उनके सम्बन्ध बड़े मैत्रीपूर्ण हो गए और हिन्दी की शैक्षिक दुनिया का संचालन-सूत्र पूरी तरह नगेन्द्र जी के हाथ में आ गया।

डॉ. नगेन्द्र के व्यक्तित्व में जो गरिमामय आतंक दिखाई पड़ता था, वह उन्होंने बड़े जतन से अर्जित करके ओढ़ लिया था। धीरे-धीरे वे उसी को अपना स्वभाव मानने लगे। भीतर से वे शायद उतने मज़बूत और सुरक्षित नहीं थे। यह बात उनके निकट के लोगों को वर्षों बाद समझ में आई। वे स्वयं अपने व्यक्तित्व की व्याख्या नारियल की उपमा देकर किया करते थे। पर दिक्कत यह थी कि ऊपर का कवच टूटने न पाए, इसके बारे में वे बड़ी सावधानी बरतते रहे। रूप-रंग और सलीकेदार वेशभूषा से वे सामनेवाले को जितना सम्मोहित करते थे, स्वभाव की कठोरता और रौबीली औपचारिकता से उतना ही दूर फेंकते थे। जिस दिन वे कक्षा लेते हुए हँस देते थे, विद्यार्थियों के लिए वह दुर्लभ अनुभव का क्षण होता था। उनके व्यक्तित्व की सबसे बड़ी शक्ति कर्त्तव्य-निष्ठा और कर्मठता थी और सीमा हठाग्रह और लचीलेपन का लगभग अभाव। जीवन हो या साहित्य,

औरों के लिए गुंजाइश देने या अपनी ग़लती को स्वीकार करने में उन्हें अपनी हेठी लगती थी। किसी प्रसंग में अगर वह मन ही मन दूसरे को सही मान भी लेते थे, तो घुमा-फिराकर बात को ऐसा मोड़ देते थे कि अन्ततः पक्ष उनका ही सही मालूम हो।

उनकी इस बनावट में उनकी सामन्ती विरासत और आर्यसमाजी संस्कारों का मिला-जुला योगदान था। विचित्र बात यह थी कि सत्ता के गलियारों में उनकी विनम्रता देखते बनती थी। पर उनमें सत्य-निष्ठा और औचित्य-बोध कम नहीं था, जिसके बल पर उन्होंने एक बार भारत के राष्ट्रपति की सिफ़ारिश को बड़ी विनम्रता से ठुकरा दिया था। उनके साहस के ऐसे अनेक उदाहरण हैं।

1956 से 1968 तक डॉ. नगेन्द्र ने दिल्ली की साहित्यिक गतिविधियों में व्यक्ति की नहीं, संस्था की भूमिका निभाई। विश्वविद्यालय में तो उनका दबदबा था ही। प्रशासन में उप-कुलपति के पद के अलावा शायद ही कोई पद ऐसा रहा हो जिस पर उनकी नियुक्ति न हुई हो। दूसरे विभागाध्यक्षों के ऊपर वे बराबर भारी पड़ते थे। उनकी राय की हर उपकुलपति ने कद्र की। उन्होंने बड़ी सूझ-बूझ और निष्ठा से पाठ्यक्रम बनाए। विभाग में अनुसन्धान परिषद् का गठन किया। शिक्षा मन्त्रालय की सहायता से हिन्दी माध्यम कार्यान्वयन निदेशालय क़ायम किया। वर्षों दिल्ली विश्वविद्यालय का हिन्दी विभाग पूरे देश के लिए मॉडल बना रहा। कॉलेजों की बढ़ती संख्या के कारण उन्होंने सैकड़ों नियुक्तियाँ कीं, जिनमें उनका मुख्य सरोकार विषय और कॉलेज का हित रहता था। जाति-धर्मनिरपेक्ष दृष्टि से वे चुन-चुनकर योग्य व्यक्तियों को विभाग और स्थानीय कॉलेजों में लाते रहे। विभाग में डॉ. दशरथ ओझा के अतिरिक्त कोई ब्राह्मण नहीं था, न ही कोई दिल्लीवासी था। यही स्थिति कॉलेजों में थी। चूक उनकी पहचान में हो सकती थी, इरादे या नीयत में नहीं। यह बात अलग है कि उनकी इस गुणग्राहकता को लक्ष्य कर कुछ लोग खुशामद के रास्ते, महत्त्वाकांक्षा और भविष्य में उन्नति के मनसूबे साधे, विभाग और कॉलेजों में प्रवेश कर गए।

बाहर से आनेवालों में निपट अध्यापकों से ज़्यादा संख्या युवा रचनाकारों की थी। इनमें देवीशंकर अवस्थी, रामदरश मिश्र, विश्वनाथ त्रिपाठी, नित्यानन्द तिवारी, लक्ष्मीनारायण लाल, मन्नू भंडारी, कैलाश वाजपेयी, अजित कुमार, महीप सिंह, स्नेहमयी चौधरी, इन्दु जैन जैसे तमाम लोग शामिल हैं। मोहन राकेश को भी वे बड़ी उम्मीद और सम्मान से आमन्त्रित करके विभाग में लाए, पर उनके फक्कड़ाना मिज़ाज को विश्वविद्यालय की अनुशासनबद्धता रास नहीं आई और वे बहुत जल्दी भाग खड़े हुए। पर इस बहाने दिल्ली उनकी कर्मस्थली हो गई। उसी

दौर में राजेन्द्र यादव का दिल्ली आकर बसना भी मन्नू भंडारी की नियुक्ति के कारण ही सम्भव हुआ।

जिन विद्वानों को वे कुशल अध्यापन की दृष्टि से लाए, उनमें डॉ. उदयभानु सिंह तो आरम्भ में ही विभाग में आ गए थे, पर बाद में बौद्ध साहित्य के प्रकांड विद्वान् भरत सिंह उपाध्याय और भाषा-विज्ञानी भोलानाथ तिवारी की नियुक्ति उन्होंने क्रमशः हिन्दू और किरोड़ीमल कॉलेजों में की। और तो और, उनकी सेवा-निवृत्ति से पहले कुछ ही वर्ष के लिए वे पं. कृष्णशंकर शुक्ल और पं. कैलाशचन्द्र मिश्र को भी विभाग में ले आए।

भाषा और साहित्य की दृष्टि से दिल्ली में हिन्दी के परिदृश्य को भरा-पूरा बनाने में डॉ. नगेन्द्र का ऐतिहासिक योगदान था–इससे इनकार नहीं किया जा सकता। दिक्कत की बात यह थी कि वे एक बार जिसकी नियुक्ति करके शैक्षिक दुनिया का सदस्य बना लेते थे, उससे पूरे समर्पण और फ़रमाबरदारी की अपेक्षा करने लगते थे। इस सामन्तशाही प्रवृत्ति के दो दुष्परिणाम हुए। एक तो यह कि बहुत-से लोग उनके आतंक के कारण भीतर ही भीतर क्षुब्ध रहने लगे। दूसरे, उनके चारों तरफ़ चाटुकारों, चुग़लखोरों की मंडली तैयार हो गई। वातावरण में भीतर ही भीतर विरोध पनपने लगा, जिसकी उनके शासन-तन्त्र में कोई गुंजाइश नहीं थी। वे सही नहीं, अनुकूल बात सुनना चाहते थे। नतीजा यह हुआ कि आगे बढ़ने के लिए योग्यता से ज़्यादा चाटुकारिता फलदायिनी होने लगी। विद्रोह का पहला अंकुर तब फूटा जब इसी प्रवृत्ति के कारण विभाग के भीतर डॉ. उदयभानु सिंह की उपेक्षा कर उन्होंने रीडर पद पर एक के बाद एक कई नियुक्तियाँ स्थानीय कॉलेजों से कर डालीं। अपनी ऐसी कार्यवाहियों का औचित्य वे हमेशा बड़े लचर तर्कों पर आधारित नीतियों की दुहाई देकर किया करते थे। शर्मनाक बात यह थी कि भीतरी सहयोगियों में से भी कुछ लोग इधर उनकी हाँ में हाँ मिलाते और उधर डॉ. उदयभानु सिंह के यहाँ विद्रोह को हवा देते।

डॉ. उदयभानु सिंह दर्शन और मध्ययुगीन साहित्य, विशेषकर तुलसीदास के विशेषज्ञ और बड़े निष्ठावान अध्यापक थे। विद्यार्थियों के बीच उनकी अच्छी साख थी। सहयोगियों के लिए यह स्थिति अपचनीय थी। नतीजा यह हुआ कि कान के कच्चे अध्यक्ष नगेन्द्र जी के कान भर-भरकर सबने उन्हें लगभग बिरादरी बाहर करवा दिया। अपने काम से ज़्यादा मनोयोग से उनके विरुद्ध षड्यन्त्र करना मन्द प्रतिभावानों का शगल हो गया। मुझे आज भी याद है, एक बार उनके विरोध में एक हस्ताक्षर अभियान पर जब मैंने हस्ताक्षर करने से इनकार कर दिया तो डॉ. नगेन्द्र यह सूचना पाकर बौखला गए। मेरी तलबी हुई। मैंने

जिरह की तो उन्होंने इसे मेरी हिमाकत और अपनी सत्ता को चुनौती समझा। मैंने यह कहने की धृष्टता की कि उन्हें गुमराह किया जा रहा है, तो उन्होंने मेरी नाफ़रमानी को 'छोटे मुँह बड़ी बात' या 'इस अदना से जीव की यह मजाल' जैसा कुछ सोचते हुए धमकी के से लहजे में कुछ बुदबुदाया, पर दस्तखत करने के लिए बाध्य नहीं किया। मैं कभी-कभी अपनी असहमतियाँ दर्ज करती रहती थी। यह साहस मैंने इसलिए जुटा लिया था क्योंकि उन चार-पाँच वर्षों में उनकी मेरे परिवार से बहुत निकटता हो गई थी। वे बहुत-से कामों के लिए हम पर निर्भर रहने लगे थे। बच्चों के प्रति तो उनके मन में हमेशा वत्सल भाव रहता ही था, वे चाहे किसी के हों। हमारी गिनती तो मेरे प्रति स्नेह के कारण उनके अपनों में होने लगी थी, जो मुझे उनके निकटवर्तियों की आँख की किरकिरी बनाने के लिए काफ़ी था।

इस सबके बावजूद विभाग और शहर की साहित्यिक गतिविधियों में उनका रास्ता काटने का, या मतभेद रखने का अधिकार उन्होंने मुझे तो क्या, कभी किसी को नहीं दिया। अलबत्ता, वे जब भी घर आते, चहलक़दमी करते हुए आत्मालाप के स्वर में बहुत-सी बातों की जानकारी दे दिया करते थे जिनकी मैं कभी मूक और कभी वाचाल श्रोता रहती। जब किसी बात को लेकर तकरार जैसी स्थिति बनती, तो मेरे धीर और शालीन पतिदेव अपने ढंग से दखल देकर तापमान को सहज बनाने में कारगर होते। उनके प्रति डॉ. साहब के मन में बेहद सम्मान था। शायद इसी कारण अपनी अजीबोग़रीब दिनचर्या और खाने-पीने की विचित्र आदतों के बावजूद उन्होंने हमारे पूरे परिवार में अपनी हैसियत वर्षों तक सम्मान्य बुजुर्ग की बनाए रखी। परिवार में वे मेरी सतत संघर्षरत माँ और मेरे ससुराल पक्ष के नातेदारों को भी शामिल करके चलते थे। सम्बन्धों के निर्वाह का यह उनका तरीक़ा था, जो उनके तमाम इष्ट-मित्रों पर लागू होता था। वे व्यक्तियों को पारिवारिक समग्रता में अपनाते थे। यह उनका मानवीय पक्ष था जिसके कारण वे उन लोगों की कुशल-क्षेम के बारे में भी चिन्ता करते थे, जिनसे उनके सम्बन्ध मित्रता के नहीं थे। उनके जीवन की सबसे बड़ी विडम्बना यह थी कि वे सम्बन्धों को क़ायम भी अपनी शर्तों पर करते थे, और उनका निर्वाह भी अपनी ही इच्छानुसार करना चाहते थे। स्वभावतः उनके और अपर पक्ष के बीच डिक्टेटरशिप की एक ऐसी गिरह लग जाती थी जो अनायास बराबर अवरोधक होती थी। उनकी उपस्थिति मात्र पूरे वातावरण को असहज बनाती थी। इसी कारण अपने अन्तिम वर्षों में वे बेहद अकेले पड़ गए थे, लगभग अवांछित से। उनका अन्त स्वयं उनके परिवारियों के हाथों बड़े कारुणिक ढंग से हुआ।

यह बहुत बाद की बात है। सातवें दशक के मध्य तो वे दिल्ली की साहित्यिक गतिविधियों में लगभग निर्णायक भूमिका निबाह रहे थे। शहर में इस दृष्टि से तीन मुख्य केन्द्र थे। साहित्य अकादमी जिसके सचिव कृष्णा कृपलानी के बाद प्रभाकर माचवे हो गए थे। भारतीय ज्ञानपीठ, जिसका संचालन सूत्र साहु जैन परिवार के दम्पति शान्तिप्रसाद और रमा जैन के हाथ में था और लक्ष्मीचन्द्र जैन उसके निदेशक थे। हिन्दी साहित्य सम्मेलन जिसके सर्वेसर्वा गोपालप्रसाद व्यास थे। पहली दो संस्थाओं की गतिविधियाँ सभी भारतीय भाषाओं तक व्याप्त थीं। इसके अलावा टाइम्स ऑफ़ इंडिया ग्रुप हिन्दी के अख़बारों और पत्र-पत्रिकाओं में भी पर्याप्त रुचि ले रहा था। 'धर्मयुग' और 'सारिका' तो मुम्बई से निकलते थे पर दिल्ली में 'नवभारत टाइम्स' के अलावा उन्होंने 'दिनमान' की शुरुआत की। इसी साप्ताहिक के माध्यम से अज्ञेय जी ने हिन्दी पत्रकारिता में विषय और भाषा दोनों दृष्टियों से नए मानक क़ायम किए। सर्वेश्वरदयाल सक्सेना, रघुवीर सहाय इसी अख़बार से जुड़े थे और बड़े भाई अज्ञेय की तर्ज पर छोटे भाई और मोटे भाई कहलाते थे। श्रीकान्त वर्मा भी इसी से सम्बद्ध थे। इस दुनिया में ज़ाहिर है, नगेन्द्र जी की दखलंदाजी की कोई गुंजाइश नहीं थी।

साहित्य अकादमी की स्थिति दूसरी थी। वहाँ हिन्दी सम्बन्धी मामलों में उनकी पूछ थी और राय का वजन भी था। पर माचवे जी से उनकी विशेष पटरी नहीं बैठती थी। उधर माचवे जी अपने अधीनस्थ सहायक सचिव भारतभूषण अग्रवाल की हर समय ऐसी-तैसी किए रहते थे। भारत जी वहाँ से निकलने के लिए छटपटा रहे थे। उसी दौरान उनकी पत्नी डॉ. बिन्दु अग्रवाल की नियुक्ति लेडी श्रीराम कॉलेज के हिन्दी विभाग में हो गई। मैं अध्यक्ष होने की हैसियत से कॉलेज की चयन समिति की सदस्य थी। अतः इस बात की गवाह भी कि बिन्दु की नियुक्ति का मुख्य कारण उनकी शराफ़त और व्यक्तित्व की सरलता थी जिससे यह विश्वास पैदा होता था कि वे परम निष्ठा से कर्त्तव्य निर्वाह करेंगी। कॉलेज कुछ तेज़-तर्रार महिलाओं से परेशान था अतः औसत प्रतिभा के बावजूद बिन्दु की नियुक्ति हो गई। महज परिस्थिति के अनुरोध से। पर अग्रवाल दम्पति ने इसे परम कृतज्ञ भाव से ग्रहण किया। इस प्रसंग से उन्हें वह आर्थिक और नैतिक बल मिला जिसकी उस समय उन्हें बेहद ज़रूरत थी। यह अलग बात है कि इस घटना से माचवे जी से ही नहीं, उनके एक निकट सम्बन्धी परिवार से भी ईर्ष्यावश उनके सम्बन्धों में फाँक आ गई। इधर हमारे परिवारों के बीच मैत्री सम्बन्ध बड़ी तेज़ी से प्रगाढ़ होते चले गए। भारत जी से मेरा कोई पूर्व परिचय नहीं था। मैंने तो बिन्दु की नियुक्ति के बाद जाना कि वे 'तारसप्तक' वाले भारतभूषण अग्रवाल की

पत्नी हैं। इस बात का भारत जी के मन पर इतना गहरा असर हुआ कि वे बड़ी जल्दी हम लोगों के परम आत्मीय हो गए। मुझे शैक्षिक जगत की अनुशासनबद्ध जड़ता से अनायास मुक्त कराकर रचनाकारों की जीवन्त दुनिया में प्रवेश कराने का श्रेय इसी मित्रता को है।

भारत जी ने ही मुझे अजित कुमार और स्नेहमयी चौधरी से परिचित कराया और इन्हीं सबके बीच राजेन्द्र यादव और मन्नू भंडारी से परिचय हुआ। कहना न होगा, मित्रों की यही टोली नामवर जी से परिचय का निमित्त बनी जो उन दिनों यदा-कदा बनारस से दिल्ली आया करते थे। यूँ सबके परिचय की अपनी अलग-अलग कहानियाँ हैं। अजित जी को स्नेह जी के लिए नौकरी की तलाश थी और भारत जी का आग्रह था कि मैं उनके लिए कुछ करूँ। राजेन्द्र यादव को मेरे घर पहली बार हिन्दी विभाग के रीडर डॉ. ओमप्रकाश लेकर आए थे। वे एकेडमिक काउंसिल का चुनाव लड़ रहे थे और उनका ख़याल था कि उस समय नई कहानी के नामी कथाकार को साथ लाने से वे मेरा वोट सुनिश्चित कर लेंगे। उस दिनों राजेन्द्र जी और उनके बीच 'सामनेवाली खिड़की' का सम्बन्ध था।

सबसे दिलचस्प प्रसंग नामवर जी से परिचय का था। मैंने कलकत्ता के भारतीय हिन्दी परिषद् के अधिवेशन में (शायद 1962 में) उनका आलेख-पाठ सुना था, जिसने मुझे बहुत प्रभावित किया था। उसके बाद पहली मुलाक़ात दिल्ली में नगेन्द्र जी के ही घर पर हुई। वे सम्भवतः डॉ. बच्चन सिंह के साथ डॉ. नगेन्द्र से मिलने आए थे। संयोग से मैं किसी काम के सिलसिले में वहाँ पहुँची। कमरे में घुसी, संक्षेप में अपनी बात कही, और मुड़ने ही वाली थी कि डॉ. नगेन्द्र सहसा बोले, "अरे, तुमने पहचाना नहीं, ये डॉ. नामवर सिंह हैं।" मेरे लिए उनका यह व्यवहार अप्रत्याशित था क्योंकि अपने मेहमानों से किसी का इस तरह औपचारिक परिचय कराना उनकी आदत नहीं थी। मैंने अचकचाकर नमस्कार का आदान-प्रदान किया और उलटे पाँव वापिस हो ली।

कुछ दिन बाद नामवर जी फिर दिल्ली पधारे। इस बार कांस्टीट्यूशन क्लब में कविवर सुमित्रानन्दन पंत के 'लोकायतन' पर एक अर्ध-औपचारिक सी संगोष्ठी का आयोजन था। एक के बाद एक धुरन्धर लोग कुछ ऐसी शैली में भाषण दे रहे थे जिसमें निन्दा भी प्रशंसा-सी लगे। वाक्पटुता की परीक्षा का संकट बहुतों की जान साँसत में डाले था। नामवर जी कुछ विलम्ब से टहलते हुए पहुँचे। उनसे अन्त में बोलने के लिए कहा गया। उन्होंने अत्यन्त संक्षिप्त टिप्पणी की। बेहद सारगर्भित, शालीन, पर मारक। उसके बाद सन्नाटा हो गया। महफ़िल बर्खास्त। मैं भारत जी के साथ थी। लौटते समय मैंने उनसे कहा कि वे नामवर जी से मेरी

मुलाक़ात की व्यवस्था करा दें। उन दिनों मैं अपने डी-लिट. के शोध-प्रबन्ध पर काम कर रही थी। नामवर जी अगले ही दिन बनारस लौटनेवाले थे। भारत जी ने इस सुझाव के साथ सूचना दी कि यह दायित्व अजित कुमार को सौंपा जाए क्योंकि वे दिल्ली आने पर अजित जी के पड़ोस में प्रायः देवीशंकर अवस्थी के यहाँ ठहरते हैं। अजित जी ने सहर्ष ज़िम्मेदारी ओढ़ ली।

दिल्ली का मॉडल टाउन धीरे-धीरे शहर का साहित्यिक 'हब' (अड्डा) बनता जा रहा था। हर रंग के रचनाकार और शिक्षक वहीं बसे थे। किराए और भूगोल दोनों दृष्टियों से इलाक़ा अनुकूल पड़ता था। तब यातायात की इतनी किल्लत भी नहीं थी। सहज रूप से लोग बसों से दूरियाँ तय कर लेते थे। दूसरा सिरा नई दिल्ली का विनय मार्ग, सरोजिनी नगर और आसपास के इलाक़े थे। सुरेश अवस्थी और नेमिचन्द्र जैन उधर ही कहीं रहते थे। रघुवीर सहाय और श्रीकान्त वर्मा का डेरा भी वहीं कहीं था। पर असल गहमागहमी तो मॉडल टाउन में ही रहती थी। स्वभाव के मधुर और मिष्टभाषी होने के कारण अजित कुमार का घर लगभग सबका मिलन-स्थल हो गया था। राजेन्द्र-मन्नू शक्तिनगर में रहते थे। वह फ़ासला भी बहुत दूर नहीं था। अजित जी और सर्वेश्वरदयाल सक्सेना के घर अग़ल-बग़ल थे।

लगभग रोज़ शाम होते ही हम दम्पति गाड़ी उठाकर अजित जी के घर पहुँच जाते। गाड़ी दरवाज़े पर लगते ही सर्वेश्वर जी बग़ल से जीना चढ़कर आ पहुँचते। नज़र चूक जाए तो खिड़की से जैसे ही मेरी हँसी की आवाज़ सुनते, अविलम्ब प्रकट हो जाते। इस प्रसंग पर उन्होंने एक कविता भी लिखी थी। फिर धीरे-धीरे उदयभान मिश्र, रमेश गौड़, कभी-कभी देवीशंकर अवस्थी, यहाँ तक कि मीलों की दूरी तय कर कमलेश जी (प्रतिपक्ष वाले) के साथ अशोक वाजपेयी भी कभी-कभार प्रकट होते। जब नामवर जी शहर में होते, वे भी शामिल हो जाते।

इससे पहले नामवर जी की नौकरी को लेकर आचार्य हजारीप्रसाद द्विवेदी अपनी चिन्ता डॉ. नगेन्द्र से व्यक्त कर चुके थे। डॉ. नगेन्द्र को उनकी योग्यता और पात्रता में कोई सन्देह नहीं था। बनारस और सागर को उन्होंने जिन कारणों से छोड़ा था, उसका भी उन पर कोई असर नहीं था। चिन्ता थी तो बस यही कि वे उनकी अनुशासनबद्ध कार्य-शैली में पूरी तरह अट सकेंगे या नहीं। एक दिन चहलक़दमी करते हुए बुदबुदाए : "पंडित जी नामवर के बारे में परेशान हैं। जिन ससुरों को (उनका इशारा अपने मन्द प्रतिभा गुरुभक्त शिष्यों की तरफ़ था) आए दिन जगह-जगह लगा रहा हूँ, उनका नामवर से क्या मुक़ाबला, पर डर यही है कि आकर पाजीपन न करें।" उन्होंने अपनी इस आशंका को पंडित जी से दूसरे शब्दों

में व्यक्त कर दिया, "बाक़ी सब तो ठीक है पंडित जी, पर 'दिल्ली इज़ ए लॉयल सिटी'।" पंडित जी ने अपने हँसोड़ स्वभाव के अनुरूप बात नामवर जी से कह दी। नामवर जी सुनकर गम्भीर हो गए, बोले, "पंडित जी, आप डॉ. नगेन्द्र से कह दीजिए कि नामवर सिंह बिकाऊ नहीं हैं।" इतना ही नहीं, कुछ ही दिन पहले वे ख़ुद डॉ. नगेन्द्र से किरोड़ी मल कॉलेज में काशीनाथ सिंह की नियुक्ति के लिए कहने गए थे। इस प्रसंग के बाद उन्होंने काशी को साक्षात्कार के लिए आने से रोक दिया।

इस घटना से मेरी नज़र में नामवर सिंह का दर्जा ऊँचा उठ गया। उन दिनों उन्हें नौकरी की सख़्त ज़रूरत थी। पाँच वर्ष की बेकारी के बाद भी कुछ हाथ नहीं लग रहा था। ये सब बातें मैंने दूसरों से जानी थीं। दिल्ली आते, तो जहाँ सामान रखते, वहाँ से यायावरी ढंग से निकलते तो तभी वापसी होती जब कपड़े धुलवाने की नौबत आती। बकौल देवीशंकर अवस्थी।

उसी दौर में अजित कुमार के कहने पर उन्होंने मेरे यहाँ चाय पीने का निमन्त्रण स्वीकार किया। पता अजित कुमार ने समझाया था पर वे माल रोड के बजाय बनारसीदास एस्टेट में लगभग डेढ़ घंटे तक मकान ढूँढ़ते-भटकते रहे। अजित दम्पति समेत हम सब प्रतीक्षा में परेशान। टेलीफ़ोन नम्बर शायद उनके पास रहा भी होगा, तो उस समय के गँवई नामवर जी से यह उम्मीद करना व्यर्थ था कि वे कहीं से फ़ोन का जुगाड़ करेंगे। समय के साथ मेरा धीरज छूट रहा था, पर इस आशंका से कि वे अन्ततः आए तो चाय की जगह भोजन ही करेंगे, मैं तैयारी करती जा रही थी। आख़िर नामवर जी प्रकट हुए, पसीने से लथपथ, पद-यात्रा से थके बेहाल, तमतमाए हुए। घुन्नी मुद्रा के बावजूद अजित पर झुँझलाते हुए। कुछ देर में सहज हो गए और बातचीत का सिलसिला चल निकला। जैसी आशा थी, भोजन का समय हो गया था। खाने की मेज़ पर उन्होंने मूर्धन्य और तालव्य वर्णों के उच्चारण को लक्ष्य करके मुझसे पूछा कि क्या मैं महाराष्ट्री हूँ। मैंने उनका भ्रम दूर करते हुए यह भी बताया कि मैं 'छायावाद और रस सिद्धान्त' पर डी.लिट्. के लिए काम कर रही हूँ। उन्होंने राय दी कि 'रस-सिद्धान्त' को प्रतिमान के रूप में लागू करने में व्यावहारिक कठिनाई हो सकती है, इसलिए मैं विषय पर एक बार पुनर्विचार कर लूँ। साथ ही यह भी कि बनारस जाकर 'छायावाद' पर मुकुटधर पांडेय के आरम्भिक चार लेखों की प्रति मुझे डाक से भेज देंगे। बड़े स्नेह-सौहार्दपूर्ण वातावरण में गुज़री वह शाम आज भी मेरी स्मृति में अंकित है। विदा लेने लगे तो मैंने अजित जी से एक तरफ़ ले जाकर पूछा कि क्या नामवर जी वायदे के मुताबिक़ लेख सचमुच भेज देंगे? अजित जी ने शरारत

से मुस्कुराते हुए उत्तर दिया कि अगर वे मेरा घर ढूँढ़ने के लिए भीषण गर्मी में डेढ़ घंटा भटक सकते हैं तो लेख भी आ ही जाने चाहिए। बात आई-गई हो गई, पर लेख शुभकामनाओं के पत्र के साथ सप्ताह बीतते-बीतते मिल गए। मैंने कृतज्ञ महसूस किया।

उपर्युक्त घटना के कुछ ही समय के बाद अचानक मित्रों से ख़बर मिली कि नामवर जी 'जनयुग' के सम्पादक होकर दिल्ली आ रहे हैं। ज़ाहिर है, इस समाचार से मित्र-मंडली बहुत प्रसन्न और उत्साहित हुई। अजित जी, राजेन्द्र, मन्नू और भारत भूषण अग्रवाल के परिवारों के साथ इस बीच हम लोगों के बड़े आत्मीय सम्बन्ध हो गए थे। अलग-अलग भी और एक टोली के रूप में भी। भारत जी तब जंगपुरा में रहते थे। फिर भी दूरियाँ फलाँगते हुए परिवारों के बीच नियमित मिलना-जुलना होता था। जैन साहब बड़े अच्छे मेज़बान थे। साहित्य से उनका कोई लेना-देना नहीं था, पर बड़े धैर्य और प्रसन्न भाव से वे हम सबके मूक श्रोता बने रहते। ऊबने पर, किसी के दीवान या सोफ़े पर झपकी ले लेना उनकी आदत में शुमार हो गया था। उन्हें हमारी बौद्धिक तकरारें बड़ी मनोरंजक लगतीं। गाहे-बगाहे बड़ी प्रसन्न मुद्रा में कोई मारक टिप्पणी करने से भी नहीं चूकते। सभी मित्रों के बीच वे बड़े सम्माननीय और प्रिय थे। उन्होंने मेरी मित्र मंडली को लगभग परिवार की तरह अपना लिया था। परम हितु-भाव से सबके सुख-दुःख के साक्षी होकर।

नामवर जी आए तो मित्र-मंडली ने उन्हें भी मॉडल टाउन में ही मकान किराए पर दिलवा दिया और सान्ध्यकालीन बैठकों में उनकी भी शिरकत होने लगी। नगेन्द्र जी भी अपनी साहित्यिक-योजनाओं के सन्दर्भ में उनसे गाहे-बगाहे सम्पर्क करने लगे पर दोनों के दृष्टिकोणों में बुनियादी अन्तर के कारण बात बनी नहीं। यूँ भी डॉ. नगेन्द्र जैसे औसत प्रतिभा वाले ख़ुशामदी तत्त्वों से घिरे रहते थे, वह सोहबत नामवर जी को कभी रास नहीं आई।

इसी बीच भारत भूषण अग्रवाल ने दिल्ली विश्वविद्यालय से पी-एच.डी. करने का मन बनाया। नियम इसकी इजाज़त नहीं देते थे। एक तो वे अंग्रेज़ी में एम.ए. और वह भी तृतीय श्रेणी में। उधर यह ख़बर मिलते ही माचवे जी ने डॉ. उदयभानु सिंह को साधकर विश्वविद्यालय के भीतरी तन्त्र में विरोध की मुहिम चला दी। नगेन्द्र जी ने डटकर मोर्चा लिया और सारे नियमों को बलाए ताक रखकर साहित्यकार होने के नाते 'स्पेशल केस' के रूप में पंजीकरण करा दिया। भारत जी पर एक और एहसान।

डॉ. नगेन्द्र उन्हीं दिनों अपनी प्रसिद्ध पुस्तक 'रस-सिद्धान्त' लिखकर पूरी कर

चुके थे और उसे 'भारतीय काव्यशास्त्र की भूमिका भाग-2' के रूप में प्रकाशित कराने की योजना बना रहे थे। उन्होंने किसी दिन भारत जी से चर्चा की तो असावधानी से अनायास भारत जी के मुँह से निकल गया कि वे ऐसा न करें क्योंकि साहित्य अकादमी का पुरस्कार स्वतन्त्र रचना पर मिलता है, खंड पर नहीं। बात कहते ही हाथ से निकल गई। डॉ. साहब ने भारत जी के गले में ऐसी रस्सी कसी कि जान छुड़ाए नहीं बन रही थी। वस्तुतः भारत जी मन से उन रचनाकारों के साथ थे जो मुक्तिबोध को मरणोपरान्त यह पुरस्कार दिलाने के लिए प्रयत्नशील थे। नामवर जी की इस अभियान में विशेष भूमिका थी। भारत जी की गति 'साँप छछूँदर केरी'। वे मेरे मित्र थे अतः लपेट में मैं भी आ गई। डॉ. नगेन्द्र ने ऐसा चक्रव्यूह रचा कि भारत जी की निकासी न हो सकी और पुरस्कार नगेन्द्र जी को मिल गया। इस जानकारी के साथ कि तमाम विरोधियों के सरगना नामवर जी थे। एक दिन मेरे ही घर पर भोज के लिए आमन्त्रित कुछ लोगों के बीच यह चर्चा हो रही थी, जिसमें नामवर जी ने टिप्पणी की थी कि वे 'रस-सिद्धान्त' को आलोचना नहीं, 'स्कॉलरशिप' का ग्रन्थ मानते हैं। एक चुगलख़ोर ने तत्काल नगेन्द्र जी तक बात पहुँचा दी और उन्होंने मेरी जवाबदेही की। ऐसी छोटी-छोटी बातों पर लोगों की जवाबतलबी करना और उन बातों को गाँठ बाँध लेना उनका सहज स्वभाव था, जिससे वातावरण दमघोंटू बना रहता था। बहरहाल, इस घटना से दोनों के बीच बोलचाल तक बन्द हो गई। डॉ. नगेन्द्र अपने निकटवर्तियों से उम्मीद करने लगे कि वे नामवर सिंह का 'सोशल बायकाट' करें। ज़ाहिर है, सूची में मेरा नाम सबसे ऊपर था। कभी हमारे घर में दोनों का आमना-सामना हो जाता तो बाद में हम पर क़हर बरपा होता था।

घटनाएँ तेज़ी से घट रही थीं। इस बीच नामवर जी 'जनयुग' के साथ-साथ दो वर्ष के अनुबन्ध पर 'राजकमल प्रकाशन' के साहित्यिक सलाहकार नियुक्त हो चुके थे। कुछ ही महीने गुज़रे थे कि शीला सन्धू ने उनके सामने दोनों में से एक का चुनाव करने की पेशकश कर दी। नामवर जी ने मुझसे सलाह की तो मैंने राय 'जनयुग' के पक्ष में दी। इसके बावजूद कुछ वित्तीय लाभ और कुछ प्रकाशकीय चकाचौंध के कारण उन्होंने राजकमल का वरण किया और दो वर्ष पूरे होते ही वहाँ से उनकी मुक्ति हो गई। हाथ में 'आलोचना' के सम्पादन के अलावा कुछ न था। उन्होंने बनारस लौटने का निर्णय लिया—कुछ-कुछ क्रोध और आवेग में। पर भारत जी और मेरे समझाने पर वे रुक गए। हमें लगता था कि वापसी पर वे फिर उसी किनारे लग जाएँगे और भविष्य अनिश्चित हो जाएगा। पर सवाल आजीविका चलाने का था, तो उनके परिचितों ने तिमारपुर के फ़्लैटों के बीच

डोरीलाल शर्मा नाम के किन्हीं सज्जन के यहाँ उनका प्रबन्ध 'पेइंग गेस्ट' के रूप में वाजिब वित्तीय शर्तों पर करा दिया। डोरीलाल जी सम्भवतः किसी स्कूल में अध्यापक थे और नामवर जी के लेखन और ख्याति से परिचित। उन्होंने इस व्यवस्था को अपना अहोभाग्य माना।

अब नामवर जी के पास सड़क पार हमारा पड़ोस और समय ही समय था। सम्पादन, मित्र-मंडली अध्ययन और सन्ध्या-गोष्ठियाँ। वे मुझे और भारत जी को अधिक सुलभ होने लगे और उसी अनुपात में मॉडल-टाउन निवासियों को दुर्लभ। उनके मेज़बानों में कुछ का कारोबार उन्हीं के सहारे चलता था। शाम को नामवर जी से की गई साहित्य-चर्चा अगले ही दिन लेखन में परिणत हो जाती और वे वाहवाही के हक़दार होते। ज़ाहिर है कि ऐसे लोगों को नई व्यवस्था खटकने लगी। इसे भंग करने का सबसे सरल रास्ता था चुगलख़ोरी। प्रत्यक्ष-अप्रत्यक्ष रूप से डॉ. नगेन्द्र के कान भरने का अभियान चालू हो गया और सम्बन्धों पर डॉ. नगेन्द्र की चौकसी और कड़ी हो गई। उन्हें बराबर यक़ीन दिलाया जाने लगा कि वातावरण में उनके विरुद्ध षड्यन्त्र पनप रहे हैं, जिनके सरगना विश्वविद्यालय के भीतर डॉ. उदयभानु सिंह और बाहर नामवर सिंह हैं। कुछ को इस रास्ते व्यक्तिगत लाभ की उम्मीद थी—कुछ निन्दा रस में चटखारा ले रहे थे, कुछ ईर्ष्या के मारे अकारण दाएँ-बाएँ किया करते थे। यहाँ तक कि डॉ. बच्चन सिंह ने बनारस से डॉ. नगेन्द्र को रहस्योद्‌घाटन-सा करते हुए पत्र लिखा कि नामवर जी आचार्य हजारीप्रसाद द्विवेदी के शिष्यों, सम्बन्धियों को संगठित कर उनके बरक्स द्विवेदी जी के पक्ष में गुटबन्दी कर रहे हैं। मैंने यह पत्र देखा था।

डॉ. साहब ने आव देखा न ताव, सबको जवाबतलबी की गरज से बुलावा भेजा और लगभग ताकीद की कि वे लोग नामवर जी से सम्बन्ध न रखें। ताकीद में प्रच्छन्न धमकी भी रही ही होगी कि उपस्थित लोगों में से विश्वनाथ त्रिपाठी तैश खा गए। मॉडल टाउनी स्कैंडलबाज़ी से वे भी अछूते नहीं थे। उस समय मुझसे विशेष परिचय भी नहीं था। जो बोले, उसका सार यह था कि आप पहले अपने क़रीब के लोगों को तो रोक लें। ऐसी चुनौती? डॉ. साहब उन लोगों को बर्खास्त करके सीधे मेरे घर की तरफ़ लपके। उन्होंने इस प्रसंग को आत्मसम्मान का प्रश्न बना लिया। परिणामतः सहज-स्वाभाविक सम्बन्धों के बीच अजीब आँख-मिचौनी और पैंतरेबाज़ी का सिलसिला शुरू हुआ। मेरा परिवार और पूरी मित्र-मंडली मेरे ऊपर छाजन ताने हुए, जिनमें तब तक शीला सन्धू भी शामिल हो गई थीं और मैं अपनी स्वतन्त्रता पर अंकुश स्वीकार करने के लिए किसी भाव तैयार नहीं।

इसी प्रसंग का विस्तार डॉ. नगेन्द्र द्वारा भारत जी पर जल्दी शोध-प्रबन्ध पूरा

करने के दबाव के रूप में हुआ। दबाव डॉ. साहब मेरे माध्यम से बनाते थे, जो ज़ाहिर है, भारत जी को अखरता था। मैं स्वयं अपने शोध-कार्य में जी-जान से जुटी थी। हम दोनों को ही नामवर जी के परामर्श का पूरा लाभ मिल रहा था। जहाँ तक मेरा प्रश्न था, उन्होंने घोर शास्त्रीय विषय पर मुझे शास्त्रबद्ध जड़ता से मुक्त किया। कभी-कभी तकरार का ख़तरा मोल लेकर भी।

आख़िर भारत जी ने संकल्प करके दफ़्तर से छुट्टी ली और धूनी रमा ली। उन्होंने मुझसे कहा कि उनके पास पहले ड्राफ़्ट को दोहराने का समय भी नहीं होगा इसलिए मैं उसकी प्रथम पाठक होने की ज़िम्मेदारी ले लूँ। मैंने इस प्रस्ताव से सम्मानित अनुभव किया। डॉ. नगेन्द्र इस प्रक्रिया के साक्षी थे। शोध-प्रबन्ध पूरा हुआ, डॉ. नगेन्द्र ने बिना पढ़े गद्गद होकर हस्ताक्षर किए, 'दस्तखत करता हूँ, ताकि सनद रहे।' कहना न होगा, वह हिन्दी के गिने-चुने सर्वोत्तम शोध-प्रबन्धों में से है।

उधर मेरा शोध-प्रबन्ध भी पूरा हो गया था। मेरे मन में दिल्ली विश्वविद्यालय की पहली डी.लिट्. की उपाधि पाने की उमंग थी। उपाधि उस समय प्रकाशित रचना पर दी जाती थी। अतः प्रकाशन-व्यवस्था की समस्या थी। मैंने नेशनल पब्लिशिंग हाउस के श्री कन्हैयालाल मलिक से बात की—दो अनुरोधों के साथ—पुस्तक दो महीने में छप जाए और वह भी आगरा के दुर्गा प्रेस से। उस समय उस प्रेस की बेहद ख्याति थी। मलिक साहब ने बड़ी दरियादिली से प्रस्ताव स्वीकार कर लिए बशर्ते दुर्गा प्रेस के साथ प्रूफ़ मँगाकर पढ़ने और लौटाने की व्यवस्था मैं कर लूँ। राजेन्द्र यादव ने दुर्गा प्रेसवालों से बातचीत करके व्यवस्था कराने का आश्वासन दिया और मेरी एम्बेसेडर गाड़ी में भरकर हम सब आगरा के लिए निकल गए। लगभग पिकनिक के मूड में। वहाँ पहुँचकर तय पाया गया कि जो टैक्सी रोज़ रात को दिल्ली से बारह बजे के बाद अख़बार लेकर आगरा जाती है और अगले दिन शाम को वापिस लौटती है, प्रूफ़ों की आवाज़ाही उसी के माध्यम से हो। अगर मित्र साथ न देते तो कुछ घंटों में प्रूफ़ पढ़कर वापिस करना सम्भव हो ही नहीं सकता था। इस काम में अजित जी परम पारंगत थे। हम लोग रात में आठ बजे मलकागंज के पेट्रोल पम्प से प्रूफ़ इकट्ठा करते और अक्सर गाड़ी सीधे ओबराय इंटर कॉन्टिनेंटल का रुख करती। वहाँ कॉफ़ी हाउस में बैठकर प्रूफ़ पढ़े जाते ताकि नींद बाधा न दे और बारह बजे के बाद उसी पेट्रोल पम्प पर प्रूफ़ लौटाकर घर वापसी होती। कभी-कभी यह काम घर पर सम्पन्न होता और कभी अजित जी की जगह भारत जी ले लेते। इस पूरे अभियान के सारथी थे जैन साहब। रेस्तराँ और कॉफ़ी के शौकीन, पर उससे ज़्यादा मेरी उपलब्धियों में अपना

सन्तोष पानेवाले परम उदार और धीर व्यक्ति।

शोध-प्रबन्ध 'रस-सिद्धान्त और सौन्दर्यशास्त्र' छपकर तैयार हो गया और डॉ. नगेन्द्र को कानोंकान ख़बर नहीं लगी। वैसे वे रात-दिन मुझे काम करता देखते ज़रूर थे, पर उनकी इच्छा थी कि मेरा शोध-प्रबन्ध दिल्ली विश्वविद्यालय की डी.लिट्. की उपाधि के लिए जमा किए जानेवाला पहला शोध-प्रबन्ध न हो क्योंकि विश्वविद्यालय की नियमावली तक साफ़ नहीं थी। वे दो दिन के लिए शहर के बाहर गए और मैंने आवेदन के साथ उनकी ग़ैर-मौजूदगी में प्रबन्ध जमा करा दिया। लौटने पर सूचना देते हुए प्रति उनकी नज़र की, इस आशंका के साथ कि अब क़हर बरपा होगा। पर ऐसा हुआ नहीं। उन्होंने आश्चर्य मिश्रित प्रशंसा-भाव से अपने को स्थिति के लिए तैयार कर लिया। जैसी आशा थी, कला-संकाय की बैठक में नियमों के हवाले से ख़ूब बमचक मची। दूसरे विभागाध्यक्षों को यह हज़म नहीं हो रहा था कि हिन्दी का कोई शोधार्थी यह पहल करे, और वह भी ऐसे कठिन विषय पर। डॉ. नगेन्द्र ने डटकर मोर्चा लिया और नैया पार हो गई। मित्रों और परिवार में बहुत उछाह। दीक्षान्त समारोह पर अख़बारों ने इस ख़बर का नोटिस लिया। पर डॉ. साहब के विभागीय सहयोगियों को यह घटना हज़म नहीं हुई।

कुछ दिन पहले मुझसे उम्र में काफ़ी बड़ी एक विभागीय सदस्या के किसी दूसरे विश्वविद्यालय से यही उपाधि पाने पर शहर के साहित्यकारों को कला-संकाय में आमन्त्रित कर लगभग जश्न मनाया गया था। मेरी बारी आई, तो सामान्य रूप से आठ-दस पी-एच.डी. पानेवाले शोधार्थियों के बीच मेरा नाम डालकर अनुसन्धान-परिषद् की बैठक में, जैसा आमतौर पर होता था, चाय का निमन्त्रण चालू कर दिया गया। ज़ाहिर है, मेरे आत्मसम्मान को इससे बेहद ठेस पहुँची। मैंने नगेन्द्र जी की इच्छा और प्रत्यक्ष-परोक्ष आदेशों की अवहेलना करते हुए, शामिल होने से इनकार कर दिया। मेरे इस व्यवहार को उन्होंने अपना अपमान और सत्ता को चुनौती माना। न जाने कहाँ से मैंने वह साहस जुटाया था कि जब उन्होंने यह प्रसंग उठाया तो मैं उनके लचर कुतर्कों का तुर्की-ब-तुर्की जवाब देती रही और वे क्रोध से पैर पटकते हुए विदा हुए।

इतना ही नहीं, इस पूरी स्थिति से अवगत मित्रों में से मन्नू भंडारी ने इस अवसर पर साहित्यिक इष्ट-मित्रों को प्रीतिभोज के लिए आमन्त्रित किया जिनमें डॉ. नगेन्द्र शामिल नहीं किए गए। ख़बर छिपनेवाली नहीं थी। छिपाने का कोई इरादा भी नहीं था, पर इस घटना ने डॉ. नगेन्द्र की नज़र में हम सबको लगभग विद्रोही गुट का दर्जा दे दिया। वे नहीं जानते थे कि असल विद्रोही हम नहीं थे। विद्रोह तो उनके आसपास के विश्वविद्यालीय परिवेश में पनप रहा है, जिसका एक

कारण उनका सामन्तवादी तानाशाही रवैया और दूसरा उनको मित्र वेश में घेरे हुए वे तथाकथित हितू पर वास्तव में ईर्ष्याग्रस्त चाटुकार हैं, जो संकट आने पर मूक-बधिर हो जाएँगे।

इसी बीच, नामवर सिंह की पुस्तक 'कविता के नए प्रतिमान' प्रकाशित हुई जिस पर उन्हें साहित्य अकादमी का पुरस्कार मिला। वह अलग अजीबोग़रीब क़िस्सा था। एक दिन हमारी मित्र-मंडली गाड़ी में भरकर कहीं जा रही थी। औरों के बीच भारत भूषण अग्रवाल और नामवर सिंह भी थे। नगेन्द्र जी को साहित्य अकादमी का पुरस्कार मिलने के बाद अक्सर भारत जी लोगों के व्यंग्य-बाणों की नोक पर रहते थे। ऐसे ही किसी सन्दर्भ में उन्होंने ठहाका लगाकर कहा, "गुरुजी (वे परिहास में नामवर जी को ऐसे ही सम्बोधित करते थे), आप भी लिख दीजिए किताब, तो आपको भी दिलवा दूँ पुरस्कार।" मेरी तत्काल प्रतिक्रिया हुई, "भारत जी, वादा पक्का रहा?" और भारत जी ने फक्कड़ाना हँसी हँसते हुए दोहराया, "एकदम पक्का, ये लिखें तो सही।" हम सबको कहीं-न-कहीं विश्वास था कि नामवर जी कुछ करने-धरनेवाले नहीं हैं, पर रह-रहकर मैंने उन्हें ठेलना शुरू किया। विषय कहीं-न-कहीं उनके मन में पक रहा होगा और नगेन्द्र जी को लेकर आक्रोश भी, वरना किसी के वादे और ठेलने से क्या होता। बहरहाल, दबाव हम लोगों ने बनाए रखा। इस अभियान में जैन साहब भी बराबर शरीक हो जाते थे।

अन्ततः पुस्तक पूरी हुई, जिस कठिन प्रक्रिया से गुज़रकर, उसकी साक्षी होने के कारण मैं आज भी उनके कम लिखने या न लिखने के कारणों को समझ सकती हूँ। भारत जी ने वादा पूरा किया और पुरस्कार वितरण समारोह में आचार्य द्विवेदी बड़े गर्व से नामवर जी को बग़लगीर किए कहते सुने गए, "है कोई दूसरा, जिसके शिष्य को भी साहित्य अकादमी का पुरस्कार मिला हो!" दरअसल उन दिनों इस पुरस्कार का बड़ा गौरव और मान्यता थी। उस दौर में हिन्दी की श्रेष्ठ रचनाएँ अधिक संख्या में राजकमल से ही प्रकाशित होती थीं। नामवर जी के दो वर्ष के कार्यकाल में एक बड़ा काम यह हुआ था कि हिन्दी के नामी-गिरामी रचनाकार राजकमल से जुड़ गए थे। साल-दर-साल राजकमल से प्रकाशित किसी रचना को साहित्य अकादमी का पुरस्कार मिलता और शीला सन्धू 18 रिंग रोड पर अपने निवास में इस उपलक्ष्य में भव्य प्रीति-भोजों का आयोजन करतीं। आरम्भ की संकोची शीला जी धीरे-धीरे बड़ी आत्मविश्वासी हो गई थीं। हरदेव सन्धू बड़े निर्यात गृह के स्वामी, बेहद सम्पन्न-शालीन व्यक्ति थे। शीला जी की साहित्यिक गतिविधियों में कभी वित्तीय अवरोध उन्हीं के कारण पैदा नहीं हुआ। जब तक प्रकाशन उनके हाथ में रहा, बड़े ईमानदार बेबाक ढंग से कारोबार चलता रहा।

तमाम नामी-गिरामी रचनाकारों को उनकी मेहमाननवाज़ी का लाभ मिला। किसी को हिसाब के बारे में कभी कोई शिकायत नहीं हुई।

उनसे भी मेरी पहली भेंट अजित कुमार ने ही उनके दरियागंज के दफ़्तर में कराई थी, संक्षिप्त और औपचारिक। पहली भेंट का प्रभाव दोनों पक्षों में अनुकूल नहीं हुआ था, पर समय के साथ हमारे बीच इतनी पारिवारिक आत्मीयता हो गई कि आज भी हम दोनों ही एक-दूसरे को गिने-चुने परम विश्वासी मित्रों में मानते हैं।

1956-70 के बीच का समय राजनीतिक और साहित्यिक दोनों दृष्टियों से दिल्ली में बड़ा घटना-संकुल दौर रहा है। चीनी आक्रमण के बाद केन्द्र में सत्ता की चूलें हिल रही थीं। आन्तरिक स्तर पर इस्पात कारखानों और भाखड़ा-नाँगल बाँध जैसी कुछ योजनाओं के अलावा, पंचवर्षीय योजनाओं की विफलता से असन्तोष फैल रहा था। अन्तर्राष्ट्रीय और राष्ट्रीय दोनों स्तरों पर अपेक्षित सफलता न मिलने के कारण पहले नेहरू का मनोबल टूटा, और अन्त में उनकी मृत्यु हो गई। लालबहादुर शास्त्री की सादगी और निश्छल छवि के कारण जनता में उनके प्रति आदर तो बहुत था पर उनका कद और रौब-रुतबा नेहरू जी की तुलना में कहीं नहीं ठहरता था। राज्यसभा से राष्ट्रकवि मैथिलीशरण गुप्त की बिदाई हुई। राजेन्द्र यादव ने जवाहर चौधरी के साथ मिलकर अक्षर प्रकाशन खोला। अक्षर प्रकाशन ने आरम्भ में लेखकों और रचनाओं के चुनाव में जिस विवेक का परिचय दिया, उसके कारण देखते-ही-देखते उनकी छवि कुछ ऐसी बनी कि तमाम नामी-गिरामी रचनाकार अपनी रचनाएँ वहाँ से छपवाने के लिए उत्सुक रहने लगे। अनुमान है कि कृतियों का चुनाव राजेन्द्र यादव करते होंगे और उनके प्रोडक्शन का दायित्व जवाहर चौधरी ने सँभाला होगा। बहरहाल, जिन उम्मीदों से यह अभियान शुरू हुआ था, उन पर पानी फिरते लम्बा समय नहीं लगा। अफ़वाह यह थी कि इसकी तालाबन्दी में 'नई कहानी' आन्दोलन के दो शेष महारथियों की भी कारगर भूमिका रही थी। नई कहानी आन्दोलन के उतार को लक्ष्य कर तीन तिलंगों ने अपनी पक्षधरता के लिए पीठ ठोंककर देवीशंकर अवस्थी को अपने आलोचक के रूप में तैयार किया। किन्तु दुर्भाग्यवश वे एक सड़क दुर्घटना के शिकार होकर दिवंगत हो गए। 'नई कहानी' पत्रिका का सम्पादन भीष्म साहनी के हाथ में आ गया।

विश्वविद्यालय में डॉ. नगेन्द्र के विरुद्ध जो आन्दोलन बल पकड़ रहा था, उसकी नज़ाकत को समझते हुए उन्होंने डॉ. उदयभानु सिंह की रीडर पद पर नियुक्ति भी कर दी, पर बात बनी नहीं। विद्यार्थियों की नज़र अपनी नियुक्तियों

पर लगी थी। उन्हें अपनी रोज़ी-रोटी का सवाल सता रहा था। वामपंथी विचारधारा की पताका के नीचे उन्होंने हल्ला बोला, तो तत्कालीन उपकुलपति अर्थशास्त्री के.एन. राज ने, जो स्वयं भी वामपंथी थे, योजना बनाकर डॉ. नगेन्द्र को ऐसा गिरफ़्त में लिया कि उन्हें अध्यक्षता से त्यागपत्र देना पड़ा। छात्रों की अगुवाई औरों के अलावा मुख्य रूप से सुधीश पचौरी और कर्णसिंह चौहान कर रहे थे। इनका साथ लगभग गुमनाम रहकर प्रताप सिंह नेगी दे रहे थे, जिनका काम मुख्य रूप से रात के समय कन्धे पर पोस्टर लादकर चिपकाने का अभियान चलाना था। पर विचारधारा के प्रति सबसे समर्पित सम्भवतः वही थे, जो बाद में इमरजेंसी के दौरान कई महीने गिरफ़्तार भी रहे।

उधर अजित कुमार के घर में जमनेवाली सान्ध्यकालीन बैठकें पहले ही भंग हो चुकी थीं। हुआ यह कि उनमें धीरे-धीरे कुछ अवांछित तत्त्वों ने प्रवेश करना शुरू किया। बातों में असंयत बहस-मुबाहिसा और यदा-कदा गरमागरमी होने लगी। मैंने यह भविष्यवाणी करते हुए कि अब माहौल बैठने लायक नहीं रह गया है, किसी दिन बखेड़ा खड़ा होनेवाला है, जाना कम कर दिया। एक दिन सुना कि वहाँ चप्पल चल गई। वादी-प्रतिवादी सम्भवतः रमेश गौड़ और उदयभान मिश्र थे। हमेशा की तरह नामवर जी अध्यक्ष पद पर आसीन थे। उपस्थितों में देवीशंकर अवस्थी भी थे। जब चप्पलें हाथों में आ गईं तो शराफ़त के मारे अवस्थी जी बीच-बचाव करने उठे। लगे हाथों दो-एक चप्पल उन पर भी पड़ गईं। अध्यक्ष जी अतिरिक्त गम्भीर मौन धारण किए रहे और अजित जी वाचिक रूप से बीच-बचाव करते रहे। बाद में शायद अजित जी ने पूरे प्रसंग पर अपनी नाराज़गी ज़ाहिर की, और सार्वजनिक बैठकी उसके बाद बन्द हो गई।

इसके समानान्तर एक दुर्घटना और हो चुकी थी। होली के अवसर पर मॉडल टाउन निवासी मित्रों की टोली होली मिलन के लिए इकट्ठे होकर एक-दूसरे के घर जाती थी। मित्रों के अनुसार, एक ऐसे ही अवसर पर जब कुछ लोग सर्वेश्वर दयाल सक्सेना के घर पहुँचे तो किसी प्रच्छन्न कारणवश उन्होंने क्रोध में नामवर सिंह का कुरता फाड़ दिया। प्रतिक्रिया में नामवर सिंह चुपचाप मुड़े और उलटे पाँव लौट गए। लोगों का कहना था कि उन्होंने उस दिन अद्भुत शालीनता और संयम का परिचय दिया। यदि वे भी ठकुराई पर उतर आते तो न जाने क्या होता! बहरहाल, उसके बाद वह होली मिलन भी बन्द हो गया। वैसे हम मित्र लोग घरों में वर्षों इकट्ठे होकर होली खेलते-खिलाते रहे। उधर विश्वविद्यालय में भी स्थितियाँ तेज़ी से बदल रही थीं। दिन-पर-दिन दिल्ली शहर के भौगोलिक विस्तार और विद्यार्थियों की बढ़ती संख्या के कारण दक्षिणी दिल्ली में एक और परिसर

खोलने का निर्णय लिया गया, साथ ही यह भी कि उसकी शुरुआत स्नातकोत्तर स्तर पर अंग्रेज़ी और हिन्दी साहित्य और कॉमर्स की पढ़ाई से की जाए। विभाग की अध्यक्ष उस समय डॉ. सावित्री सिन्हा थीं। वे मेरे पी-एच.डी. के शोध-प्रबन्ध की निर्देशक रह चुकी थीं और उस सन्दर्भ में मेरे और उनके बीच भारी मतभेद के बाद बातचीत तक लगभग बन्द हो गई थी। वे स्वभाव से बड़ी निश्छल पर कान की कच्ची और तुनकमिज़ाज थीं। साथ ही बड़ी हँसमुख। बहरहाल, नियुक्तियों की पूरी प्रक्रिया बड़े रहस्यमय गोपनीय ढंग से सम्पन्न की जा रही थीं। डॉ. नगेन्द्र के हाथ में कुछ नहीं था। मैं पूरे आत्मविश्वास से मैदान में कूद गई। डॉ. सिन्हा ने बड़े उदार मन से मेरा समर्थन किया। बहुतों को इससे निराशा हुई पर मेरे और डॉ. सिन्हा के बीच उनके इस व्यवहार से सारी कटुता धुल ही नहीं गई, बल्कि विभागीय प्रशासन में वे मेरे ऊपर बराबर निर्भर रहने लगीं।

इधर मेरी नियुक्ति दक्षिण परिसर में हुई, उधर शिवमंगल सिंह 'सुमन' की सिफ़ारिश पर जोधपुर विश्वविद्यालय के उपकुलपति प्रो. वी.वी. जॉन ने डॉ. नामवर सिंह को आमन्त्रित करके प्रोफ़ेसर पद पर नियुक्त कर दिया। नामवर जी ने जिस दिन सफ़दरजंग हवाई अड्डे से जोधपुर के लिए प्रसन्न, पर भारी मन से प्रस्थान किया, उन्हें विदा करनेवालों में सिर्फ़ मैं, जैन साहब और भारत भूषण अग्रवाल थे।

सियासत का चेहरा : आपात्काल से पहले

समाज में 'हिन्दीवाला' पद अनायास एक बिम्ब का व्यंजक हो गया। एक ऐसा व्यक्ति, जो विचारों में प्रतिक्रियावादी और पिछड़ा हुआ, जानकारी में लगभग मूढ़, प्रायः हीन भावना से ग्रस्त और दब्बू, जिसे पढ़े-लिखे समाज में अलग पहचाना जा सकता था।

ज़िन्दगी की अपनी लय होती है। शास्त्रीय संगीत की शब्दावली में कहें तो उसे आलाप > विलम्बित > द्रुत > तान-पलटे जोर-झाला में से स्थिति-भेद से किसी एक बिन्दु पर स्थिर करके इधर-उधर आवाज़ाही की जा सकती है। आलाप और विलम्बित तो शहरी जीवन की लय से कब के विदा हो गए। ग़नीमत समझनी चाहिए अगर ज़िन्दगी की गाड़ी द्रुत लय पर भी टिककर चलती रहे। यह अब की बात है, तब की नहीं, जब मीडिया और सूचना-तकनीक ने ज़िन्दगी पर हमला नहीं बोला था, यानी 1970 के बाद के कुछ वर्षों तक। संचार-क्रान्ति पैर दबाकर आ ज़रूर रही थी—बेआवाज़-सी।

दिल्ली आख़िर देश की राजधानी थी। फ़िल्म और व्यापार की दुनिया भले ही मुम्बई जैसे शहरों में फलती-फूलती हो, पर संचालन-सूत्र तो केन्द्रीय सरकार के हाथ में ही रहता था। नए आविष्कारों का असर भी सबसे पहले यहीं दर्ज होता था और संवैधानिक और न्यायिक फैसले भी यहीं होते थे। पर शहर की ज़िन्दगी में वैसा बावेला नहीं होता था, जैसा अब हर छोटी-बड़ी घटना को लेकर होता है।

इसकी वजह यही हो सकती है कि अब टी.वी. का हर ख़बरी चैनल 24 घंटे किसी सनसनीखेज़ घटना की, या फिर ऐसी घटना की तलाश में रहता है जिसे वह सनसनी पैदा करके दर्शकों के लिए पेश कर सके। घटना हाथ लगते ही तरह-तरह से दोहरा-दोहराकर अपने-अपने ढंग से चीख़-पुकार कर 24 घंटे उसका ऐसा मलीदा बनाया जाता है कि वह संवेदनक्षीण हो जाती है। बच रहती है निपट ख़बर क्योंकि इन चैनलों का अस्तित्व ख़बर को ख़बर बनाए रखने पर टिका है।

बहरहाल, तब ऐसा नहीं होता था। दूरदर्शन के जीवन में प्रवेश से कुछ बदलाव ज़रूर आया था—पर बस इतना ही कि पढ़े-लिखे परिवारों ने इसे पढ़ाई से बच्चों का ध्यान हटाने के प्रभावी माध्यम, अतः ख़तरे के रूप में देखा था। पहली आमद गिने-चुने ऊँचे और मध्यवर्गीय परिवारों में 1967-68 में ब्लैक एंड व्हाइट यानी बेरंग बक्से की हुई थी। हम मित्रों ने, बल्कि यह कहना ज़्यादा सच होगा कि भारत भूषण अग्रवाल के प्रभाव से हमने भी फैसला किया कि बच्चों के हित में इसका प्रवेश घर में वर्जित रखा जाए। पर बहुत जल्दी पाया गया कि खेल-कूद के बहाने बच्चे 'चित्रहार' और इतवारी फ़िल्म के चक्कर में उन पड़ोसी परिवारों में जमने लगे जहाँ इसकी पहुँच हो चुकी थी। पड़ोसियों के बीच अपनी हेठी न हो, इसलिए फैसला रद्द होने में देर नहीं लगी। फिर देखते ही देखते घर-घर बुद्धू बक्सा पहुँच गया। शहर के सामाजिक जीवन पर कुछ समय असर इतना ही पड़ा कि लोग ये दोनों कार्यक्रम क्रमशः बुधवार और इतवार को नियमित रूप से देखने लगे। वयस्कों की रुचि समाचारों में भी रहती थी, पर चैनलों और समाचारों की मारामार तब नहीं हुई थी। समाचार-पत्र तब वैसे महत्त्वक्षीण नहीं हुए थे, जैसे अब मालूम होते हैं। संख्या ज़रूर गिनी-चुनी थी। अंग्रेज़ी में हिन्दुस्तान टाइम्स और टाइम्स ऑफ़ इंडिया और इन्हीं के हिन्दी प्रतिरूप 'हिन्दुस्तान' और 'नवभारत टाइम्स' अधिक लोकप्रिय थे। इनके अलावा बौद्धिकों के बीच स्टेट्समैन की विश्वसनीयता और प्रामाणिकता की दृष्टि से विशेष मान्यता थी। इनके मालिक थे—बिरला, साहूजैन और टाटा। इनके अलावा जो अख़बार निकलते थे, उनका नज़रिया कुछ क़स्बाई क़िस्म का रहता था। उनका पाठक-वर्ग अलग था।

दिल्ली के जीवन की लय तब भी कुल मिलाकर विलम्बित ही थी। जो परिवर्तन हो रहे थे, वे इसी लय के बीच कुछ ऐसे दबे पाँव और धीमी गति से कि अन्दाज़ नहीं लगाया जा सकता था कि जीवन की बनावट और बुनावट बदलने में बहुत देर नहीं है। लोगों की शामें अक्सर मित्रों के बीच मिलने-जुलने, गपशप करने या नाटक-फ़िल्म देखने में गुज़रती थीं—सहज इत्मीनान के भाव से। यह स्थिति आठवें दशक के बाद भी कई वर्ष तक बनी रही।

विश्वविद्यालय में लगभग सभी विषयों के नामी-गिरामी विद्वान थे। जहाँ नहीं थे, वहाँ ढूँढ़कर लाए जाते थे। इसी नीति के चलते इतिहास विभाग में प्रो. रामशरण शर्मा पटना से लाए गए। नियुक्ति इस आश्वासन के साथ हुई थी कि वे विभाग के अध्यक्ष होंगे और आते ही विश्वविद्यालय उनके आवास की व्यवस्था करेगा। तो वे भी आकार उसी केवेलरी लाइन में बस गए जिसके सारे मकान उस समय अपने-अपने विषयों के धुरंधरों से आबाद थे। केवेलरी लाइन से बाहर निकलकर, दाहिनी ओर घूमते ही कोने पर 12 नं. कोठी में उपकुलपति डॉ. सरूप सिंह रहते थे। नित्य नियम से विद्वानों की यह टोली अपने-अपने घरों से निकलती और एक साथ टहलती हुई किसी के घर में चाय पीकर वापस लौटती। बातों के विषय पर कोई पाबन्दी नहीं। देश की राजनीति से लेकर विश्वविद्यालय के मसलों, व्यक्तियों से होती हुई इनकी बातें अक्सर बड़े सामिष/निरामिष क़िस्म के चुटकुलों-मज़ाकों को समेटे रहतीं। इसी टोली ने अचानक फैसला किया कि एक 'ठलुआ क्लब' बनाया जाए, जिसकी हर महीने एक बैठक किसी एक सदस्य के घर पर हुआ करे। शर्त यह कि चाय-पानी के अलावा जो बातचीत हो, उसमें गम्भीरता/संजीदगी का प्रवेश नितान्त वर्जित रहे। जाटों के जीवन से सम्बन्धित चुटकुलों के विशेषज्ञ थे डॉ. सरूप सिंह—बेहद वाचाल और खुशमिज़ाज इनसान। दिलचस्प बात यह थी कि बौद्धिक गरिमा के लबादे को उतारकर ये लोग किस हद तक हँसोड़, सहज और जीवन्त हो उठते थे, इसकी कल्पना नहीं की जा सकती। आलम यह था कि जो लोग अपेक्षाकृत संकोची स्वभाव के थे, वे भी एकाध बैठक के बाद इनके रंग में रंग जाते और ठठाकर नहीं तो कम-से-कम मन्द-मन्द मुस्कुराकर पूरी रज़ामन्दी से शिरकत करने लगते। ऐसे लोगों में फ़ारसी के प्रो. आबिदी, मैथ्स के प्रो. उदित नारायण सिंह, सोशल वर्क के प्रो. गंगराडे और अगले उपकुलपति प्रो. गुरबख्श सिंह और मैनेजमेंट के प्रो. आबाद अहमद थे। ठहाकामारों के नेता थे प्रो. सरूप सिंह, प्रो. रामशरण शर्मा और डॉ. नगेन्द्र। कभी-कभी डॉ. नूरुल हसन (जो उस दौर में दि.वि.वि. में पढ़ाने आते थे) भी शामिल हो जाते थे तो वातावरण में कुछ संयम बरत लिया जाता। जब माहौल कुछ ज़्यादा असंयत होने लगा तो महिलाओं के प्रवेश से उस पर लगाम कसी गई। इनमें पहला नाम था प्रो. सुमति मुटाटकर का जो संगीत फैकल्टी की अध्यक्ष थीं और दूसरा मेरा, वह शायद इसलिए कि केवेलरी लाइन के अधिकांश बाशिन्दों के साथ हमारे पारिवारिक सम्बन्ध थे, वरना मैं उम्र और रौब-रुतबे में सबसे छोटी थी। पर मेरे घर के आतिथ्य के सब मुरीद थे।

ध्यान देने की बात है कि प्रो. रामशरण शर्मा को छोड़कर ये सभी कांग्रेस के पक्षधर थे। पर प्रो. शर्मा की वामपंथी विचारधारा कभी इनकी बैठकियों में आड़े नहीं आई। अपनी विद्वत्ता के लिए वे जितने समादृत थे, हँसोड़पन के कारण सबके उतने ही प्रिय। उनकी वेशभूषा मुझे आचार्य हज़ारीप्रसाद द्विवेदी की याद दिलाती थी। दोनों की रुचि का क्षेत्र प्राचीन भारत था। अन्तर यह कि आचार्य द्विवेदी उसे प्रस्थान बिन्दु बनाकर उड़ान भरते थे और प्रो. शर्मा की शोध-वृत्ति उन्हें इतिहास के खंडहरों, गुफाओं में गहरे प्रवेश के लिए प्रेरित करती थी। उन लोगों के आपसी व्यवहार में विषय, विचारधारा, राजनीति, पद को लेकर कभी कोई कटुता या गहरा विद्वेष देखने में नहीं आता था। कुल मिलाकर पारस्परिकता और सौहार्द का वातावरण था। ऐसा नहीं था कि एक-दूसरे के बारे में ये लोग निजी राय न रखते हों। यह भी नहीं कि वह राय अच्छी ही हो। पर आपसदारी में कटुता पैदा होते मैंने नहीं देखी। इसका एक जीता-जागता उदाहरण डॉ. नगेन्द्र के अध्यक्ष पद से त्यागपत्र देने का प्रसंग था। विश्वविद्यालय में डॉ. नगेन्द्र के सार्वजनिक (विशेषकर राजनीतिक और सरकारी तबके में) सम्बन्धों की सबको जानकारी भी थी और धाक भी। अक्सर जब भी उपकुलपति पद ख़ाली होता तो उनका नाम चलने लगता—इस टिप्पणी के साथ कि दिल्ली विश्वविद्यालय में किसी हिन्दीवाले की उस पद पर नियुक्ति आसान नहीं है। जब डॉ. सरूप सिंह सम-कुलपति थे और डॉ. के.एन. राज उपकुलपति, तब यह अफ़वाह फिर फैलने लगी। उसी दौरान वह प्रसंग घटित हुआ जिसके कारण डॉ. नगेन्द्र को त्यागपत्र देना पड़ा। काफ़ी लोगों का कहना था कि वह स्थिति पैदा करने में डॉ. सरूप सिंह की प्रभावी भूमिका थी। मामले में क़ानूनी दृष्टि से दम नहीं था। पर डॉ. सरूप सिंह ने मित्रवत् परामर्श देते हुए, उन्हें कुछ ऐसा लपेटा कि वे ख़ुद जाकर डॉ. के.एन. राज को इस्तीफ़ा थमा आए। कई लोगों का कहना था कि ऐसा डॉ. सरूप सिंह ने अपना रास्ता साफ़ करने के लिए किया। डॉ. नगेन्द्र इस बात को जानते थे, पर मानना नहीं चाहते थे। बाद में उन दोनों के बीच इस प्रसंग पर कभी कोई कड़वाहट देखने में नहीं आई। विडम्बना यह थी कि डॉ. नगेन्द्र किरोड़ीमल कॉलेज में डॉ. सरूप सिंह की प्रिंसिपल पद पर नियुक्ति के माध्यम रहे थे।

इस प्रसंग की चर्चा इसलिए कि उस दौरान ऐसे मामलों में निजी स्तर पर उठापटक, पैंतरेबाजी सब चलती थी पर उसमें भी एक मर्यादा बनी रहती थी। इसके अलावा आज की तरह राजनीतिज्ञों का सीधे-सीधे दखल नहीं होता था और अगर होता था तो वैसा चमत्कारी और कारगर नहीं होता था, जैसा आपात्काल के बाद होने लगा। इसका एक और सटीक उदाहरण, दिल्ली विश्वविद्यालय में

डॉ. नामवर सिंह की नियुक्ति के प्रयास से जुड़ा है। जब नामवर सिंह जोधपुर में थे, उस समय प्रो. नूरुल हसन शिक्षा मन्त्री थे। कुछ विचारधारात्मक सगोत्रीयता के कारण और कुछ उनकी विद्वत्ता के प्रभाव से वे विषय से सम्बन्धित तमाम समितियों में उनका सहयोग चाहते थे। गाहे-बगाहे टिप्पणी करते कि वे दिल्ली आ जाएँ तो सुविधा हो।

उधर नामवर जी भी जोधपुर पहुँचते ही मन्द-प्रतिभा स्थानीय उम्मीदवारों के निशाने पर आ गए थे। पाठ्यक्रम में 'आधा गाँव' को जगह देकर उन्होंने विवाद का मौका और दे दिया। यूँ भी बड़ी सूझ-बूझ के साथ जैसा पाठ्यक्रम उन्होंने बनाया था, वह मूढ़मति रूढ़िवादियों के गले नहीं उतर रहा था। नतीजा यह कि उनके पैर वहाँ जमने से पहले ही उखाड़ देने का अभियान पूरे ज़ोर-शोर से चालू कर दिया गया। ऐसे में वहाँ से निकासी के लिए उनकी बेकली बढ़ती जा रही थी। ऐसे नाज़ुक मौके पर दिल्ली विश्वविद्यालय में प्रोफ़ेसरी ख़ाली हुई। और तब दिखाई पड़ा कि वे यहाँ से चले ज़रूर गए थे पर उनका साया सबके ऊपर मँडरा रहा था। आज यह प्रमाणित करने की ज़रूरत नहीं है कि प्रतिभा और ज्ञान दोनों दृष्टियों से उस समय भी उनका सानी नहीं था। वाग्मिता अपनी जगह, जिसका अनुभव दिल्लीवाले पहले ही कर चुके थे।

एक तरफ़ मन्त्री के पूरे समर्थन से लैस नामवर सिंह और दूसरी तरफ़ उनकी आमद रोकने में सन्नद्ध हर तरह के संयोजन। शहर के नामी-गिरामी साहित्यकार भी आपसी मतभेदों को भूलकर इस 'आमद रोको' अभियान में एकजुट हो गए। कुछ उम्मीदवारों को अपने भविष्य की चिन्ता थी और सत्ताशालियों को अपनी छवि मन्द होने की आशंका। महत्त्व इस बात का नहीं था कि साम, दाम, दंड, भेद के अलावा जातिवाद जैसे घटिया अस्त्र तक का इस्तेमाल करके उपकुलपति डॉ. सरूप सिंह की नज़रों में उन्हें 'खलनायक' बनाकर खड़ा कर दिया गया। आख़िर कुछ लोगों ने इसे अपने अस्तित्व के ख़तरे के रूप में देखा था। पर ज़्यादा महत्त्वपूर्ण बात यह थी कि दिल्ली विश्वविद्यालय का ऐसा उपकुलपति, जिसका कद उस समय अपने विषय और शैक्षिक दुनिया में बहुत ऊँचा नहीं समझा जाता था, तत्कालीन शिक्षामन्त्री और तमाम दूसरे दबावों की अनदेखी कर सकता था—इस दावे के साथ कि 'दिल्ली विश्वविद्यालय में कोई 'गेट क्रैश' करके नहीं आ सकता।' इतना ही नहीं, उन्होंने तत्कालीन अध्यक्ष डॉ. विजेन्द्र स्नातक और विशेषज्ञ रूप में पधारीं महादेवी वर्मा की भी मर्ज़ी और सिफ़ारिश के खिलाफ़ डॉ. उदयभानु सिंह की नियुक्ति कर दी।

यह बात अलग है कि इस घटना के कुछ ही महीने बाद जवाहरलाल नेहरू विश्वविद्यालय के भारतीय भाषा केन्द्र में, नामवर सिंह को, कुलपति विख्यात

अर्थशास्त्री प्रो. नाग चौधरी ने आमन्त्रित करके प्रोफ़ेसर और अध्यक्ष पद पर नियुक्त कर दिया--बिना किसी सिफ़ारिश के।

यह घटना तत्कालीन परिदृश्य में राजनीतिज्ञों की औक़ात, शिक्षा संस्थानों की स्वायत्तता और शिक्षाविदों के नैतिक स्तर और आत्मबल के अनेक पक्षों को उजागर करती है। यही स्थिति कमोबेश जीवन के दूसरे क्षेत्रों में भी थी। एक सीमा के आगे राजनीति की भूमिका जीवन की दूसरी गतिविधियों में निर्णायक नहीं होती थी। राजनीतिक घटनाएँ भी जीवन को ऐसे अस्तव्यस्त नहीं करती थीं कि औसत नागरिक के जीवन की गाड़ी ही पटरी से उतर जाए।

पत्रकारिता में भी सम्पादकों ने जतन से अपनी स्वतन्त्रता बनाए रखी थी। यह परम्परा अज्ञेय जैसे दिग्गजों ने ही क़ायम नहीं की, उनके बाद जब 'दिनमान' के सम्पादन का दायित्व रघुवीर सहाय के हाथ आया, तो लम्बे समय तक उन्होंने इसी परम्परा को निभाया। यह बात अलग है कि जब राजनीति की दख़ल से उन्हें उस दायित्व से मुक्त कर दिया गया तो वे, वे न रहे। हिन्दी के प्रति स्वाधीनता के साथ ही, राष्ट्रीय भावना से प्रेरित जो एक अस्थायी उत्साह और अतिरिक्त लगाव पैदा हो गया था, आनेवाले वर्षों में दक्षिण के हिन्दी विरोधी आन्दोलनों ने, और अंग्रेज़ी को बनाए रखने के बारे में शासन की ढील ने उसे ठंडा कर दिया। हिन्दी लम्बे समय तक नौकरी पाने का सुगम रास्ता तो बनी ही नहीं रही, उसकी हैसियत में भी धीरे-धीरे गिरावट आने लगी। समाज में 'हिन्दीवाला' पद अनायास एक बिम्ब का व्यंजक हो गया। एक ऐसा व्यक्ति, जो विचारों में प्रतिक्रियावादी और पिछड़ा हुआ, जानकारी में लगभग मूढ़, प्रायः हीन भावना से ग्रस्त और दब्बू, जिसे पढ़े-लिखे समाज में अलग पहचाना जा सकता था। इसकी वजह यह थी कि आनेवाले समय की चुनौतियों से लगभग बेख़बर यह आत्मग्रस्त और आत्ममुग्ध वर्ग तरक्की का रास्ता ज्ञान के राजमार्ग से नहीं, राजनीति के गलियारों से खोजने लगा था। यह प्रवृत्ति सबसे ज़्यादा शैक्षिक संस्थानों में बढ़ने लगी। रचनाकारों में भी गिनती के अपवादों को छोड़कर राजनेताओं की शरणागति का रास्ता उन्होंने पकड़ा या तो जिनकी कलम में दम नहीं था या जिनकी महत्त्वाकांक्षाएँ आसमान छू रही थीं।

शहर की ज़िन्दगी में आपातकाल से पहले कोई अफ़रातफ़री, भागदौड़ या विशेष बेकली नहीं पैदा हुई थी। तब भी नहीं जब सीमाओं पर पाकिस्तान के साथ छेड़-छाड़ की घटनाएँ बराबर होती रहती थीं और तब भी नहीं जब भारतीय फ़ौजों ने बांग्ला देश के स्वाधीनता संग्राम में हस्तक्षेप करके निर्णायक भूमिका निभाई थी। उल्लास, गौरव और आशंका की मिली-जुली मनःस्थिति से छोटे-बड़े समूहों

में इस पर कुछ हफ़्तों तक चर्चा होती थी और फिर सब कुछ जैसे का तैसा अपनी गति से चलने लगता था। इतना ज़रूर हुआ कि इस एक निर्णय से प्रधानमन्त्री इन्दिरा गांधी का क़द बहुत ऊँचा हो गया। तत्कालीन प्रधानमन्त्री के प्रति अटूट विश्वास का अन्दाज़ा उस एक घटना से लगाया जा सकता है जिसका जन-स्मृति से अब पूरी तरह लोप हो चुका है। एक दिन अचानक पूरे देश में, विशेषकर दिल्ली में ख़बर फैली कि 'नागरवाला' नाम के किसी व्यक्ति ने एक स्थानीय बैंक के किसी एकाउंट से प्रधानमन्त्री का हवाला देकर 40 लाख रुपए निकालने की पेशकश की। उस समय यह रक़म इतनी बड़ी मानी जाती थी कि बैंक के अधिकारियों को पूछताछ करना ज़रूरी लगा। प्रधानमन्त्री के स्रोतों से इस माँग की पुष्टि नहीं हुई, लिहाज़ा नागरवाला को हिरासत में ले लिया गया और पैसा सरकारी मालखाने में जमा कर दिया गया। पूरा शहर अटकलों से बजबजा रहा था। अधिकांश लोगों का कहना था कि इस मामले में इन्दिरा गांधी शक के दायरे से बाहर नहीं हैं। पर पूछताछ के किसी नतीजे पर पहुँचने से पहले ही किसी ने नागरवाला को गोली मार दी और पूरे कांड पर रहस्य का पर्दा पड़ गया। इस 'कांड' को लेकर दो महत्त्वपूर्ण अफ़वाहें फैलीं। एक तो यह कि यह पैसा प्रधानमन्त्री ने बांग्ला देश की लड़ाई में सेनाओं पर होनेवाले ख़र्च के लिए निकलवाया था। ज़ाहिर है, तत्कालीन राजनीति के तकाज़े से इस उद्‌देश्य को उजागर नहीं किया जा सकता था। दूसरी अफ़वाह यह थी कि इस मामले पर स्थायी रूप से पर्दा डालने के लिए नागरवाला को उन्हीं के इशारे पर गोली मारी गई। पूरी घटना की यह व्याख्या, सार्वजनिक मन में इन्दिरा गांधी की विश्वसनीयता और क्रूरता की मिली-जुली छवि को उजागर करती है। कहना न होगा आज तक जैसे कोई यह नहीं जानता कि वास्तविकता क्या थी, वैसे ही कोई यह नहीं मानता कि प्रधानमन्त्री ने यह रक़म निजी लाभ के लिए निकाली थी। बांग्ला देश के मुक्ति संग्राम के प्रसंग में इन्दिरा गांधी की राजनीतिक समझ और साहस ने उनके प्रति प्रश्नातीत निष्ठा का माहौल पैदा कर दिया था। देश राजनीतिक दृष्टि से ऐसा आश्वस्त हुआ कि 17 दिसम्बर, 1971 को युद्ध विराम के बाद सात महीने के भीतर ही दोनों देशों के प्रधानमन्त्रियों–इन्दिरा गांधी और जुल्फिकार अली भट्टो के बीच जब 2 जुलाई, 1972 को शिमला समझौता हुआ, तो उस पर भी एक महीने के भीतर ही संसद ने रज़ामन्दी की मोहर लगा दी। इससे पहले 19 मार्च को बांग्ला देश के साथ मित्रता, सहयोग और शान्ति बनाए रखने के लिए एक समझौता हो चुका था। इसलिए पाकिस्तान के साथ शिमला समझौते को भारत के राजनीतिक इतिहास में मील का पत्थर मान लिया गया।

शहर का विस्तार हो रहा था—अपनी चाल से। राजपथ के दोनों तरफ़ कई मन्त्रालयों के लिए इमारतें बन चुकी थीं। गोकि इनके वास्तु-शिल्प का नार्थ-साउथ ब्लाक से कोई मुक़ाबला नहीं था। शहर की बढ़ती आबादी को ध्यान में रखते हुए डी.डी.ए. ने शहर के अलग-अलग हिस्सों में एल.आई.जी., एम.आई.जी., और एच.आई.जी. (निम्न, मध्य और ऊँची आय वर्ग) श्रेणियों के फ़्लैट बनाकर पहली बार मध्यवर्गीय परिवारों के सिरों पर छत मुहैया कराई। तमाम ख़ामियों, भ्रष्टाचार और ऊँच-नीच के बावजूद दिल्ली के जन-जीवन में इस विभाग के योगदान की अनदेखी नहीं की जा सकती।

मुझे आज भी याद है, पछतावे के साथ, कि अपने एक मित्र के सुझाव पर मैंने कृष्णा सोबती से बात की कि हम लोग निर्माणाधीन बसन्तकुंज के इलाक़े का फेरा लगाएँ। मैं और कृष्णाजी उस समय एक फर्लांग की दूरीवाले पड़ोसी थे—माल रोड पर। कृष्णाजी कभी-कभार लौटते हुए अपना स्कूटर मेरे घर की तरफ़ घुमा देती थीं। कुछ देर गपशप होती और फिर मैं और वे पैदल निकलते—उन्हें घर तक छोड़ने के लिए। बहुत-सी बातों की साझेदारी (जिसे राज़दारी शायद नहीं कहा जा सकता) होती, जिसमें एक सवाल दक्षिण दिल्ली की तरफ़ अपनी औक़ात के हिसाब से एक अदद फ़्लैट की तलाश भी थी। तो हम दोनों टैक्सी पर सवार होकर बसन्तकुंज पहुँचे। तब तक आबंटन तो हुआ नहीं था, चारों तरफ़ कंक्रीट की डिब्बेनुमा अनगनित आकृतियाँ खड़ी थीं। वहीं किसी से पता किया तो मालूम हुआ कि पूरी योजना सोलह हज़ार फ़्लैट बनाने की है। सुनते ही हम लोग उलटे पाँव भाग खड़े हुए। वह इलाक़ा, जो अब लगभग दिल्ली के केन्द्र में आ गया है, उस वक़्त दूसरा शहर लगता था। लौटते वक़्त हम लोग इतने फ़्लैटों में बिजली-पानी, यातायात सबकी सम्भावित कठिनाइयों की चर्चा कुछ 'तौबा मेरी तौबा' वाले अन्दाज़ में करते रहे और नतीज़ा जो होना था सो हुआ। कृष्णा जी का आख़िरी पड़ाव मयूर विहार हुआ और मैं अन्ततः डी.एल.एफ. पहुँच गई। इसी प्रसंग में एक घटना और नहीं भूलती। माल रोड वाले काल में शाम की बैठकियों में मैं अक्सर मित्रों के बीच एक प्रस्ताव रखती थी कि सब लोग मिलकर एक बड़ा प्लाट ले लें, जिसमें सब एक-दूसरे की पहुँच के भीतर अलग-अलग कॉटेज बनवा लें : ताकि बुढ़ापा एक-दूसरे की संगत में बोलते-बतियाते और एक-एक कर विदा होते बीते। प्रस्ताव पसन्द तो सबको था पर इस दिशा में प्रयत्न करने के नाम पर सब एक से एक काहिल। काहिली के साथ असुरक्षा और अधीरता अपनी जगह। तो किन्हीं मित्रों/हितैषियों के परामर्श पर मन्नू और नामवर जी ने डी.डी.ए. में अर्ज़ियाँ लगा दीं और क्रमशः हौज़खास और अलकनन्दा पहुँच गए।

भारत जी तो बेचारे असमय दुनिया ही छोड़ गए। अन्ततः मैंने और अजित कुमार ने विश्वविद्यालय के अध्यापकों की कॉलोनी का रास्ता लिया। अजित जी तो आज भी वहाँ जमे हैं—लाचारी में। पर मेरे लिए वहाँ रहना अनेक कारणों से दूभर हो गया तो अन्ततः मेरी नियति मुझे डी.एल.एफ. खींच लाई। पर यह सब बहुत बाद में घटित हुआ। उस समय सब सहज सामान्य रूप से चल रहा था। भौगोलिक दूरियाँ भी अखरती नहीं थीं। न ट्रैफ़िक की घमाघस, न पेट्रोल की महँगाई, न आतिथ्य में कोताही। इसलिए मित्रों की यह स्थायी टोली नियमित रूप से कहीं-न-कहीं बैठकी का जुगाड़ कर ही लेती थी, जिसमें कुछ संचारी तत्त्व भी शामिल होकर विषयों और सामाजिकता का विस्तार करने में मदद देते रहते थे। अनेक रचनाकार मित्रों से परिचय और मित्रता का निमित्त यही टोली बनी। वर्षों तक नए साल की शुरुआत हम लोग एक साथ 31 दिसम्बर की रात को मिलकर करते रहे। तब तक, जब तक शहर में बाहर से कुछ दूसरी तर्ज़ के लोगों का प्रवेश नहीं हुआ। इन तबागन्तुकों को, विसंवादी सुर की तरह अपनी राग-माला में नियमित रूप से शामिल करने में कठिनाई थी तो उन्होंने बाहर से टोलीभंजक नीति अपनाई। 'मनुआ रे कच्चे' एकाध सदस्यों के सामने उन्होंने रस-रंजन का आमन्त्रण एडवांस में रखा तो आमन्त्रितों के मन में लोभ पैदा हुआ कि एकाध-बार उधर भी हाथ मार लेने में हर्ज़ ही क्या है। पर क्रम एक बार भंग हुआ सो हुआ। यह अलग बात है कि कुछ ही दिनों में वे न इधर के रहे न उधर के क्योंकि उधरवालों की उनमें किसी क़िस्म की गम्भीर दिलचस्पी नहीं थी।

तो जीवन ऐसे ही चल रहा था—खरामा-खरामा। शहर बेमालूम गति से बेतरतीब ढंग से पसरता जा रहा था। हज़ारों की संख्या में चारों तरफ़ से लोग रोटी-रोज़ी की तलाश में शहर की सीमाओं के भीतर दाख़िल हो चुके थे। पहली खेप भारत-पाक विभाजन के बाद आई। तब वे 'शरणार्थी' कहलाए। धीरे-धीरे वे दिल्लीवालों के तमाम गली-मोहल्लों, बाज़ार-हाट पर काबिज़ होते चले गए और अब उन्हें इस शब्द के प्रयोग पर एतराज़ होने लगा है, जो शायद सही भी है। अगर गणना करके देखा जाए तो दिल्ली की राजनीतिक बागडोर आज उन्हीं के हाथ में है। ठेठ दिल्लीवालों की संख्या इनके बीच नगण्य ही नहीं, अप्रभावी भी है। अब बहुत ज़रूरत पड़ने पर आप उनके लिए 'विस्थापित' का इस्तेमाल कर सकते हैं।

दूसरी खेप 'बांग्ला देश' की सीमा से मुक्ति-संग्राम के बाद बड़ी संख्या में ग़रीब, बेरोज़गार लोगों की आई। ये लोग आजीविका की तलाश में आए—टुकड़ियों में। उधर बंगाल (पश्चिमी), आसाम, अरुणाचल आदि पूर्वी इलाक़ों में फैल गए और पश्चिम की तरफ़ बढ़ते हुए नामालूम तरीक़े से दिल्ली तक पहुँच

गए। आज पुराने शहर दिल्ली के तमाम गली-मोहल्लों में इन्हें सहज रूप से बसे हुए देखा जा सकता है।

विस्थापितों की तीसरी खेप कश्मीर में आतंकवादियों के हमलों और पाकिस्तान की मिलीभगत से खदेड़े हुए कश्मीरी बाशिन्दों की थी। इनमें से ज़्यादातर पंडित थे। यह बहुत बाद की बात है। आठवें दशक की दिल्ली में हलचल तो उस दिन पैदा हुई जब 12 जून, 1975 को इलाहाबाद हाईकोर्ट के न्यायमूर्ति जगमोहन लाल सिन्हा ने 1971 में राजनारायण द्वारा दाखिल की गई याचिका पर फैसला सुनाकर इन्दिरा गांधी के चुनाव को रद्द करते हुए अपने फैसले की कार्यान्विति के लिए बीस दिन का समय दे दिया। इन्दिरा गांधी ने सुप्रीम कोर्ट में फैसले के खिलाफ़ अपील करते हुए माँग की कि उनकी अपील का फैसला होने तक (20 जून) इस फैसले पर बिलाशर्त रोक लगा दी जाए। सुप्रीम कोर्ट के वैकेशन बेंच ने रोक लगाने की उनकी माँग स्वीकार करते हुए फैसला दिया कि इन्दिरा गांधी संसद की कार्यवाही में वोट के अधिकार का उपयोग किए बिना (जून 24 तक) हिस्सा ले सकती हैं। बाद में नवम्बर को सुप्रीम कोर्ट ने इलाहाबाद हाईकोर्ट के फैसले को नामंज़ूर करते हुए श्रीमती गांधी के चुनाव को वैध ठहराया। पर जयप्रकाश नारायण के नेतृत्व में विरोधी पार्टियों ने इलाहाबाद हाईकोर्ट के फैसले के बाद ही इन्दिरा गांधी के इस्तीफ़े की माँग को लेकर अभियान चालू कर दिया था। ख़तरा सिर पर मँडरा रहा था। उस स्थिति में श्रीमती गांधी ने अपने कार्यकाल का सबसे विवादास्पद निर्णय लिया। अफ़वाह यह थी कि उन्होंने तो इस्तीफ़ा देने का मन बना लिया था पर उस समय तक उनके छोटे बेटे संजय गांधी राजनीति में निर्णायक भूमिका निभाने लगे थे। उन्हीं के मजबूर करने पर इन्दिरा गांधी ने राष्ट्रपति फख़रुद्दीन अली अहमद से, आन्तरिक फ़सादों के हवाले से, देश में आपात् स्थिति लागू करने की सिफ़ारिश की। राष्ट्रपति ने प्रधानमन्त्री की सिफ़ारिश को स्वीकार करके आपात् स्थिति की घोषणा कर दी। इस घोषणा से पूरे देश के साथ राजधानी दिल्ली भी सनाके में थी।

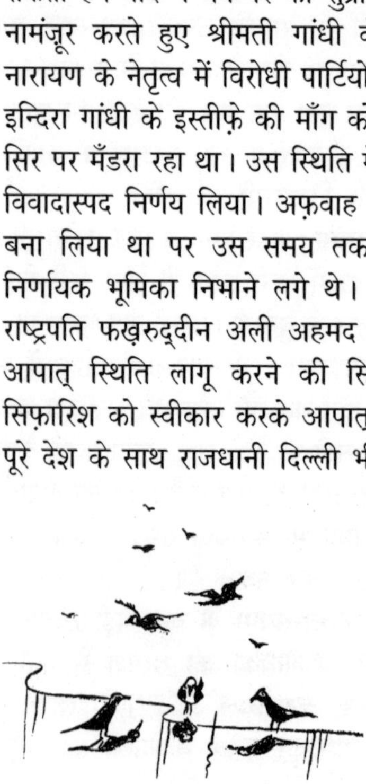

आपात्काल के 'अँधेरे में' दिल्ली

यह एक ऐसी परिघटना थी जिसका देश के राजनीतिक चरित्र और संरचना पर दूरव्यापी प्रभाव पड़ा। इतनी आपाधापी, इतना अनाचार और अवसरवाद, तात्कालिक सिद्धियों के प्रति ऐसी मोहान्धता, साध्य के लिए साधनों में इतनी अनैतिकता, झूठ-फ़रेब, चापलूसी, कुल मिलाकर ऐसा बवंडर मचा जिसने अच्छे-अच्छों की बोलती बन्द कर दी।

इलाहाबाद हाईकोर्ट के 12 जून, 1975 के फैसले के साथ ही दिल्ली के माहौल में अफ़रातफ़री मच गई। अगले ही दिन सी.पी.आई. के अलावा अन्य विरोधी दलों के नेता भी इन्दिरा गांधी के इस्तीफ़े की माँग करते हुए राष्ट्रपति भवन के सामने धरने पर बैठ गए। पूरे शहर में अफ़वाहों का बाज़ार गरम था। जीवन लगातार किसी अनहोनी की आशंका के साये में चल रहा था। जयप्रकाश नारायण श्रीमती गांधी के विरुद्ध आन्दोलन को अखिल भारतीय स्तर पर चलाने की घोषणा कर चुके थे। 26 जून को देश में स्वाधीनता के बाद पहली बार दो बड़ी घटनाएँ घटीं। भारतीय प्रेस पर वैधानिक सेंसरशिप लगा दी गई और बड़े पैमाने पर विरोधी पक्षों के नेताओं की गिरफ़्तारी हुई। इनमें जयप्रकाश नारायण के अलावा मोरारजी देसाई, अटलबिहारी वाजपेयी, एल.के. आडवाणी, चरण सिंह

और अशोक मेहता शामिल थे।

उसी दिन, राष्ट्र के नाम ब्रॉडकास्ट में इन्दिरा गांधी इस कार्यवाही की भूमिका बना चुकी थीं। उनका कहना था कि कुछ लोगों की हरकतों से विशाल बहुसंख्यक आबादी के अधिकारों के लिए ख़तरा पैदा हो गया है और देश की एकता बनाए रखने के लिए सख़्त क़दम उठाना ज़रूरी है। अगले ही दिन 27 जून को उनकी सिफ़ारिश पर 'देश में आन्तरिक फ़सादों और ख़तरे' का हवाला देते हुए, राष्ट्रपति ने इमरजेंसी की घोषणा कर दी। 1971 में जिस आपात् स्थिति की घोषणा हुई थी और वह इस समय भी लागू थी, उसका सन्दर्भ बाहरी आक्रमणों से देश की सुरक्षा था। इस बार यह प्रावधान आन्तरिक फ़सादों के हवाले से किया गया था।

घटनाएँ बड़ी तेज़ी से घट रही थीं। जनता तक पहुँचने वाली ख़बरों के सारे स्रोत सेंसर की गिरफ़्त में थे। ऐसे वातावरण में अफ़वाहों को बेहद्दी मैदान मिल जाता है। ख़बर की प्रामाणिकता तय करने का कोई ज़रिया नहीं था, इसलिए ख़बरियों की रचनाशीलता पूरे उरूज़ पर थी। झूठ और सच से ज़्यादा मिलावट और अतिरंजना का महत्त्व हो गया था। सब अपनी-अपनी जगह असुरक्षित महसूस कर रहे थे। शासन को जिनसे भय था, उन्हें पकड़कर जेलों में बन्द कर दिया गया था। कुछ समय तक तो यह पता चलाना भी मुश्किल हो गया था कि कौन कहाँ बन्द है।

केन्द्रीय सरकार ने 27 संगठनों और संस्थाओं पर प्रतिबन्ध लगा दिया, जिनमें राष्ट्रीय स्वयंसेवक संघ, जमात इस्लामिए हिन्द, आनन्द मार्ग और नक्सलवादी गुट शामिल थे। नेताओं की पकड़ा-धकड़ी का आलम यह था कि जयपुर की महारानी गायत्री देवी तक को, जो स्वतन्त्र पार्टी और लोकसभा की सदस्य थीं, फ़ेरा और स्मगलिंग का आरोप लगाकर गिरफ़्तार कर लिया गया।

विडम्बना यह थी कि 29 जून को फ़ेरा में संशोधन करते हुए राष्ट्रपति ने एक अध्यादेश जारी किया जिसके अनुसार गिरफ़्तारी का कारण बताना भी ग़ैर-ज़रूरी हो गया। 16 जुलाई को मीसा में और सख़्ती बरतने के लिए एक और अध्यादेश जारी किया गया जिसके लागू होने पर कोई गिरफ़्तार किया गया व्यक्ति, जिनमें विदेशी भी शामिल थे, किसी क़ानून के हवाले से इस गिरफ़्तारी से छूटने का दावा नहीं कर सकता था। कहना न होगा कि सत्ता का ऐसा आतंक फैलानेवाले स्वयं भीतर से कितने कमज़ोर और असुरक्षित होते हैं।

बहरहाल, इस स्थिति से एक विचित्र अन्तर्विरोधपूर्ण माहौल पूरे शहर में पसर गया। एक पक्ष यह था कि सब सरकारी दफ़्तर और शिक्षा संस्थाएँ समय से खुलने-बन्द होने लगे। लोग अपने-अपने कार्य-क्षेत्र में समय पर पाए जाने लगे।

लंच अवकाश में दफ़्तरों के बाहर से ताश खेलनेवाली टोलियाँ ग़ायब हो गईं। किसी टैक्सी-स्कूटरवाले की हिम्मत नहीं थी कि ख़राब मीटर की दुहाई देकर किराए में हेरा-फेरी करे। और तो और, डी.टी.सी. की बसों के लिए अनुशासित क्यू बनने लगे। जीवन में पहली बार ऐसा हुआ कि मैंने गाड़ी चलाने की जहमत से बचकर आराम से माल रोड से साउथ एक्सटेंशन तक की यात्रा नियमित रूप से बस में करने की सुविधा भोगी। पर यह उस दौर का एक ऊपरी सतही पक्ष था जिसके भुलावे में आचार्य विनोबा भावे ने इसे जल्दबाज़ी में 'अनुशासन पर्व' कह दिया था। ऐसा माननेवालों में सामान्य जनता का भी एक ऐसा वर्ग उनसे सहमत था, जो तटस्थ भाव से रोज़मर्रा के जीवन की अराजकता से मुक्ति को ही बड़ी उपलब्धि मान रहा था।

इसका दूसरा पक्ष भयावह था, जो अन्ततः आत्मघाती ही सिद्ध हुआ। अभिव्यक्ति की स्वतन्त्रता पर रोक लगाने का परिणाम यह हुआ कि पूरी सच्चाई से स्वयं सत्ता-पीठ भी वंचित हो गई। एक दूसरे क़िस्म की आतंकवादी अराजकता यत्र-तत्र सर्वत्र व्यापने लगी। जो लोग सत्ता-पीठ के प्रतिनिधि या उनके निकट होने का दावा करते थे, उन्होंने तमाम विरोधियों से अपने हिसाब चुकता कर लिए। मनगढ़न्त आरोप लगा-लगाकर बड़े पैमाने पर पकड़-धकड़ शुरू हुई। विरोधी विचारधाराओं की आवाज़ घोटने के लिए अजब तरीक़े और हथकंडे अपनाए जाने लगे। प्रधानमन्त्री के तथाकथित कार्यालय के नाम पर तमाम पत्रों के सम्पादकों को धमकाया गया। एक दिन अचानक ख़बर मिली कि इलाहाबाद में हिन्दी के प्रसिद्ध विद्वान् आलोचक प्रो. रघुवंश इस आरोप में गिरफ़्तार कर लिए गए कि वे चौराहे पर तोड़-फोड़ और दंगे में शामिल थे। किसी जन्मना विकलांग (वे दोनों हाथों का सहज प्रयोग नहीं कर सकते थे) व्यक्ति की गिरफ़्तारी इतने बेहूदे बेबुनियाद आरोप के आधार पर करने का उद्देश्य आतंक फैलाने के अलावा क्या हो सकता था? यह एक उदाहरण है। न जाने कितने लोग शिक्षा-संस्थाओं से ऐसे ही अनर्गल आरोपों के आधार पर पकड़-पकड़कर जेलों में भर दिए गए। आलम यह था कि जिन्हें शक के दायरे में आने की ज़रा भी आशंका थी, उन्होंने चारण-भाटों की तरह अपने बचाव के लिए फुटकर कविताओं से लेकर ऐसे लेख और ग्रन्थ तक लिख डाले जिनमें इन्दिरा गांधी और संजय गांधी की विरुदावली गाई गई थी। हमारे एक वरिष्ठ सहयोगी ने एक ग्रन्थ लिखकर संजय गांधी के व्यक्तित्व में उदीयमान सूर्य की सम्भावनाओं का कुछ ऐसा बखान किया कि शासन का तख़्ता उलटते ही उन्हें बाज़ार से बाक़ी प्रतियाँ इकट्ठा करके उनका होलिका दहन करना पड़ा।

यह एक ऐसी परिघटना थी जिसका देश के राजनीतिक चरित्र और संरचना पर दूरव्यापी प्रभाव पड़ा। इतनी आपाधापी, इतना अनाचार और अवसरवाद, तात्कालिक सिद्धियों के प्रति ऐसी मोहान्धता, साध्य के लिए साधनों में इतनी अनैतिकता, झूठ-फरेब, चापलूसी, कुल मिलाकर ऐसा बवंडर मचा जिसने अच्छे-अच्छों की बोलती बन्द कर दी। सबसे बड़ी विडम्बना यह थी कि जिनके नाम पर सब किया जा रहा था, वे ख़ुद इससे लगभग बेख़बर, न जाने किस भ्रम की दुनिया में जी रहे थे।

इस प्रसंग में एक घटना मेरी स्मृति से न कभी ओझल हुई, न उसके रंग फीके पड़े। विद्यार्थियों में विचारधाराओं के प्रति उस समय सही अर्थ में कर्तव्यनिष्ठा और सामाजिक बदलाव के लिए कुछ कर गुज़रने का माद्दा और साहस रहता था। यह बात अलग है कि उस समय भी कुछ मौक़ापरस्त तत्त्व, इधर-उधर करते रहते थे। विभागीय राजनीति में विरोधी आवाज़ें उठानेवाली छोटी-छोटी टोलियाँ थीं। इन्हीं में से एक दिन अचानक थाने से एक तिकड़ी के सदस्यों में से एक विद्यार्थी का फ़ोन आया। बेहद घबराई और रुआँसी आवाज़ में उसने सूचना दी कि गई रात उसको गिरफ़्तार कर लिया गया और हवालात में बन्द करने से पहले उसे सिर्फ़ एक फ़ोन करने की अनुमति दी गई है। उस तिकड़ी में से विचारधारात्मक निष्ठा सबसे अधिक उसी ग़रीब पहाड़ी लड़के में थी। सुनकर मैं सन्न, किंकर्तव्यविमूढ़। पहली प्रतिक्रिया उसके बाक़ी दो साथियों को ख़बर करने की हुई। एक हाथ नहीं आए, दूसरे हाथ आए तो मौखिक संवेदना और आधा-अधूरा आश्वासन देकर जो उन्होंने कहा, उससे यह सहज अनुमान लगाया जा सकता था कि वे कुछ नहीं करनेवाले। मैंने अपने मित्र डी.आई.जी. पुलिस मार्कंडेय सिंह को (जो बाद में दिल्ली के लेफ़्टिनेंट गवर्नर हुए) फ़ोन किया तो उन्होंने अपनी आदत के अनुसार पूरी साफ़गोई से मित्र धर्म का निर्वाह करते हुए सलाह दी कि इस मामले में मैं सामने न आऊँ वरना मानवीय संवेदना की भारी क़ीमत चुकानी पड़ सकती है। साथ ही उन्होंने एक वकील की जानकारी दे दी जो उन दिनों ऐसे ही मामलों की पैरवी कर रहे थे, और उनके परिचित थे।

क़िस्सा कोताह यह कि वकील की सलाह के अनुसार अगले दिन पेशी के लिए जब उस विद्यार्थी को अदालत में लाया जाना था, मैंने उसके लिए घर से बनाकर खाना भिजवा दिया। स्थिति बहुत साफ़ थी। रिहाई और ज़मानत नामुमकिन। ख़तरा यह कि जमानत की पेशकश करनेवाला भी धर लिया जाए। इस तथाकथित मुज़रिम को जिस दूसरे व्यक्ति के साथ हथकड़ी में नाथ कर

लाया गया था, वह हत्या के मामले में पकड़ा गया पेशेवर मुज़रिम था। पूरे प्रसंग में मानवीय तत्त्व केवल उस सिपाही में दिखाई पड़ा जिसने उसे भरपेट खाना खिलाने की इजाज़त सिर्फ़ यह सुनकर दे दी कि तथाकथित मुज़रिम, खाना लेकर आए निहायत शरीफ़ दिखाई पड़नेवाले इनसान की पत्नी का विद्यार्थी और एम.ए. का छात्र है। इससे ज़्यादा कुछ नहीं किया जा सका। यहाँ तक कि बचा हुआ खाना, पैसा या कोई और सामान उसे देने का सवाल ही नहीं उठा। जो जितनी ख़बर वकील साहब के माध्यम से मिलती थी, उससे बस इतना पता लगता रहा कि वह ज़िन्दा है, पर छूटेगा तभी जब बाक़ी लोग छूटेंगे। कई महीनों के बाद उसकी मुक्ति तो हो गई, पर उस पर असर यह हुआ कि हमेशा के लिए राजनीति या विचारधारात्मक सोच से उसने बिना कुछ कहे-सुने तौबा बोली। बाद में पूरी संजीदगी से नौकरी पकड़ी, घर बसाया और अब एक स्थानीय कॉलेज में रीडर के पद पर औसत मध्यवर्गीय नागरिक की तरह जीवन बिता रहा है। बाक़ी दो साथियों ने इस अनुभव से अवसरवादी राजनीति में दीक्षा ले ली। उन्होंने उस समय तो कोई ख़तरा मोल लिया ही नहीं, बाद में भी जो पढ़ा-लिखा था, उसे अर्थोपार्जन का कारगर माध्यम बनाया। विद्या उनके लिए यश से अधिक अर्थकारी हुई। आज दोनों अच्छे पदों पर सुखी-सम्पन्न हैं। देश की राजनीति की तरह सत्य-असत्य, नैतिक-अनैतिक, उचित-अनुचित के बीच की दूरी पाटकर आत्म लाभ में दत्त-चित्त, सफल-सार्थक जीवन जीने के सारे गुरों से लैस। यह स्थिति एक-दो की नहीं, बड़े-बड़े तीसमारखाओं की हो गई। अच्छे-अच्छों का यह हाल था कि मुक्तिबोध की ये पंक्तियाँ और अधिक अर्थवान मालूम होने लगीं :

'सब चुप, साहित्यिक चुप और कविजन निर्वाक्
चिन्तक, शिल्पकार, नर्तक चुप हैं,
उनके ख़याल से यह सब गप है।

बौद्धिक वर्ग है क्रीतदास
किराये के विचारों का उद्भास।
बड़े-बड़े चेहरों पर स्याहियाँ पुत गईं।'

जो चुप हो गए, वे, हो सकता है, आत्मग्लानि से विगलित रहे हों, पर जो बोले और प्रेरित या प्रायोजित बोले, उन्हें बाद में पश्चात्ताप सभाएँ करनी पड़ीं। आपात्काल समाप्त होने पर, इन्दिरा गांधी की पराजय और जनता पार्टी के सत्तारूढ़ होने के बाद रफी मार्ग पर स्थित कांस्टिट्यूशन क्लब में लेखकों और

पत्रकारों की एक 'पश्चात्ताप सभा' का आयोजन किया गया, जिसमें शामिल होनेवालों में जानकारों के अनुसार डॉ. लक्ष्मीनारायण लाल, मनोहरश्याम जोशी, कन्हैयालाल नन्दन, डॉ. महीप सिंह, राजेन्द्र अवस्थी, रमेश गौड़ के अलावा भी बहुत लोग थे। इन लोगों ने अपने को धिक्कारने के अलावा, भविष्य के लिए भी संकल्प किया कि वे भविष्य में लोकतान्त्रिक शक्तियों का साथ देंगे और अपनी भूमिका को कलंकित न होने देंगे। इनमें से कुछ ऐसे भी थे जो आपातकाल से पहले जयप्रकाश नारायण के सम्पूर्ण क्रान्ति के विचार का समर्थन कर चुके थे। पर ऐसे लोगों की गिनती भी कम नहीं थी जो मित्रों-परिचितों के लाख कहने पर भी आपातकाल का समर्थन करने के लिए इन्दिरा गांधी के यहाँ नहीं गए। उन दिनों लेखकों/पत्रकारों को इस काम के लिए घेरकर ले जाने का दायित्व श्रीकान्त वर्मा ने ओढ़ रखा था। मुझे अच्छी तरह याद है कि उनके दबाव के बावजूद राजेन्द्र यादव और अजित कुमार दोनों ने जाने से इनकार कर दिया था। इनके अलावा भी कई ऐसे उदाहरण थे जो आत्मरक्षात्मक चुप्पी भले ही साधे हों पर न उन्होंने घुटने टेके न सत्ता की पक्षधरता की। महादेवी वर्मा तो सुमित्रानन्दन पन्त पर इस प्रसंग में बेतरह नाराज़ थीं कि वे लेखकों के एक प्रतिनिधि-मंडल में इन्दिरा गांधी के पास आपात् स्थिति का समर्थन करने के लिए पहुँच गए थे। वे बराबर सार्वजनिक रूप से अपनी नाराज़गी व्यक्त करती रहीं और पन्त जी को इस बात के लिए धिक्कारती रहीं।

यह बात किसी से छिपी नहीं थी कि राजनीतिक सत्ता के संचालन की बागडोर इन्दिरा गांधी के हाथों से निकलकर उनके छोटे बेटे संजय गांधी के हाथ में चली गई थी। श्रीमती गांधी तक पहुँचने के सारे रास्ते उन्हीं से होकर जाते थे। अफ़वाह यह थी कि त्यागपत्र देने के निर्णय के सही मौके पर उन्हें विमुख करने में जो भूमिका इस बेटे ने निभाई थी, उसके लिए वे मन-ही-मन उसके प्रति कृतज्ञ थीं। कितना परिस्थिति का अनुरोध था और कितना पुत्र-मोह, कहा नहीं जा सकता। पर इतना तय था कि देश की राजधानी में जो घटित हो रहा था, वह इन्दिरा गांधी की प्रकृति से मेल नहीं खाता था। ख़ुद माँ-बेटे के बीच सत्ता-सन्तुलन को लेकर होनेवाली कहा-सुनी और टकराहट के भी तमाम क़िस्से शहर में मशहूर थे। इनमें सच-झूठ, अतिरंजना के अनुपात के बारे में प्रामाणिक जानकारी किसी को नहीं थी। बहरहाल, इतना तय था कि अभिव्यक्ति पर सेंसर और प्रतिबन्ध लगाने के कारण इन्दिरा गांधी ख़ुद भी सच्चाई से महरूम हो गई थीं। आश्चर्य नहीं कि कुछ हद तक संजय गांधी की स्थिति भी इससे बहुत बेहतर न रही हो; क्योंकि उनके चारों तरफ़ चापलूस अवसरवादियों की टोली ने ऐसा घेरा

डाल रखा था कि ख़बरें वही पहुँचती थीं, जो और जिस रूप में पहुँचाई जाती थीं। मुख्य बात थी इस भुलावे को हवा देना कि शहर में जो कुछ हो रहा है, वही सही भी है और सबके हित में भी है।

निरावेग ढंग से सोचा जाए तो दिल्ली शहर की मुख्य समस्या बढ़ती जनसंख्या है, जो देश की समस्या भी है। इसी समस्या ने इस शहर को एक विशाल स्लम में तब्दील कर दिया है। दिल्ली के नाम पर अब जो सामने है, उसमें से पुरानी दिल्ली को खोजना दूभर है। इस नज़र से पीछे मुड़कर देखें तो जनसंख्या पर काबू पाने और शहर के मुखड़े की साज-सँवार करने के संकल्प के पीछे नीयत में खोट ढूँढ़ना मुश्किल होगा। खोट था तो उस अन्धाधुन्धी में जिससे इन संकल्पों को कार्यान्वित करनेवाली योजनाएँ लागू की गईं। सरकारी दफ़्तरों से लेकर शैक्षिक संस्थाओं और झुग्गी-झोंपड़ियों तक में जिस तरह परिवार नियोजन के हवाले से नसबन्दी कार्यक्रम लागू किए गए, उसमें इनसानों से ज़्यादा आँकड़ों का महत्त्व हो गया। पात्र-अपात्र, उचित-अनुचित की चिन्ता किए बगैर पकड़-पकड़कर नाबालिग बच्चों से लेकर बूढ़ों तक की नसबन्दी कर दी गई। लक्ष्य था आँकड़े। आका के दरबार में अपनी वफ़ादारी और कौशल का प्रमाण पेश करना और बदले में अनुग्रह पाना। देखते-देखते पटरियों की बग़ल में साइकिलें मरम्मत करनेवाले हैसियतदार हो गए। ये नुमाइन्दे जनता पर क्या कहर ढा रहे हैं, इसकी इनके आकाओं को ठीक-ठीक ख़बर ही नहीं हो पाई।

शहर के भीड़-भाड़ गन्दगी-भरे इलाक़ों की साफ़-सफ़ाई करके दिल्ली को एक बार फिर शाहजहाँनाबाद का ऐतिहासिक दर्जा दिलाना संजय गांधी का दूसरा सपना था। इस योजना में राज्यपाल जगमोहन का पूरा सहयोग और समर्थन उसके साथ था। दरअसल यह जगमोहन का अपना सपना भी था। सबसे पहले इसकी कार्यान्विति के लिए जामा मस्जिद और तुर्कमान गेट के इलाक़े चुने गए। आनन-फानन में जामा मस्जिद का कबाड़ी बाज़ार साफ़ हो गया, और तुर्कमान गेट की बन्द डिब्बों जैसी घनी खंडहरनुमा बस्ती और कच्ची-पक्की इमारतों पर बुलडोज़र चला दिए गए। ऐसे मौकों पर जो अक्सर होता है, वही हुआ होता अगर आपात् स्थिति लागू न होती। न विरोध-प्रदर्शन की कोई गुंजाइश थी, न क़ानूनी कार्रवाई की। इस अभियान का उजला पक्ष यह था कि ध्वंस के बाद निर्माण का ब्लू-प्रिंट पहले से तैयार कर लिया गया था। तुर्कमान गेट पर आज जो सफ़ेद रंग के करीने से बने फ़्लैट नज़र आते हैं, वे उसी उत्तरवर्ती कार्रवाई का नतीजा हैं। जामा मस्जिद की सीढ़ियों के चारों तरफ़ का इलाक़ा अगर निकलने और सीढ़ियाँ चढ़ने लायक बचा है और आसपास की दुकानें लाल किले की दिशा में तरतीब

से मीना बाज़ार की शक्ल में आबाद हैं, तो यह भी उसी सफ़ाई अभियान से सम्भव हुआ था। कबाड़ी बाज़ार इतवारी बाज़ार के रूप में अब हर हफ़्ते लाल किले के पीछे लगता है। इस बाज़ार का अपना भूगोल और दिलचस्प इतिहास है। यह दिल्ली का शायद अकेला चोर बाज़ार भी है, जो क़ानून की गिरफ़्त से हमेशा बाहर ही रहा है।

उन्हीं दिनों जामा मस्जिद के आसपास, ख़ासकर चावड़ी बाज़ार को केन्द्रित करके, एक प्रस्तावित ब्लू-प्रिंट अख़बारों में प्रकाशित हुआ था। बहुत भव्य, जिसका पुराने शाहजहाँनाबाद से तो बहुत लेना-देना नहीं था पर भीड़ छाँटकर एक साफ़-सुथरा व्यापारी इलाक़ा बनाने की मंशा उससे ज़रूर ज़ाहिर होती थी।

दिल्ली को भीड़ और ग़ैर-क़ानूनी कब्ज़ों से निजात दिलाने के लिए एक क़दम और उठाया गया। सारे शहर में बिखरे ऐसे लोगों को जबरन घेरकर यमुना पार उन इलाक़ों में पहुँचा दिया गया जो अब नन्दनगरी, त्रिलोकपुरी और उसके आसपास बसे हैं। योजना वहाँ एक कमरे के पक्के घर बनाकर इन परिवारों के सिर पर छतें मुहैया कराने की थी। इन लोगों में ज़्यादातर छोटा-मोटा खुदरा धन्धा करनेवाले लोग थे, जिनका जीवन चाय, पान-बीड़ी, और ऐसी दूसरी सामग्री की अस्थायी दुकानों और चलती-फिरती रेहड़ियों के सहारे चलता था। दिल्ली शहर के भीतर ये ज़्यादातर बाहर से आए घुसपैठिए थे जिनकी अपनी अलग दुनिया थी। झुग्गी-झोंपड़ियों की अपनी बस्तियाँ थीं जो धीमी प्रक्रिया में स्थायी-सी होती जा रही थीं। जो एक बार शहर में आ जाता था, वह ख़ुद लौटने के बजाय दस और के आने का ज़रिया बन जाता था। मानवीय दृष्टिकोण से यह अपने ढंग की एक बड़ी समस्या थी पर प्रशासन की दृष्टि से शहर के वित्तीय और दूसरे संसाधनों पर इससे भारी दबाव पैदा हो रहा था और व्यवस्था चरमरा रही थी। शहर के भीतर इनकी रिहाइशी व्यवस्था करना व्यावहारिक नहीं था। हल एक ही हो सकता था—शहर के सीमावर्ती इलाक़ों में इनकी व्यवस्था की जाए। इसके दो ही रास्ते थे—रज़ामन्दी या ज़ोर-ज़बरदस्ती। ज़ाहिर है, आपात् स्थिति ने दूसरे रास्ते के प्रयोग की सुविधा दे दी। वास्तविकता यह है कि उस समय जो बहुत बड़ा अमानवीय कुकृत्य मालूम हो रहा था, उसका मूल्यांकन इस तथ्य पर ध्यान देकर किया जाना चाहिए कि ये तथाकथित 'उखड़े हुए लोग', आरम्भिक असुविधाएँ दूर होने के बाद, किसी क़ीमत पर लौटने के लिए तैयार नहीं हुए। बहरहाल, इस योजना के आरम्भ होते ही शहर में हाहाकार मच गया। इसे ग़रीब जनता पर नादिरशाही हमले के रूप में देखा गया। गली-गली, चौराहे-चौराहे इसकी दबी ज़बान से आलोचना हुई।

स्थायी निवासियों ने अस्थायी घरेलू कामगरों से हाथ धोया। ख़रीद-फ़रोख़्त के क़रीबी ठिकाने उजड़ गए। रोज़मर्रा की ज़िन्दगी, जानेवालों के लिए पूरी तरह और स्थायी निवासियों के लिए अस्थायी रूप में मुहाल हो गई। पर धीरे-धीरे दिल्लीवालों को लगने लगा कि शायद कुल मिलाकर दैनन्दिन जीवन में इन योजनाओं के दूरगामी परिणाम बहुत गलत नहीं होंगे।

शहर में अवैध निर्माण और ज़मीनों पर कब्ज़ा बीते दिनों की बात हो गई थी। सरकारी दफ़्तरों में सुनवाई होने लगी थी। यातायात में व्यवस्था दिखाई पड़ने लगी। सामान्य जनजीवन भी अनुशासित और सुरक्षित हो चला था। लोग दबी ज़बान से पहले की स्थिति से तुलना करते हुए कहने लगे थे कि कुछ विशेष ढंग की ज़्यादतियों को अनदेखा कर दिया जाए तो कुल मिलाकर रोज़मर्रा की ज़िन्दगी में अनुशासन और सुरक्षा ही बढ़ी है।

देश में राजनीतिक दृष्टि से बहुत हलचल थी, जिसकी धमक सबसे ज़्यादा दिल्ली में महसूस होती थी। जयप्रकाश नारायण के 'सम्पूर्ण क्रान्ति' का नारा देने के बाद से स्थितियाँ वैसी ही नहीं रह गई थीं। स्वतन्त्रता के बाद इतना लम्बा समय बीत जाने पर भी इससे पहले राजनीति में कांग्रेस के विकल्प की बात जैसे सोचने की ज़रूरत ही नहीं महसूस होती थी। चीन और पाकिस्तान से युद्धों के बाद भी बांग्ला देश के सन्दर्भ में सरकार ने जिस सूझ-बूझ और साहस से स्थिति पर काबू किया था, वह जनता का विश्वास अर्जित करने के लिए काफ़ी था। राजनीतिक सत्ता के निरंकुश रूप का साक्षात् जनता ने पहली बार आपात्काल में ही किया था।

विडम्बना यह थी कि जिन ज़्यादतियों से जनता त्रस्त थी, उन पर पर्दा डालकर राजनीतिक पिट्ठुओं ने इन्दिरा गांधी को सतही अमन व्यवस्था का बखान करके इतना आश्वस्त कर दिया कि उन्होंने अपने शासनकाल की दूसरी बड़ी प्रशासनिक भूल की। 18 जनवरी, 1977 को उन्होंने बड़े नाटकीय और आकस्मिक ढंग से ब्राडकास्ट करके सूचना दी कि उन्होंने राष्ट्रपति से लोकसभा भंग करके चुनाव घोषित करने की सिफ़ारिश कर दी है। राजनीति में कुछ बदलाव के आसार पहले से दिखाई देने लगे थे। 6 जनवरी को लोकसभा में जनसंघ के सांसद कँवरलाल गुप्ता को और 12 जनवरी को राज्यसभा सदस्य चन्द्रशेखर और लोकसभा सदस्य मोहन धारिया को रिहा कर दिया गया था। अपनी सम्भावित जीत के बारे में इन्दिरा गांधी कितनी आश्वस्त थीं, इसका प्रमाण 20 जनवरी को सामने आया जब केन्द्रीय सरकार ने आपात्कालीन प्रतिबन्धों से भारी राहत देते हुए स्वतन्त्र और निष्पक्ष चुनाव कराने के लिए वैध

राजनीतिक क्रियाकलाप के लिए छूट दे दी। सबसे बड़ी बात यह थी कि प्रेस भी सेंसरशिप से मुक्त हो गया।

इस पूरे घटनाचक्र का शहर की मानसिकता पर यह प्रभाव पड़ा कि पूरी आबादी राजनीतिक गतिविधियों को लेकर बेहद सजग-सचेत और चौकन्नी हो गई। सबके आँख-कान ख़बरों पर लगे रहने लगे। मित्र-मंडली में चर्चा का विषय या राजनीति हो गई थी या फिर आपात्काल के दौरान रचनाकारों की भूमिका और व्यवहार। कुल मिलाकर वातावरण में तनावपूर्ण सहजता व्याप गई थी। सारे अनुशासन और व्यवस्था के बावजूद ज़्यादतियों और राजनीति में अवांछित गुंडा तत्त्व के प्रवेश के कारण भीतरी आक्रोश पनप रहा था। इसी कारण जनता पार्टी के नाम पर विरोधियों के बीच गठबन्धन सम्भव हुआ। विरोधी नेता क्रमशः जेल से रिहा हुए। चुनाव हुआ और उस दशक की सबसे सनसनीखेज़ घटना घटित हुई।

20 मार्च को जब इन्दिरा गांधी रायबरेली क्षेत्र से लोकदल के नेता राजनारायण से चुनाव हारीं तो इस ख़बर पर उनके समर्थकों और विरोधियों दोनों को विश्वास नहीं हुआ। शाम का समय था। मित्र-मंडली मेरे माल रोड स्थित घर में जमी थी। सब अपने-अपने सम्पर्कों से समाचार की पुष्टि कर रहे थे। किसी ने ख़बर दी कि कांग्रेस के प्रतिनिधि वोटों की दुबारा गिनती पर इसरार कर रहे हैं। तभी एक दूसरे स्रोत से ख़बर मिली कि राजनारायण बड़े इत्मीनान से बैठे चने फाँक रहे हैं और टिप्पणी करते जा रहे हैं कि चाहे जितनी बार वोटों की गिनती करा ली जाए, नतीजा बदलनेवाला नहीं है।

अपनी आदत से मजबूर हम निशाचरी वृत्ति के लोगों का कान से सुनी-सुनाई ख़बरों से सन्तोष नहीं हुआ। रात के साढ़े ग्यारह बजे गाड़ी उठाकर हमारी टोली नगर-भ्रमण के लिए निकल पड़ी। उस समय शहर में ट्रैफिक जाम कोई बड़ा मसला नहीं था। गाड़ियों की संख्या में बेतहाशा बढ़ोतरी नहीं हुई थी। गाड़ी बहादुरशाह ज़फर मार्ग पर पहुँच तो गई पर वहाँ टाइम्स और इंडियन एक्सप्रेस के दफ़्तरों के बाहर लोगों का सैलाब उमड़ रहा था। बड़े अक्षरों में चुनाव परिणाम चमचमा रहा था। राजनीतिक माहौल में जिस तरह की अश्लील और फूहड़ ढंग की प्रदर्शनप्रियता का सिलसिला बाद में बढ़ता गया है, उसका नामोनिशान नहीं था। एक कारण शायद यह भी था कि उस सच्चाई को सामने पाकर भी जनता को जैसे आँखों पर भरोसा नहीं हो रहा था। भीड़ में प्रतिक्रिया मिली-जुली थी। विरोधी आश्चर्यमिश्रित उल्लास से उत्साहित थे, पर वाचाल नहीं। और समर्थक हैरत-भरे अवसाद से अवसन्न थे। दबी ज़बान से वोट-गणना के दूसरे दौर का

हवाला देते हुए, नाउम्मीदी में भी झूठा दिलासा लेते-देते हुए। आम आदमी आपातूकालीन अनुशासन से प्रसन्न पर राजनीतिक अराजकता से हैरान-परेशान, असमंजस की स्थिति में था। चुनाव-प्रक्रिया आरम्भ होने से पहले आपातूस्थिति में जो ढील और रियायतें दे दी गई थीं, उनसे भीतरी आक्रोश और आतंक बहुत कम हो गया था और खामियों के बरक्स ख़ूबियाँ भी दिखाई पड़ने लगी थीं। पर एक बात पर सबमें सहमति थी। राजनीतिक और प्रशासनिक ढाँचे में जिन अवांछित तत्त्वों का प्रवेश और वर्चस्व हो गया था, शहर की जनता उससे मुक्त होने की सम्भावना से राहत महसूस कर रही थी। गोकि सच्चाई यह है कि उस दौर में राजनीति की दुनिया में जो अवांछनीयता प्रवेश कर गई, उसने व्यक्तियों से परे प्रवृत्ति के रूप में जो मॉडल बनाया, वह आज तक क़ायम है। गठजोड़ पहली बार कांग्रेस के खिलाफ़ चार पार्टियों के बीच हुआ, जनता दल के रूप में। कांग्रेस में विभाजन तो पहले ही हो चुका था। पर इसके बाद सभी पार्टियों में तरह-तरह के विनियोजन-संयोजन होने लगे, जिनमें विचारधारात्मक मतभेद नहीं, सत्ता के लिए दलबन्दी और छीना-झपटी प्रमुख थी।

बहरहाल, इस सबके बीच देश की जनता के लिए, सत्ता छोड़ने से पहले इन्दिरा गांधी ने एक यादगार भाषण दिया। मायूसी और पश्चात्ताप की छाया के बावजूद उनके चेहरे पर जो शालीनता, स्वर में जो दृढ़ता, और कथ्य में जो गरिमा थी, वह उसके बाद विरल हो गई। 24 मार्च को 81 वर्ष की आयु में मोरारजी देसाई ने प्रधानमन्त्री का पद सँभाला। कांग्रेस विरोधी लहर के नतीजे सामने आने लगे। जून में दिल्ली समेत सात राज्यों में जनता दल भारी बहुमत से विजयी हुआ। बाक़ी राज्यों में भी कांग्रेस की कोई हैसियत नहीं रही।

ध्यान देने की बात यह है कि नई सरकार ने विकास और प्रगति की दिशा में ठोस विधेयात्मक क़दम उठाने के बजाय कांग्रेस के किए को अनकिया करने पर ज़्यादा ध्यान दिया। सरकार ने पद्म-सम्मान देना बन्द कर दिया। विश्व मंच पर हिन्दी का झंडा गाड़ने के लिए विदेश मन्त्री अटलबिहारी वाजपेयी ने पहली बार (और शायद आख़िरी बार भी) संयुक्त राष्ट्र संघ की आम सभा को हिन्दी में सम्बोधित किया। देश भर में उनका जय-जयकार हुआ। सरकारी खज़ाने से इस भाषण के अनुवाद की प्रक्रिया में करोड़ों रुपए ख़र्च हुए। दिल्ली के हिन्दी साहित्य-सम्मेलन ने इस ऐतिहासिक क़दम उठाने के लिए नई दिल्ली के सप्रू-हाउस में उनका सार्वजनिक अभिनन्दन किया। गोपालप्रसाद व्यास ने वन्दना के अनेक स्वरों में स्वर मिलाने के लिए मुझे और अज्ञेय जी को आमन्त्रित किया। मैंने तो अतिरंजना बचाते हुए जैसे-तैसे मौके के अनुरूप एक रस्मिया भाषण देकर मुक्ति

पाई, पर अज्ञेय जी ने अवसर के अनुरूप, उनके इस क़दम की यथोचित तारीफ़ की। एक क्षण के लिए चुप हुए। और फिर बड़े ठंडे निरावेग स्वर में सार्वजनिक रूप से वाजपेयी जी का ध्यान इस बात की तरफ़ दिलाया कि उनके अपने मन्त्रालय में सारे बोर्ड तब भी अंग्रेज़ी में लगे थे। उनके इस कथन का प्रभाव मारक हुआ। सभा में सन्नाटा छा गया। यह घटना अज्ञेय जी की कद्दावरी को उजागर करने के साथ-साथ इस बात के लिए महत्त्वपूर्ण थी कि देश की राजधानी में विदेशमन्त्री की उपस्थिति में उन्हें 'चिराग तले अँधेरा' दिखाने की हिमाकत करने के लिए बुद्धिजीवी स्वतन्त्र था।

ऐसा नहीं था कि सबने इसी ढंग से साहस दिखाया हो। ख़ुद अज्ञेय जी आपात्काल के दौरान चुप्पी साधनेवालों में थे। और उनकी नियुक्ति नवभारत टाइम्स के आपात्काल-भक्त अक्षयकुमार जैन को हटाकर उनके स्थान पर हुई थी। आपात्काल के होने न होने से तमाम लोगों के मुखौटे बदले या फिर वे परिस्थिति का शिकार हुए। दिनमान के कवि-पत्रकार श्रीकान्त वर्मा गुमनामी में खो गए। रघुवीर सहाय ने जैसे-तैसे अपनी प्रतिष्ठा गँवाकर कुर्सी का बचाव किया। मनोहरश्याम जोशी तो तत्कालीन विदेशमन्त्री अटलबिहारी वाजपेयी की रचनाएँ (कुंडलियाँ, दोहे और कविताएँ) छापकर अपनी निष्ठा प्रमाणित करने में जुट गए। कुछ ऐसा ही धर्मयुग के बम्बैया सम्पादक धर्मवीर भारती ने भी किया—सत्ता के प्रति वफ़ादारी का धर्म निभाकर। कहना न होगा कि यह परिवर्तन पत्रों के मालिकों की नीति और निष्ठा के साथ पूरी संगति में था। सरकार को भी इससे विशेष असुविधा नहीं हुई।

ध्यान देने की बात यह है कि राजधानी होने के कारण दैनिकों और पत्रिकाओं की दृष्टि से दिल्ली का महत्त्व राष्ट्रीय स्तर का था। अधिकांश पत्रों का सम्बन्ध बड़े औद्योगिक घरानों से था। विख्यात सम्पादक राजेन्द्र माथुर नवभारत टाइम्स और दैनिक हिन्दुस्तान को 'रिफ़्लेकटर' कहा करते थे। मुख्यधारा की हिन्दी पत्रकारिता इन्हें अपना 'रोल मॉडल' मानती थी। गोकि अंग्रेज़ी पत्रकारिता के बारे में स्थिति ठीक ऐसी नहीं थी। बौद्धिक हलके में 'स्टेट्समैन' की विश्वसनीयता और साख अधिक थी गरचे उसका सरकुलेशन हिन्दुस्तान टाइम्स और टाइम्स ऑफ इंडिया से कम था। दरअसल 'हिन्दुस्तान टाइम्स' तो दिल्लीवालों का तब से अब तक चहेता अख़बार समझा जाता रहा है। यह बात अलग है कि स्टेट्समैन की जगह लम्बे समय से 'हिन्दू' ने ले ली है।

देश की स्थिति में सरकार बदलने के बाद तत्काल कोई बहुत ठोस परिवर्तन नहीं नज़र आया। जहाँ तक कांग्रेस का सवाल था, उसमें विभाजन ज़रूर हुआ,

पर प्रभावी धड़े की नेता एक बार फिर इन्दिरा गांधी चुन ली गईं। एक बात साफ़ होने में देर नहीं लगी कि बिना कहे आपातकालीन ज़्यादतियों के लिए जो पश्चात्ताप उनके व्यवहार में स्पष्ट था, उसे देखते हुए, देश की जनता ने उन्हें क्षमा करने में देर नहीं लगाई। 8 नवम्बर को चिकमंगलूर के संसदीय उप-चुनाव के माध्यम से राजनीतिक जीवन में उनकी फिर वापसी हुई। लौटते ही दबदबा अपनी जगह। प्रमाण—सरकार ने जल्दबाज़ी में उन्हें 19 दिसम्बर को लोकसभा से निष्कासित करके उनकी गिरफ़्तारी का आदेश दे दिया। पलक झपकते ही इन्दिरा गांधी फिर सुर्खियों में। सारा दिल्ली शहर इस बात की अटकल लगाने में व्यस्त कि उन्हें किस जेल में रखा जाएगा। ख़बर उड़ी कि उन्हें किंग्सवे कैम्प के रास्ते कहीं आगे ले जाया जाएगा। हम लोग उस समय विश्वविद्यालय के इलाक़े में माल रोड पर रहते थे—वर्तमान मेट्रो स्टेशन के ठीक सामने, लम्बी सड़क। उनके ले जाए जाने की ख़बरों के आधार पर अनुमानित समय के क़रीब, तमाम माल रोड वासी उनकी एक झलक देखने के लिए अपने घरों के बाहर सड़क पर नज़रें गड़ाए देर तक खड़े रहे। ज़ाहिर है, ले जानेवालों ने रास्ता बदला या एहतियात बरती कि आम जनता की नज़र उन पर न पड़े। बहुत दिनों तक उन्हें बन्द रखने की ताब सरकार में नहीं थी। सो एक सप्ताह के बाद 26 दिसम्बर को ही उन्हें रिहा कर दिया गया।

लगभग तीन महीने बाद, 17 मार्च, 1978 को दिल्ली में एक भयंकर तूफ़ान आया। अचानक शाम के समय आसमान में एक बगूला-सा उठा, बवंडर में बदला और बड़ी तेज़ रफ़्तार से एक दिशा से दूसरी दिशा में, रास्ते में पड़नेवाली हर चीज को तबाह करता हुआ गुज़र गया। यह 'टोरनेडो' दिल्लीवासियों के लिए तब तक का पहला और अब तक का अन्तिम भयावह अनुभव था। पूरा किंग्सवे कैम्प उसकी चपेट में आ गया। रेडियो कॉलोनी में खड़े दीर्घाकार ट्रांसमीटर, इस्पात की गुलझट में बदलकर धराशायी हो गए। झुग्गी-झोंपड़ियों का अता-पता नहीं रहा। कच्चे-पक्के मकानों की टीन की छतों ने उड़कर जिस-तिस को निशाना बनाया। अगले दिन के अख़बारों में एक मारुति गाड़ी की तस्वीर छपी, जो सड़क से उड़कर एक मकान की छत पर विराज रही थी। किसी को ठीक से समझ में नहीं आ रहा था कि आख़िर हुआ क्या था। इस दुर्घटना में 30 लोगों की मृत्यु हो गई और बड़ी संख्या में लोग घायल हो गए। तभी चारों तरफ़ शोर उठा कि कैम्प पर तूफ़ान पीड़ितों की सहायता और खोज-ख़बर लेने के लिए वहाँ इन्दिरा गांधी पहुँच गई हैं। सरकारी तन्त्र सक्रिय हो पाए, इससे पहले पहुँचकर उन्होंने एक बार फिर जनता की सहानुभूति जीत ली थी। उसके बाद कौन आया या गया, इस पर बहुत

ध्यान देने की ज़रूरत ही जैसे नहीं बची। भीड़ आफ़त के मारों से ज़्यादा इन्दिरा जी को देखने के लिए उमड़ी थी।

उसी वर्ष दिल्ली में यमुना ने अपनी हदें तोड़ीं। पानी 207 मीटर से भी ऊपर तक चढ़ गया। बाढ़ ने निकटवर्ती इलाक़ों को देखते-देखते लील लिया। जो रात को पलँग पर सोए, सुबह होने पर उनके पैरों के नीचे ज़मीन नहीं, नदी थी। पूरे मॉडल टाउन और किंग्सवे कैम्प के आसपास के इलाक़ों में पहले रिक्शे और फिर नौकाएँ चलने लगीं। घरों के तलघर तो तालाब बन ही गए थे, नीचे की मंज़िलें भी डूब गईं। कवि अजित कुमार उस समय मॉडल टाउन में पहली मंज़िल पर रहते थे। मित्रों को उनकी कुशलता की और खाने-पीने की चिन्ता सताई तो जैसे-तैसे नाव का सहारा लेकर थैलों में खाने-पीने का सामान भरकर हम उनके घर पहुँचे। नीचे से गुहार लगाई। अजित जी ने झाँककर सूचना दी कि हमसे पहले कुछ और हितैषी इस कर्तव्य को अंजाम दे चुके हैं। बहरहाल, उन्हें सपरिवार सकुशल पाकर राहत भी मिली और नौका विहार का लुत्फ़ भी। बाद में शहरवासियों का वही हुआ जो ऐसे मौकों पर हुआ करता है। तब तक जनता सरकार से लोगों का मोहभंग हो चुका था। अन्धविश्वास के मारों ने इन दोनों घटनाओं की व्याख्या इन्दिरा गांधी के साथ किए गए दुर्व्यवहार के परिणामस्वरूप होनेवाले दैवी प्रकोप के रूप में की।

इन्दिरा सरकार के पतन से 1980 तक उनकी वापसी के बीच का समय देश की राजनीति में लगातार अस्थिरता और उठापटक का दौर रहा। केन्द्र से लेकर राज्यों तक सरकारों के गिरने-उठने, राष्ट्रपति शासन के लागू होने-हटने, सरकारों के पुनः-पुनः गठन की घटनाओं के बीच, केन्द्र में 28 जुलाई, 1979 को देश की पहली गठबन्धन सरकार बनी। चरणसिंह उसके प्रधानमन्त्री और कांग्रेस के वाई.बी. चह्वाण ने उनके डिप्टी का पद-भार सँभाला, साथ में गृह-मन्त्रालय का दायित्व भी। पर इस नए प्रयोग से भी कोई स्थायी हल नहीं निकला। नतीजा जो होना था, वही हुआ।

बदली हुई सरकारें ठीक ठिकाने से तीन वर्ष भी पूरे नहीं कर पाईं। सातवें आम चुनाव में कांग्रेस की वापसी हुई। भारी बहुमत से लोकसभा की 351 सीटें जीतकर कांग्रेस ने फिर सत्ता की बागडोर थाम लीं। आश्चर्य की बात यह थी कि जिन्हें आपात्कालीन ज़्यादतियों के लिए ज़िम्मेदार ठहराया गया था, वही फिर संसद में पार्टी की नेता और देश की प्रधानमन्त्री चुन ली गईं।

उनकी वापसी का एक बड़ा कारण यह भी रहा कि जनता पार्टी ने सत्ता में आते ही बड़े ढोल-धमाके के साथ, 19 मई, 1977 को पूर्व मुख्य न्यायाधीश

जे.सी. शाह की नियुक्ति आपातकाल में की गई ज़्यादतियों की जाँच करने के लिए की। शिकायतों की सुनवाई और पेशियों का सिलसिला 29 सितम्बर को शुरू हुआ। सारी दिल्ली बड़ी उत्सुकता से कमीशन की कार्रवाइयों पर ध्यान लगाए थी। क्योंकि शुरुआत होते ही सी.बी.आई. ने भ्रष्टाचार का आरोप लगाकर इन्दिरा गांधी के साथ के.डी. मालविया, पी.सी. सेठी, डी.पी. चट्टोपाध्याय और एच.आर. गोखले को गिरफ़्तार कर लिया। पूरे शहर की धड़कनें एक बार फिर तेज़ हो गईं। सबको भरोसा था कि ऐसा, वह भी 2 अक्टूबर के दिन बिना किसी ठोस आधार के नहीं किया गया होगा। पर अगले ही दिन (3 अक्टूबर) उन्हें बिलाशर्त रिहा कर दिया गया।

ऐसी ही एक घटना 'टाइम कैप्स्यूल' के बारे में घटी जिसे इन्दिरा गांधी ने देश के नामी-गिरामी इतिहासकारों, बुद्धिजीवियों और कलाकारों की सहायता से तैयार कराकर लाल किले के परिसर में ज़मीन की सतह के नीचे दबवाया था। तर्क था कि इतिहास की महत्त्वपूर्ण उपलब्धियों का संक्षिप्त वृत्तान्त आनेवाली पीढ़ियों के लिए उसमें सुरक्षित रहे। बदली सरकार ने आरोप लगाया कि उसमें तथ्यों के साथ मनमानी करके उन्हें विशेष दृष्टिकोण (वामपंथी) से कलमबन्द किया गया है। कैप्स्यूल का समारोहधर्मी उत्खनन किया गया पर जो निकला, उसे ज़्यादा-से-ज़्यादा मतभेद के खाते में डाला जा सकता था।

ऐसी तमाम छोटी-बड़ी घटनाओं और अस्थिरताओं के बीच शहर दिल्ली में ज़िन्दगी अपनी चाल से चल रही थी–अनिश्चित-सी, पूरी चाल में जैसे ठिठक पैदा हो गई थी–न जाने कब क्या और कैसे हो जाए?

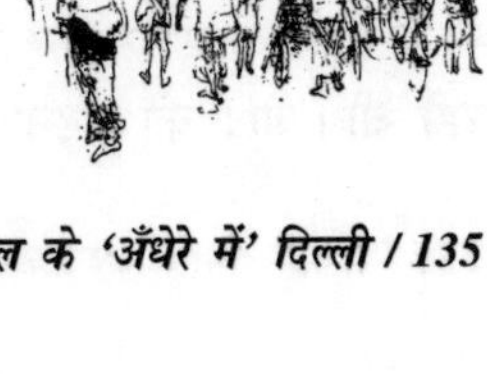

बदलाव : विघटनधर्मी राजनीति का वर्चस्व

काम की बात सिर्फ़ इतनी है कि शहर की फ़िज़ा में बुनियादी परिवर्तन हो चुका था। देश से ज़्यादा कुर्सियाँ और कर्म से ज़्यादा कर्म का दिखावा महत्त्वपूर्ण हो चला था। सब अपनी हैसियत और वर्चस्व बढ़ाने में लगे थे। शहर का विकास और सांस्कृतिक जीवन हाशिए पर चला गया था

दिल्ली शहर के राजनीतिक माहौल में 1975 से 1980 के बीच जो घटित हुआ, उससे ज़िन्दगी की गति और प्रकृति दोनों पर गहरा असर पड़ा। इस दौर को शहर की ज़िन्दगी में निर्णायक मोड़ कहा जाना चाहिए। शहर, देश की राजधानी और सत्ता का केन्द्र था। कांग्रेस के भीतर और बाहर अलग-अलग पार्टियों और उनके कर्णधारों ने सत्ता-सुख भोग लिया था, भले ही अस्थायी रूप में हो। जो बाहर रह गए थे, उनके मन में 'हाय हसन हम न हुए' की कसक साल रही थी। बाद की घटनाओं से इसकी पुष्टि ही हुई।

बहरहाल, कुल मिलाकर शहर की जनता 1980 के आरम्भ में कांग्रेस की बहुमत समर्थित जीत से ख़ुश भी थी और आश्वस्त भी। विडम्बना यह कि उस समय भी जनता पार्टी के प्रतिनिधि के रूप में, आडवाणी की नियति विरोधी पक्ष के नेता होने की ही रही। कांग्रेस को बहुमत केन्द्र में ही नहीं, गुजरात, पंजाब, राजस्थान, मध्यप्रदेश, उड़ीसा, उत्तर प्रदेश, महाराष्ट्र–तमाम राज्यों में प्राप्त हुआ था। पाँच वर्ष की उथल-पुथल और अस्थिरता के बाद जन-जीवन में आश्वस्ति का माहौल था। जगमोहन शहर के लेफ़्टिनेंट गवर्नर नियुक्त हो गए थे। उनकी कर्मठता और उत्साह बरकरार था, पर सावधानी के साथ। वे समझ चुके थे कि किसी शहर का कायापलट बुलडोज़र चलाकर नहीं किया जा सकता। यूँ भी आपात्काल के दौरान विस्थापित, अब अपने नए ठिकानों पर स्थापित हो चुके थे और शहर में उनकी ख़ाली जगहों पर नवागन्तुकों का कब्ज़ा बढ़ता जा रहा था। पर शहर का चेहरा-मोहरा सँवारने और बनाए रखने की दिशा में राज्यपाल कोताही नहीं करेंगे, जनता के मन में यह विश्वास क़ायम था।

यह बात अलग है कि सरकार का ध्यान आपात्काल के बाद, तरह-तरह के अभियोगों में फँसे नेताओं के बचाव पर ज़्यादा था। लिहाज़ा एक के बाद एक करके क्रमशः सुप्रीम कोर्ट ने 'क़िस्सा कुर्सी का' फ़िल्म के मामले में संजय गांधी और विद्याचरण शुक्ल को मुक्ति दी और सी.बी.आई. की सिफ़ारिश पर संजय गांधी के साथ चौदह और लोगों को विशेष जज श्री अग्रवाल ने आपात्काल से सम्बद्ध अभियोगों से बरी कर दिया। संजय गांधी मारुति कार के लिए आबंटित स्टील बेच लेने के अभियोग से भी बरी हो गए और बरेली से श्रीमती गांधी के चुनाव के विरुद्ध दाखिल अर्जी को भी इलाहाबाद हाई कोर्ट ने खारिज कर दिया।

पर मारुतिवाले मामले से बरी होने (6 जून) के सत्रह ही दिन बाद, 23 जून को एक दुर्घटना में संजय गांधी की मृत्यु हो गई। यह घटना इतनी आकस्मिक और दहलानेवाली थी कि दिवंगत व्यक्ति के प्रति पूरे शहर का सोच एक झटके में बदल गया। उस घटना के समय हम सपरिवार एक ऐसे सम्बन्धी के घर में बैठे थे, जिनका सम्बन्ध प्रधानमन्त्री के कार्यालय से था। घर विलिंगटन क्रीसेंट में, दुर्घटना-स्थल के क़रीब था। अचानक एक विचित्र से धमाके की आवाज़ ने सबको चौंका दिया। सम्बन्धी बाहर लपके। पुलिस चौकी क़रीब थी जहाँ पर ख़बर आशंका के रूप में आ चुकी थी कि जो छोटा ट्रेनर जहाज़ सफ़दरजंग के आसपास दुर्घटनाग्रस्त हुआ था, उसे सम्भवतः संजय गांधी चला रहे थे। हमारे सम्बन्धी के दुर्घटनास्थल पहुँचने के कुछ ही मिनट बाद इन्दिरा जी पहुँचीं। ध्वस्त विमान के बिखरे अवशेषों के बीच फँसे चालक के पूरे शरीर से सिर्फ़ जो एक पाँव बाहर

निकला था, उसमें उलझी कोल्हापुरी चप्पल बेटे को पहचानने के लिए काफ़ी थी। माँ के मुँह से हिड़की-बँधी एक चीख़ निकली, पर दूसरे ही क्षण, देश की प्रधानमन्त्री ने अपने को प्रकृतिस्थ कर लिया। देखनेवालों का कहना था कि वे अपने को अद्भुत आत्मसंयम से सहेज-सँभालकर साथ आए लोगों को आगामी व्यवस्था के लिए निर्देश देने लगीं।

इस हादसे के बाद दिल्लीवाले धीरे-धीरे आपात्कालीन ज़्यादतियों के बजाय, संजय गांधी को उस अनुशासन और व्यवस्था के लिए रह-रहकर याद करने लगे, जिसने शहर की ज़िन्दगी को अस्थायी रूप से ही सही, पर प्रभावित ज़रूर किया था। इसके बाद देश की राजनीति में विखंडनधर्मी घटनाएँ होने लगीं। इन्दिरा गांधी के नेतृत्ववाली कांग्रेस को राष्ट्रीय पार्टी के रूप में मान्यता देकर, देवराज अर्स के नेतृत्ववाले गुट को अमान्य ठहरा दिया गया। उधर सी.पी.आई. की नेशनल काउंसिल ने 13 अप्रैल को वरिष्ठ नेता डाँगे को पार्टी से निकाल दिया। पंजाब की तरफ़ से खालिस्तान की माँग को लेकर फ़साद उठ खड़ा हुआ। सितम्बर में भिंडरवाला के पुलिस को समर्पण करने के सन्दर्भ में अमृतसर में दंगे हुए तो दो ही महीने बाद खालिस्तान की माँग के विरुद्ध पंजाब के तमाम भागों से इकट्ठे होकर सिखों ने दिल्ली में प्रदर्शन किया। धीरे-धीरे दिल्ली शहर राजनीतिक उठा-पटक, विरोधों और प्रदर्शनों का गढ़ बनता जा रहा था।

1982 तक स्थिति फिर कुछ सामान्य-सी होती दिखाई पड़ने लगी। सरकार ने देश की प्रगति और विकास के नाम पर 14 जनवरी को बीस-सूत्री कार्यक्रम की घोषणा करके 'मोटो' के रूप में 'श्रम एवं जयते' का नारा बुलन्द किया। यह बात अलग है कि आपात्काल के दौरान और उसके बाद होने वाली घटनाओं से शहर की मानसिकता में बुनियादी अन्तर पैदा हो गया था। ऐसी घोषणाओं, वायदों और नारों की अर्थवत्ता को लेकर जनमानस बेहद संशयग्रस्त रहने लगा था। सत्ता में कांग्रेस की वापसी के बाद ज़िन्दगी के पूरे कारोबार में राजनीतिक दखलअंदाज़ी इतनी बढ़ गई थी कि कोई काम बिना राज्याश्रय के सम्भव नहीं हो पाता था। उन्नति और उपलब्धि के तमाम रास्ते राजनीति के गलियारों से होकर निकलने लगे थे। राजधानी होने के कारण इसका असर दिल्ली के कारोबार और शिक्षा-संस्थाओं पर विशेष रूप से दिखाई पड़ रहा था।

ऐसे माहौल में एक बार फिर दिल्ली विश्वविद्यालय में प्रोफ़ेसरों के पदों पर नियुक्ति का सवाल उठा। वाइस-चांसलरों की गर्दन बराबर राजनीतिक दबाव में रहने लगी। हिन्दी-विभाग में दो पद ख़ाली थे। एक कुलपति तो मामले को टालकर अपनी जान छुड़ा भागे। दूसरे आए तो विद्या-बुद्धि में कमतर लोगों ने उन्हें भी

राजनीतिक शिकंजे में फाँसा, वह भी लगभग अहलकारनुमा छुटभैयों के दबाव में। एक जोड़ी इस दृष्टि से विशेष सक्रिय थी। जब कुलपति से चयन-समिति के विशेषज्ञों, विभागाध्यक्ष, यहाँ तक कि सरकारी प्रतिनिधि का समर्थन भी नहीं सधा, तो पहली बार वे नियुक्ति टाल गए। बैठक के लिए पधारे एक वरिष्ठ विद्वान् ने बाद में मुझसे कहा कि "आपकी इस लड़ाई का फैसला विश्वविद्यालय के दफ़्तरों में नहीं, मन्त्रालयों के गलियारों में होगा। आपका वाइस-चांसलर भयंकर राजनीतिक दबाव में है।" बात सही थी। उस दबाव को निरस्त करने के लिए उससे बड़ा दबाव जुटाने में, एड़ी-चोटी का दम लगाना पड़ा क्योंकि राजनीतिक हलक़ों में मेरी खास रसाई नहीं थी। अलबत्ता इस प्रक्रिया में राजतन्त्र की कार्यशैली की समझ में इजाफ़ा भी हुआ और मित्रों-परिचितों के बीच बेमतलब फ़र्जी रौब भी क़ायम हो गया। कहानी लम्बी है। उससे जुड़े कई पात्र भी अब इस दुनिया में नहीं हैं। इसलिए वह ब्यौरा अब निरर्थक है।

काम की बात सिर्फ़ इतनी है कि शहर की फ़िज़ा में बुनियादी परिवर्तन हो चुका था। देश से ज़्यादा कुर्सियाँ और कर्म से ज़्यादा कर्म का दिखावा महत्त्वपूर्ण हो चला था। सब अपनी हैसियत और वर्चस्व बढ़ाने में लगे थे। शहर का विकास और सांस्कृतिक जीवन हाशिए पर चला गया था। न किसी को ऐतिहासिक इमारतों के रख-रखाव की चिन्ता थी, न भूगोल की। शहर बेतरतीब बिखरता-पसरता चला जा रहा था।

सांस्कृतिक क्षेत्र में तीनों अकादमियाँ (साहित्य, संगीत-नाटक और ललित कला) अपने-अपने ढंग से चल रही थीं। अन्य संस्थाओं की तुलना में सरकारी हस्तक्षेप से किसी हद तक मुक्त रहकर। उनके संविधान में इस स्वाधीनता की गुंजाइश देश के पहले प्रधानमन्त्री जवाहरलाल नेहरू ने सोच-समझकर पैदा की थी। सरकारी हस्तक्षेप से अपेक्षाकृत मुक्त संस्थाओं के निर्णय सदाशयता और नेकनीयती का प्रमाण होते थे। इसका एक उदाहरण 1982 में महादेवी वर्मा को दिया जानेवाला ज्ञानपीठ पुरस्कार था। संस्थापक दम्पति को वर्षों से यह अपराध-बोध साल रहा था कि पुरस्कार की नियमावली महादेवी जी को पुरस्कृत करने में बाधक थी। उस समय जीवित रचनाकारों में वे सबसे वरिष्ठ थीं–आयु और रचना कर्म दोनों दृष्टियों से। इसके अलावा इस सम्मान के योग्य एकमात्र महिला रचनाकार। नतीजतन पात्रानुकूल बनाने के लिए पुरस्कार के नियमों में फेरबदल करके उन्हें सम्मानित करने के लिए ब्रिटेन की प्रधानमन्त्री मार्ग्रेट थैचर को निमन्त्रित किया गया। विज्ञान भवन में आयोजित उस समारोह की गरिमा देखने लायक थी। 'ज्ञानपीठ' के लिए इस तथ्य की कोई प्रासंगिकता नहीं थी कि

महादेवी ने ख़ुद आपात्काल का विरोध किया था, और समर्थन करने के लिए पन्त जी को फटकारा था।

साहित्य अकादमी की पुरस्कार घोषणाएँ भी कुछ अपवादों को छोड़कर प्रायः विवादमुक्त ही रहती थीं। वस्तुनिष्ठता के दावे के साथ उनकी चयन-प्रक्रिया क्रमशः इतनी चक्रव्यूहात्मक बना दी गई थी कि उसका भेदना सरल नहीं था। गोकि न प्रवेश कला में पारंगत अभिमन्युओं की कमी है, न इस प्रयास में खेत हो जानेवालों की। बहरहाल, समय के साथ घोर रूटीनीकरण में फँसकर, वहाँ होनेवाले तमाम आयोजन भी श्रीहीन और उबाऊ होते चले गए। पुरस्कार भी धीरे-धीरे प्रसाद की तरह बँटने लगे। अब तो उनका महत्त्व घटते-घटते अख़बारी ख़बर से ज़्यादा नहीं रह गया। कोई निर्णय किसी को नहीं चौंकाता।

जहाँ तक दिल्ली की स्थानीय संस्थाओं का सवाल था, वे सब धीरे-धीरे पूरी तरह सरकारी गिरफ़्त और भ्रष्टाचार की लपेट में आती चली गईं। दिल्ली शहर में साहित्यिक-सांस्कृतिक कार्यक्रमों को ध्यान में रखकर दिल्ली-प्रशासन ने 'साहित्य-कला-परिषद्' की नींव रखी थी। बिस्मिल्लाह अच्छी हुई, पर बहुत दिन बीतते न बीतते प्रशासन ने उर्दू, हिन्दी और पंजाबी और बाद में संस्कृत अकादमी की स्थापना की। इनके वजूद में आने के बाद धीरे-धीरे 'साहित्य-कला परिषद्' से कुछ शुरुआती खींचतान के बाद 'साहित्य' तो अकादमियों की पाली में चला गया और अकादमियों का क्रमशः घोर सरकारीकरण यानी राजनीतिकरण हो गया। 'हिन्दी अकादमी' की शुरुआत तो उर्दू अकादमी के बाद, उसी के वजन पर हिन्दी साहित्य-सम्मेलन के वरिष्ठ साहित्य सेवी गोपालप्रसाद व्यास के प्रयत्न और भागदौड़ से हुई थी। पर धीरे-धीरे उस पर सामान्य हैसियत के उस सरकारी कर्मचारी ने कब्ज़ा कर लिया जिसे कार्यालयी कामकाज चलाने की गरज़ से प्रशासन की ओर से अकादमी में अस्थायी रूप से रखा गया था। पर उसने धीरे-धीरे षड्यन्त्र रचकर शैक्षिक-साहित्यिक दुनिया से जुड़े अधिकांश सदस्यों से मुक्ति पा ली। एक विभीषणधर्मी महामना ने बने रहने के लिए उसी से साँठ-गाँठ कर ली और अकादमी मिडिल स्कूल के वार्षिकोत्सवों की तर्ज़ पर कार्यक्रम आयोजित करने लगी। विवाह मंडप की-सी पुष्प-सज्जा और भरपेट खान-पान के बीच स्थानीय नेता और विधायक कार्यक्रमों की शोभा बढ़ाने लगे। विरोधियों को साम, दाम, दंड, भेद से चुप करा दिया गया। 'हंस' सम्पादक की तीखी टिप्पणियों की प्रतिक्रिया में सचिव महोदय ने आपादमस्तक झुककर पूरी विनयशीलता से उनकी सेवा में विज्ञापनों और ख़रीद का उत्कोच प्रस्तुत कर उनकी लेखनी को कुंठित कर दिया। इसी बीच वे अपना भी एक प्रकाशन खोल चुके थे। सार यह कि

अकादमी की जड़ों में व्यापारिक हथकंडों और राजनीतिक हस्तक्षेप ने अपनी गहरी पैठ बना ली। इस स्थिति से कई वर्ष बाद थोड़े से समय के लिए राहत तब मिली जब चन्द्रशेखर के संक्षिप्त प्रधानमन्त्रित्व काल में मार्कण्डेय सिंह दिल्ली के राज्यपाल नियुक्त हुए। वे स्वयं विद्वान्, पुस्तक प्रेमी और गहन अध्येता थे। लिहाज़ा अकादमी में पहली और अन्तिम बार सचिव के रूप में एक प्रतिभाशाली रचनाकार और शिक्षक डॉ. विजयमोहन सिंह की नियुक्ति हुई और शहर के नामी-गिरामी विद्वानों और साहित्यकारों का परामर्श मंडल बना। कुछ वर्षों तक सचिव के अनवरत परिश्रम और साधना से फ़िज़ा बदली। कार्यक्रमों और प्रकाशनों के स्तर, कार्यशैली की पारदर्शिता, निर्णयों की विश्वसनीयता और अकादमी के अ-राजनीतिकरण की दृष्टि से वह अकादमी का स्वर्ण युग था—गोकि बहुत संक्षिप्त। पर शासन में सत्ता-पलट होते ही सब कुछ जस-का-तस हो गया। पुराना ढर्रा ज्यों-का-त्यों लौट आया। अब तो सड़ाँध जड़ों में इतनी गहरी जड़ें जमा चुकी है कि जो वहाँ आता है, उसी शिकंजे में फँसकर, उसी रंग में रँगना जैसे उसकी नियति हो जाती है।

उर्दू और पंजाबी अकादमियों की स्थिति कुछ मायनों में बेहतर कही जा सकती है पर आख़िर चल तो वे भी सरकारी विभागों की-सी शैली में रही हैं। ख़ास बात यह है कि शहर की जनता में साहित्यिक रुचि जगाने या उसका संस्कार करने की दृष्टि से अब इनमें से किसी का विशेष योगदान नहीं नज़र आता।

हिन्दी अकादमी से बहिष्कृत और विरत होकर गोपालप्रसाद व्यास ने अपना रुख वापिस साहित्य-सम्मेलन की 'हिन्दी भवन' वाली योजना की तरफ़ किया। उसे अपने जीवनकाल में पूरा किया और हिन्दी की गतिविधियों के लिए एक स्थायी सुविधा उपलब्ध करा गए। उनकी विरासत को आगे बढ़ाने का दायित्व अब उनके कवि पुत्र गोविन्द व्यास के कन्धों पर है।

स्वतन्त्रता के बाद देश में साम्प्रदायिक दंगों और राजनीतिक हत्याओं का दूसरा दौर तब शुरू हुआ जब 3 अप्रैल, 1983 को 'रास्ता रोको' कार्यक्रम के सिलसिले में 1200 से अधिक अकालियों को गिरफ़्तार किया गया। खालिस्तान की माँग बढ़ती जा रही थी। लोंगोवाल ने 6 दिसम्बर को गृहमन्त्री की भिंडरावाले से समर्पण कराने की माँग को ठुकरा दिया था। अगले वर्ष के आरम्भ से 8 जून के 'ब्लू-स्टार ऑपरेशन' तक का समय केन्द्रीय सरकार के लिए भयंकर अशान्ति और चुनौतियों से भरा समय था। पंजाब के सिख नेता और गुरुद्वारा प्रबन्धक कमेटी के अध्यक्ष टोहरा लगातार भिंडरावाला या गुरुद्वारे में छिपे किसी भी नेता को सरकार के आदेश पर सुपुर्द करने से इनकार कर रहे थे। यहाँ तक कि

स्वर्णमन्दिर के अधिकारियों ने मन्दिर के भीतर जमा असलहा के समर्पण से भी इनकार कर दिया। आतंकवादियों की गतिविधियों में बढ़त के कारण पंजाब के तमाम इलाक़े अशान्त घोषित कर दिए गए। चंडीगढ़ विश्वविद्यालय के प्रोफ़ेसर और कांग्रेस के राज्यसभा सांसद वी.एस. तिवारी की चंडीगढ़ में हत्या के बाद चंडीगढ़ भी अशान्त क्षेत्र घोषित कर दिया गया।

उधर केन्द्र में चरणसिंह और अटलबिहारी वाजपेयी के नेतृत्व वाली एन.डी.ए., पंजाब समस्या का हल कर पाने में सरकार की असफलता को मुद्दा बनाकर अव्यवस्था पैदा करने पर आमादा थी। 3 मई को 6000 लोगों के एक जत्थे ने एक सप्ताह तक सत्याग्रह करने का ऐलान और शुरुआत करके गिरफ़्तारी दी। प्रधानमन्त्री पर पंजाब में सेना का प्रवेश कराने के लिए दबाव डाला। उधर लोंगोवाल और टोहरा स्वर्णमन्दिर के परिसर से सी.आर.पी.एफ. को भी हटाने की माँग कर रहे थे।

भिंडरावाला की तुरन्त गिरफ़्तारी की माँग को लेकर इधर एन.डी.ए. के नेता भड़काऊ वक्तव्यों की बौछार कर रहे थे और उधर मन्दिर के भीतर से चरमपंथियों द्वारा सेना के ऊपर छोटी मशीन गनों और तोपों से छिटपुट हमलों के समाचार मिल रहे थे। गुप्तचर सूत्रों (स्वदेशी-विदेशी) से पूरे मामले में बाहरी देशों की मिलीभगत की सूचनाओं की पुष्टि हो रही थी। इसी भयंकर तनाव भरे वातावरण में सरकार ने 8 जून, 1984 को 'ऑपरेशन ब्लू स्टार' का निर्णय लिया। पहली खेप में सेना के कई आला अफ़सर और सैनिक मारे गए। प्रवेश करते हुए गोलाबारी की पहल न करने के आदेश के कारण पूरी पहली टुकड़ी इस अभियान में खेत हो गई। बाद में मन्दिर के परिसर से भारी मात्रा में विदेशी मुहरबन्द हथियार और आपत्तिजनक सामग्री बरामद हुई। साथ ही भिंडरावाले और ऑल इंडिया सिख स्टूडेंट्स फेडरेशन के अवैध घोषित नेता अमरीक सिंह के घायल शव भी। सेना पर भीतर से ही नहीं, चारों तरफ़ की इमारतों से भी आतंकवादियों ने गोलाबारी की, जिससे इस ख़बर की पुष्टि हुई कि मोर्चाबन्दी के लिए पूरी और लम्बी तैयारी की गई थी।

इस दुर्घटना के बाद प्रधानमन्त्री और विरोधी दलों के बीच बैठक में इस बात पर सहमति हुई कि आतंकवादियों द्वारा धार्मिक स्थलों के उपयोग या असलहा जमा करने पर पाबन्दी लगा दी जाए। 28, 29 सितम्बर को सिखों के पाँच प्रतिनिधियों और सरकार के बीच स्वर्ण-मन्दिर से सुरक्षा-बल हटाने के बारे में समझौता हुआ और वहाँ से सेना हटा ली गई। ऊपर से सब सुस्थिर होता दिखाई पड़ रहा था। पर सच्चाई कुछ और ही थी। लावा दब गया था, पर ऊपरी राख के भीतर चिंगारियाँ पूरी तरह बुझी नहीं थीं। कुछ बड़े ज़िम्मेदार-समझदार लोगों

ने सरकार की कार्रवाई से असहमति दर्ज की। अभिव्यक्ति का ढंग अपना-अपना था। पर इस असहमति या आक्रोश का सबसे भयानक विस्फोट श्रीमती गांधी की हत्या के रूप में हुआ। गुप्तचर विभाग के परामर्श के बावजूद उन्होंने अपने जिन सिख सुरक्षाकर्मियों को अपनी सुरक्षा के दायित्व से बर्खास्त करने से इनकार कर दिया था, उन्हीं ने 31 अक्टूबर, 1984 को गोली मारकर उनकी हत्या कर दी। पूरा विश्व इस ख़बर से स्तब्ध था। मैं स्वयं उस समय एक कॉन्फ्रेंस में भाग लेने अमेरिका की विस्कॉसिन यूनिवर्सिटी में थी। उषा प्रियंवदा मेरी स्थानीय मेजबान थीं। हम दोनों ने छत्तीस घंटे दूरदर्शन से चिपककर काटे। सी.एन.एन. ने पूरे प्रकरण का जो सेंसरमुक्त प्रसारण किया, उससे अधिकांश भारतीय जनता वंचित रही। पर जितना जैसे घटित हुआ, वह उस दुर्भाग्यपूर्ण हिंसक प्रतिक्रिया को भड़काने के लिए काफ़ी था, जिसने सबको शर्मसार ही किया।

ऐसे माहौल में शहर के विकास, कला और संस्कृति के सवाल हाशिए पर चले जाते हैं और जान-माल की सुरक्षा प्रधान हो जाती है। मैंने फ़ोन से अपने क़रीबी मित्रों और परिवार की सुरक्षा की जानकारी ली तो मिलनेवाली सूचनाएँ बड़ी आश्वस्तकारी थीं। पता लगा कि मेरे मित्र दिल्ली विश्वविद्यालय के डीन ऑफ कॉलेज महेन्द्र सिंह को यू.जी.सी. के चेयरमैन डॉ. सतीशचन्द्र साग्रह अपने घर ले गए। किंग्सवे कैम्प के क़रीब माल रोड का इलाक़ा, आतंक के साये में था। वहाँ हमारे निवास के अहाते के भीतर आठ फ़्लैटों के वासी लगभग सहकारी भोजन-व्यवस्था करके एकजुट ज़िन्दगी जी रहे थे। शहर की ज़िन्दगी का दंगों के दौरान कमोबेश यही पैटर्न था। मारनेवालों से बचानेवालों की संख्या कहीं ज़्यादा थी। लगभग पूरा वर्ष शहर की ज़िन्दगी में राजनीतिक दुर्व्यवस्था, तनाव और अनिश्चय का काल रहा, जिसकी समाप्ति राजनीतिक दृष्टि से एक युग के अन्त के रूप में हुई।

इन्दिरा गांधी के बाद भारत के राजनीतिक जीवन में जिस विघटनधर्मी राजनीति की शुरुआत हुई, दिल्ली उसका आईना है।

बदलते निज़ाम और राजनीतिक सरगर्मी

पूरे शहर की, विशेषकर नई दिल्ली की फ़िज़ा राजनीतिमय हो गई थी। पार्टियों के दफ़्तरों के भीतर-बाहर एक ऐसी आबादी डेरा डाले पड़ी रहती थी जिसका दिल्ली की निजी सभ्यता-संस्कृति से नहीं के बराबर लेना-देना था।

इन्दिरा गांधी की हत्या के बाद आनन-फानन में प्रधानमन्त्री के रूप में राजीव गांधी की नियुक्ति किसी दावेदारी के कारण नहीं हुई थी। राजनीति के प्रति उनकी बेरुख़ी और सोनिया गांधी का विरोध जगज़ाहिर था। पर उस विकट परिस्थिति में भी दबी ज़बान से दो-तीन नाम लिए जाने लगे तो पार्टी के वरिष्ठ सदस्यों ने राजीव गांधी के नाम पर सहमति बनाई। राजीव गांधी के चुनाव के समय भी कमोबेश वही मनोवृत्ति काम कर रही थी जो किसी समय इन्दिरा गांधी को सामने लाते समय सक्रिय थी। राजीव की राजनीतिक समझ के बारे में किसी को कोई मुग़ालता नहीं था। सोनिया गांधी के असहयोग या मजबूरी में सहयोग वाली भूमिका भी किसी से छिपी नहीं थी। पर राजीव गांधी की भलमनसाहत और उनकी सम्मोहक छवि के बारे में लगभग पूरी सहमति थी। इस विशेषता को उनके

अपने मन्त्रिमंडल के महत्त्वाकांक्षी सदस्य और विरोधी पार्टियों के नेता अपने भविष्य के लिए अनुकूल अवसर के रूप में देख रहे होंगे।

कुर्सी सँभालते ही सबसे पहले राजीव गांधी को इन्दिरा गांधी की हत्या की प्रतिक्रिया में, शहर और देशव्यापी, सिख-विरोधी दंगों का सामना करना था। उन्होंने बड़े धैर्य और संजीदगी से दिल्ली के आसपास दंगा प्रभावित इलाक़ों का दौरा किया। पीड़ितों को सान्त्वना दी और सुरक्षा-बलों की संख्या बढ़ाने के निर्देश दिए। उनके इस व्यवहार का अनुकूल प्रभाव पड़ा। घटनाएँ तेज़ी से घट रही थीं। 24 दिसम्बर, 1984 को आठवीं लोकसभा चुनावों की घोषणा हुई और श्रीमती गांधी की हत्या के कारण कांग्रेस को सहानुभूति-लहर का लाभ मिला। 29 दिसम्बर को तीन-चौथाई बहुमत पाकर कांग्रेस में, और 31 दिसम्बर, 1984 को देश के प्रधानमन्त्री के रूप में राजीव गांधी साधिकार प्रतिष्ठित हो गए।

अगला वर्ष केन्द्र और दिल्ली के इतिहास में दो महत्त्वपूर्ण घटनाओं के लिए याद किया जाना चाहिए। एक तो 30-31 जनवरी को लोकसभा और राज्यसभा में एंटी डिफ़ेक्शन बिल पारित किए जाने के लिए और दूसरे, केन्द्र में इन्दिरा गांधी मुक्त विश्वविद्यालय की स्थापना के लिए। पहली घटना से लगातार चलनेवाली राजनीतिक कबड्डी की किसी हद तक रोकथाम हुई और दूसरी से उस विश्वविद्यालय की नींव पड़ी जो आज विश्व में सम्भवतः इस ढंग का सबसे बड़ा विश्वविद्यालय है, जिसने अनगिनत लोगों के लिए उच्चतर शिक्षा के बन्द दरवाज़ों को खोलने की महत्ती भूमिका निभाई है।

राजीव गांधी ने एक और काम ऐसा किया जिसने लोगों को चौंकाया। उन्होंने कुछ महत्त्वपूर्ण पदों पर अपने दून स्कूल के ऐसे सहपाठियों की नियुक्ति की जो उनके विश्वासपात्र थे और जिनकी सार्वजनिक छवि निष्कलंक थी। इनके अलावा पारिवारिक मित्रता के तकाज़े से हिन्दी सिनेमा के बिग बी अमिताभ बच्चन भी बाकायदा चुनाव लड़कर सांसद हुए और छह-सात महीने की अल्पावधि में उन्होंने इलाहाबाद शहर की सड़कों का चेहरा बदल दिया। वित्तीय अनुदान देने में केन्द्र ने कोताही नहीं की और संसद से सड़क तक की यात्रा के दौरान सम्भवतः अमानत में ख़यानत भी नहीं हुई। अलबत्ता, राजनीति उन्हें रास नहीं आई और 17 जुलाई, 1987 को उन्होंने लोकसभा से इस्तीफ़ा दे दिया।

पर इससे पहले ही राजीव गांधी की जान पर ख़तरों का साया पड़ने लगा था। 10 जनवरी, 1986 को दिल्ली की एडीशनल और सेशन कोर्ट ने इन्दिरा गांधी के हत्यारों को फाँसी की सजा सुनाई थी, जिसकी पुष्टि 3 दिसम्बर को हाईकोर्ट ने भी कर दी। पर इसी वर्ष 2 अक्टूबर को प्रधानमन्त्री राजघाट पर जानलेवा

हमले से बाल-बाल बचे। उसके अगले ही दिन 3 अक्टूबर को पंजाब के डी.जी. पुलिस जे.एफ. रिबेरो और उनकी पत्नी भी हत्या के प्रयास से बचे। ऐसी हिंसात्मक घटनाएँ अपनी जगह थीं और सांस्कृतिक कार्यक्रम अपनी गति से चल रहे थे। 1986 में ही दिल्ली में सिडनी के विश्वप्रसिद्ध ऑपेरा हाउस की वास्तुकला तर्ज़ पर बहाई मन्दिर का निर्माण पूरा हुआ। करोड़ों रुपए की लागत से बने वास्तुकला के इस अपूर्व नमूने के बारे में कहा गया कि इसमें प्रयुक्त टनों संगमरमर का आयात विदेश, विशेषकर इटली, से किया गया है। सिडनी के ऑपेरा हाउस के शिल्प के प्रभाव के बावजूद बन्द कमल की आकृति में निर्मित इस इमारत की अपनी छटा और विशिष्टता है।

इसी वर्ष सांस्कृतिक गतिविधि को बढ़ावा देने की ग़रज़ से राजीव गांधी ने राजधानी में 'अपना उत्सव' कार्यक्रम की शुरुआत की। पूरे सरकारी समर्थन और प्रचार-प्रसार के बावजूद जनता पर इस कार्यक्रम का उल्लेखनीय प्रभाव नहीं पड़ा और अलग-अलग राज्यों में चलाए जाने के बाद अन्ततः लगभग एक वर्ष बाद मुम्बई में इस योजना का समापन कर दिया गया।

1987 का साल राजनीति, साहित्यिक और सांस्कृतिक दृष्टि से घटना-संकुल समय था। राजीव गांधी के अभिन्न मित्र और विश्वासपात्र मन्त्री अरुण सिंह ने मन्त्रिमंडल से इस्तीफ़ा दे दिया और राजनीतिक जीवन से संन्यास लेने की घोषणा कर दी। अफ़वाह यह थी कि मित्रों के बीच किसी महत्त्वपूर्ण मुद्दे पर गहरा मतभेद था। अरुण सिंह समझौता करने के लिए तैयार नहीं थे। अतः उन्होंने गुमनामी का जीवन अपना लिया। इस घटना से राजीव गांधी की तब तक निष्कलंक छवि सन्देह के घेरे में आने लगी। ठीक एक दिन पहले 17 जुलाई को अमिताभ बच्चन भी लोकसभा से त्यागपत्र दे चुके थे। 30 जुलाई को ख़ुद राजीव गांधी कोलम्बो में श्रीलंका के नौसेना गार्ड के आक्रमण से बचे।

इसी वर्ष साहित्य की दुनिया की दो बड़ी हस्तियों का निधन हो गया। 4 अप्रैल को दिल्ली में वात्स्यायन जी का स्वर्गवास हुआ और 11 सितम्बर को इलाहाबाद में महादेवी जी का। महादेवी जी अपनी बीमारी के सिलसिले में बार-बार दिल्ली आती थीं। उनके आतिथेय उद्योगपति श्री रामनिवास जाजू थे, जिनका निवास सिविल लाइंस में श्रीराम रोड पर है। घर से बहुत दूर न होने के कारण उनसे अक्सर मुलाक़ात हो जाती थी। उसी घर में मैंने महादेवी जी पर पन्द्रह-बीस मिनट की एक टेली-फ़िल्म बनाई थी। फ़िल्म बनवाने के लिए उनमें जैसा उत्साह दिखाई पड़ा, वह महादेवी को एक-दूसरे रूप में जानने जैसा था।

अज्ञेय तो शहर के दूसरे कोने में चाणक्यपुरी की केवेंटर्स लेन में रहते थे। घर उस समृद्ध-सम्पन्न इलाक़े के पिछवाड़े एक निर्जन-से स्थान पर था। एक बार मिलने गई तो मन्द-मन्द मुस्कुराते हुए बोले, ''आप दो शहर पार करके एक गाँव से दूसरे गाँव में आई हैं।'' पुराने दिल्ली शहर और नई दिल्ली के मुक़ाबले उन्हें माल रोड और केवेंटर्स लेन गाँव-सरीखे लगते थे। जब उनकी मृत्यु का समाचार मिला तो उनके साहित्यिक क़द को ध्यान में रखते हुए मुझे ज़रूरी लगा कि विश्वविद्यालय के अधिकारियों को इसकी सूचना दी जाए। प्रतिक्रिया के रूप में मुझे उप-कुलपति प्रो. गँगराडे के साथ फूल लेकर उनके यहाँ जाने का आदेश हुआ। हम वहाँ पहुँचे तो सब तैयारी हो चुकी थी। वात्स्यायन जी के चेहरे पर उनकी चिर-परिचित शान्त पर निर्जीव छाया थी। बाहर उनके प्रति निकटता दिखानेवालों के बीच होड़ में ठेलमठेल हो रही थी। मैंने कठिनाई से अपने और प्रो. गँगराडे के लिए जैसे-तैसे रास्ता बनाया। श्वेत वस्त्र धारिणी इला निरन्तर ॐ नमः शिवाय का पाठ करते हुए व्यवस्था करा रही थीं। मैंने चारों तरफ़ नज़र डाली तो एक किनारे गहन गम्भीर मुद्रा में खड़ी कपिला जी नज़र आईं। वे चुपचाप जिस शालीनता से खड़ी थीं, उसी से बाद में मेरी आँखों से ओझल हो गईं। इला के दो-एक बार कहने पर भी, उन्होंने अपनी प्रकृति के अनुरूप, न कोई उतावली दिखाई, न आगे बढ़ने की कोशिश की।

इसी वर्ष मई में आतंकवादियों ने स्वर्णमन्दिर में आत्मसमर्पण कर दिया और अगस्त में सुप्रीम कोर्ट ने इन्दिरा गांधी के हत्यारों–सतवन्त सिंह और केहर सिंह–की फाँसी की सज़ा की पुष्टि कर दी। समय के साथ यह उजागर होता जा रहा था कि केन्द्र में सत्ता को सँभालनेवाले हाथ पहले की तरह मज़बूत नहीं हैं। एक वर्ष बीतते ही, जो कुछ इस दौरान भीतर ही भीतर घट रहा था, उसके परिणाम सामने आने लगे।

1989 के आरम्भ में ही इन्दिरा गांधी की हत्या के अपराधियों को बिना शोर-शराबे के तिहाड़ जेल में ही फाँसी दे दी गई। पर जिस घटना ने पूरे दिल्ली शहर में खलबली मचा दी, वह संस्कृतिकर्मी सफ़दर हाशमी की नृशंस हत्या थी। हाशमी 'जन नाट्य मंच' की ओर से 'हल्ला बोल' नाटक की प्रस्तुति के लिए साहिबाबाद जिले के झंडापुर गाँव गए थे। मसला असंगठित मज़दूरों की दैनिक पगार तय करने और बढ़ाने का था। प्रदर्शन के दौरान राजनीतिक माफ़िया ने हस्तक्षेप करके सभा को भंग करने के इरादे से जो मार-पीट की, उसमें वे घातक रूप से घायल हो गए और उनकी मृत्यु हो गई। हाशमी अपनी नाट्य-प्रस्तुतियों के माध्यम से आम जनता को आत्म-चेतस बनाने की दिशा में बड़ी प्रभावी भूमिका

निभा रहे थे। कुछ ही समय पहले वे इसके लिए हबीब तनवीर के साथ प्रेमचन्द की 'मोटेराम शास्त्री' शीर्षक से लिखी कहानियों का नाट्य-रूपान्तर और उनकी बड़ी प्रभावी प्रस्तुति कर चुके थे। कश्मीरी गेट के निवासी सफ़दर हाशमी अपनी बोली-बानी, आचरण, सबमें दिल्ली की ठेठ ग़ैर-साम्प्रदायिक तहज़ीब के प्रतिनिधि थे। उनकी लोकप्रियता का सबसे बड़ा प्रमाण यह है कि उनकी त्रासद मृत्यु के विरोध से शहर के संस्कृतिकर्मियों में जो क्षोभ और उत्तेजना पैदा हुई, उसकी रचनात्मक परिणति 'सहमत' नाम की उस सांस्कृतिक संस्था में हुई जिसकी बागडोर उनकी पत्नी माला हाशमी ने सँभाली। यह संस्था लगातार अनेक रूपों में आज भी उसी दिशा में सक्रिय है, जिसकी शुरुआत सफ़दर अपने जीवनकाल में कर गए थे।

प्रशासकीय और राजनीतिक हलकों में अशान्ति व्याप्त थी। एक तरफ़ राम-जन्मभूमि का मामला क्रमशः ज़ोर पकड़ रहा था और दूसरी ओर 18 जुलाई को बोफ़ोर्स तोपों की ख़रीद के मामले में कॉम्पट्रोलर और एकाउंटेंट जनरल की रिपोर्ट दाख़िल हो चुकी थी। इस रिपोर्ट के प्रसंग में 19-20 जुलाई को दोनों सदनों में भारी हंगामा हुआ और सरकार के इस्तीफ़े की माँग की गई। उस समय संसद के कार्यक्रमों का दूरदर्शन पर सीधे प्रसारण नहीं होता था, लिहाज़ा शहर का पूरा ध्यान सुनी जानेवाली और अख़बारी ख़बरों पर लगा रहता था। ऐसे में अफ़वाहों का बाज़ार गर्म हो जाता है और तथ्यों के ऊपर कल्पना की परत चढ़ाकर ऐसा घोल तैयार होता है जिसमें से वास्तविकता के सूत्र पकड़ना दूभर होता चला जाता है। प्रधानमन्त्री के इतालवी सम्बन्धों और अरुण सिंह के इस्तीफ़े की घटना के आलोक में इस ख़बर के कई रूपान्तर शहर में प्रचारित हो गए। संसद में विरोधी पक्ष के इस्तीफ़ों की संख्या अगस्त तक 104 का आँकड़ा छूने लगी।

शहर में इसी बीच 'जय श्री राम' के नारों की गूँज थी। विश्व भर से रामनामी शिलाओं के एकत्र होने का अभियान पूरे ज़ोर पर था। अस्थिरता की छाया में 27 अक्टूबर को सुप्रीम कोर्ट ने विश्व हिन्दू परिषद् के रामशिला जुलूस के अयोध्या जाने पर रोक लगाने से इनकार कर दिया था और राम मन्दिर के लिए विश्व हिन्दू परिषद् ने जिस भूमि को बाड़ लगाकर घेरा था, उसे यथावत् बनाए रखने का आदेश भी 7 नवम्बर को जारी कर दिया था। संसद के भीतर दल-बदल राजनीति के सक्रिय होने के आसार दिखाई पड़ रहे थे। इसी सिलसिले में 21 नवम्बर को चुनाव आयोग ने दल-बदल विरोधी क़ानून का स्पष्टीकरण किया और 27 नवम्बर को राष्ट्रपति ने लोकसभा भंग कर दी।

इसके बाद घटनाएँ बड़ी तेज़ी से घटती चली गईं। राजीव गांधी की सरकार का इस्तीफ़ा और नवीं लोकसभा चुनाव में सर्वाधिक वोट पाने के बावजूद उनका

सरकार बनाने का दावा न करने का फैसला जैसे आनन-फानन में घटित होता मालूम हुआ। दिल्ली देश की राजधानी है, अतः राजनीतिक सरगर्मी का सीधा प्रभाव सबसे पहले यहाँ की जनता के जीवन और मानसिकता पर पड़ता है। सबसे ज़्यादा अटकलें, सबसे ज़्यादा अफ़वाहें, सबसे ज़्यादा मौक़ापरस्ती और जोड़-तोड़ नई दिल्ली में सत्ता के गलियारों में घटित होते हैं। दिल्ली शहर और आम जनजीवन जैसे महत्त्वक्रम में बहुत पिछड़ गया था, लगभग उपेक्षित। साहित्यिक-सांस्कृतिक जीवन जैसे-तैसे रवायती ढंग से चल रहा था।

साल का अन्त होते-होते विश्वनाथप्रताप सिंह को जनता दल (संसदीय) के नेता और बाद में नेशनल फ्रंट संसदीय पार्टी का नेता भी चुन लिया गया। 2 दिसम्बर को वे प्रधानमन्त्री नियुक्त हुए और चौधरी देवीलाल उप-प्रधानमन्त्री। पार्टी के विभिन्न धड़ों के बीच समझौता इसी रूप में हुआ। राजीव विरोधी लहर पर उन्होंने बोफ़ोर्स मामले को लेकर ही सवारी की थी। अतः 26 दिसम्बर को ही उन्होंने राजसभा में सूचना दे दी कि बोफ़ोर्स पर भविष्य में भारत के साथ कारोबार करने पर रोक लगा दी गई है।

केन्द्रीय शासन में अस्थिरता पैदा होने से विरोधी धड़ों में सक्रियता पैदा होना स्वाभाविक होता है। नए प्रधानमन्त्री की ताजपोशी के ठीक दो महीने के बाद ऑल इंडिया सिख स्टूडेंट्स फ़ेडरेशन के अध्यक्ष मंजीत सिंह ने, स्वर्ण मन्दिर से 'खालिस्तान खालसा पंचायतों' के रूप में समानान्तर सरकारें बनाकर 'खालिस्तान' की माँग को दोहराया। उधर विश्व हिन्दू परिषद् ने राम मन्दिर बनाने की मुहिम तेज़ कर दी। प्रधानमन्त्री ने परिषद् से अपील करके बाबरी मस्जिद विवाद को सुलझाने के लिए कमेटी बनाने का सुझाव दिया। कमेटी बनी भी, लेकिन कोई स्थायी हल नहीं निकला। बाद में लालकृष्ण आडवाणी ने सोमनाथ से अयोध्या तक रथयात्रा के संकल्प को 25 सितम्बर से कार्यान्वित करना आरम्भ कर दिया। रथयात्रा को बिहार शासन ने समस्तीपुर में रोककर आडवाणी को गिरफ़्तार कर लिया। बिहार में शासन की बागडोर उस समय लालूप्रसाद यादव के हाथ में थी। यह साहसपूर्ण क़दम उठाने से उनकी लोकप्रियता में कुछ ऐसी बढ़त हुई कि उनकी छवि, प्रदेश का अतिक्रमण करके राष्ट्रीय राजनीति के मानचित्र पर अंकित हो गई।

उधर केन्द्र में वी.पी. सिंह सरकार को मंडल कमीशन की सिफ़ारिशें बहुत महँगी पड़ीं। उन्हें स्वीकृति दिलाने की मंशा के पीछे चाहे जितना गहरा सरोकार और नेकनीयती काम कर रही हो, पर कुल मिलाकर नतीज़ा यह हुआ कि क़ाबिल सवर्ण उम्मीदवारों के हाथ से सरकारी नौकरियों का साढ़े सत्ताइस प्रतिशत एक

झटके में निकल गया। प्रतिक्रिया होना स्वाभाविक था। विरोधियों ने देशव्यापी प्रदर्शन किए, बन्धों का आह्वान किया; रास्ता रोको अभियान चलाए। दिल्ली में 10-29 अगस्त तक चलनेवाले इस अभियान के सिलसिले में होनेवाली रैलियों से दैनन्दिन जीवन बाधित होने लगा।

29 अगस्त को वित्तमन्त्री मधु दंडवते की इस घोषणा ने कि नीति में परिवर्तन नहीं होगा, आग में घी का काम किया। शहर में दोनों पक्षों के बीच टकराव से स्थिति इतनी गम्भीर हो गई, कि 29 अगस्त को दिल्ली-प्रशासन ने सब शिक्षा-संस्थाएँ एक महीने के लिए बन्द कर दीं। चार ही दिन बाद सर्वदलीय बैठक बुलाई गई, पर बात इतनी बिगड़ चुकी थी कि कसौटी और परिभाषा के बारे में सहमति नहीं बन सकी। दिन-प्रतिदिन पूरा उत्तर भारत विरोध की चपेट में आता चला जा रहा था। हिमाचल में स्थिति पर काबू पाने के लिए सेना बुलानी पड़ी। हिमाचल और सिक्किम की सरकारों ने भी रिपोर्ट को अस्वीकार कर दिया।

यह लड़ाई दैनन्दिन सामाजिक जीवन में, न्यायालयों में, प्रशासनिक तन्त्र और संसदीय स्तर पर समानान्तर रूप से चल रही थी। 16 सितम्बर को वी.पी. सिंह ने घोषणा की कि वे मंडल कमीशन की रिपोर्ट लागू करने के मामले पर अपनी सरकार की बलि चढ़ाने को तैयार हैं। पर घोषणा के तीन दिन बाद ही राजीव गोस्वामी नाम के एक युवा छात्र ने विरोध दर्ज करने के लिए आत्मदाह कर लिया। इसके बावजूद, सुप्रीम कोर्ट ने सिफ़ारिशों को लागू करने पर रोक लगाने से इनकार कर दिया। अगले ही दिन, कुरुक्षेत्र में एक विद्यार्थी ने आत्महत्या कर ली। परिणामतः स्थिति इस क़दर विस्फोटक हो गई कि काबू पाने के लिए सेना बुलानी पड़ी। यही नहीं, ग्वालियर, अम्बाला, यमुनानगर में कर्फ़्यू लगाया गया।

दिल्ली में भी मेडिकल इंस्टीट्यूट के चौराहे पर लगातार पाँच दिन तक धरना देने के बाद एक और विद्यार्थी ने आत्मदाह कर लिया। इस घटना में सुरेन्द्र सिंह की मृत्यु हो गई और विद्यार्थियों और पुलिस के बीच हुई मुठभेड़ में दिल्ली के तमाम भागों में फैली हिंसा और दंगों में छह विद्यार्थी घायल हो गए। यह स्थिति दूसरे दंगों से इस मायने में भिन्न थी कि इसके पीछे न राजनीतिक पार्टियाँ काम कर रही थीं, न साम्प्रदायिक तत्त्व। इनमें उन विद्यार्थियों का आक्रोश और क्षोभ प्रकट हो रहा था जो जी-तोड़ मेहनत करके सफल होने के बावजूद जातिगत आरक्षण के कारण छाँट दिए जाने के ख़तरे के सामने खड़े थे।

मानवीयता और सामाजिक न्याय की तमाम दलीलों के बावजूद इस निर्णय का कुल-जमा नतीज़ा यह निकला कि जातिवाद के नाम पर समाज अनेक उप-जातियों में बँटवारे और अगड़ों-पिछड़ों के भेदभाव की गिरफ़्त में आ गया।

कौन किससे ज़्यादा पिछड़ा है, इसकी दावेदारी के लिए होड़ मच गई। आरक्षण के इतने दावेदार पैदा हो गए कि इस समस्या का कोई स्थायी समाधान ढूँढ़ पाना आनेवाले समय में भी असम्भव हो गया।

मामले की गम्भीरता को भाँपकर प्रधानमन्त्री ने अपने रुख़ में ढिलाई दिखाई। उन्होंने 26 सितम्बर को राष्ट्र के नाम सम्बोधन में विद्यार्थियों से बातचीत करने के लिए अपील की। पर अगले ही दिन उत्तर भारत में फैले दंगों में 15 और लोगों की मौत का समाचार मिला। समस्या का हल निकलने के बजाय 15 अक्टूबर को भारत बन्द का आह्वान हुआ। घटनाएँ पूरे देश में घट रही थीं, पर दिल्ली शहर भयानक तनाव की स्थिति में था। लोगों की सोच इस बात से भी प्रभावित हो रही थी कि राजीव गोस्वामी की हालत बेहद गम्भीर थी।

अन्ततः 5 नवम्बर को जनता पार्टी में भी विभाजन हो गया। बिगड़ती स्थिति के कारण राष्ट्रपति ने 24 अक्टूबर को प्रधानमन्त्री को बहुमत साबित करने के लिए 7 नवम्बर की तारीख़ दे दी। अविश्वास प्रस्ताव में प्रधानमन्त्री पराजित हुए और 10 नवम्बर, 1990 को कांग्रेस के समर्थन से चन्द्रशेखर प्रधानमन्त्री के पद पर आसीन हो गए। मनमोहन सिंह तत्कालीन प्रधानमन्त्री के आर्थिक सलाहकार नियुक्त हुए और उन्हें केन्द्रीय मन्त्री का दर्जा दे दिया गया।

भारत के इतिहास में 20वीं शताब्दी का अन्तिम दशक अस्थिर सरकारों, घोटालों, साम्प्रदायिक दंगों, बम विस्फोटों और प्राकृतिक दुर्घटनाओं का दशक कहा जा सकता है। जब पूरा देश ऐसी घटना-संकुल ज़िन्दगी जी रहा हो, तो ऐसी स्थिति में किसी एक शहर के विकास के सवाल पिछड़ जाते हैं, भले ही वह देश की राजधानी और केन्द्रीय सरकार की सत्ता-पीठ हो।

चन्द्रशेखर के नेतृत्व वाली सरकार का जिन स्थितियों में और जिस रूप में गठन हुआ था, उससे साफ़ ज़ाहिर था कि उसके दिन गिने-चुने होंगे। हुआ इतना भर कि चन्द्रशेखर के मन में प्रधानमन्त्री होने की वर्षों से पल रही लालसा पूरी हो गई और उनके नाम के पहले भी कई औरों की तरह 'उप...' का खिताब चिपक गया। सरकार गिरते-पड़ते, मुश्किल से कुछ ही महीने पूरे कर पाई। प्रधानमन्त्री के इतने मज़बूत व्यक्तित्व के बावजूद परिस्थितियाँ उनके अनुकूल नहीं बनीं। 15 महीने के भीतर ही नवीं लोकसभा एक बार फिर भंग हो गई। अलबत्ता इस बीच नया साल (1991) शुरू होते ही, गणतन्त्र दिवस से पहले 22 जनवरी को दिल्ली में दो भारी बम विस्फोट हुए जिनमें 39 लोग घायल हो गए। इस घटना की पुनरावृत्ति 23 मार्च को पश्चिमी दिल्ली के तिलकनगर में हुई जिसमें 10 लोग मारे गए और 51 घायल हुए।

इस दौर की सबसे भयानक घटना 20 मई को श्रीपेरमबुदूर में आत्मघाती बॉम्बर के हाथों राजीव गांधी की हत्या हुई थी। राजीव गांधी उस समय अपनी भलमनसाहत और सम्मोहक छवि के कारण जनता के बीच लोकप्रियता की पराकाष्ठा पर थे। तमाम हो-हल्ले के बावजूद बोफ़ोर्स मामले में, उनके सत्ता से बाहर रहने पर भी कोई ठोस सबूत जुटाए नहीं जा सके थे। बहुत-से लोगों के मन में यह सन्देह पनपने लगा था कि इस मामले को जान-बूझकर सत्ता हड़पने के इरादे से तूल दिया गया था। उनकी नृशंस हत्या के बारे में तरह-तरह की अफ़वाहें थीं। पर पूरे देश का जनजीवन इस घटना से ठप हो गया।

मैं उस दिन किसी औपचारिक काम के सिलसिले में मुम्बई में थी। कई विद्वान् मित्रों के बीच पहले दिन शाम को ही देश की राजनीति पर बहस हो रही थी। अगले दिन सुबह-सुबह मेरा दरवाज़ा एक ऐसे सज्जन ने धड़धड़ाया जो अपनी विचाराधारा से घोर भाजपाई थे। मेरे उठकर दरवाज़ा खोलते-खोलते वे भरे गले और घबराई आवाज़ में चिल्लाए : ''अरे बहिन जी, राजीव गांधी को मार दिया।'' ख़बर जितनी अविश्वसनीय थी, उतनी सच्ची। हर सुननेवाला अवाक्। ख़बर के फैलते ही पूरे शहर की गति पर विराम लग गया। यातायात के सारे साधन—लोकल ट्रेनें, बस, सवारियाँ, सब जहाँ-की-जहाँ रुक गईं। शहर में मौत का सन्नाटा। सारे मतभेद भूलकर सबके मन विगलित। गांधी परिवार में एक दशक के भीतर यह तीसरी दर्दनाक मौत थी। राजनीति के लिए परिवार में दूसरी शहादत। पूरे देश में उनके प्रति श्रद्धा-समन्वित करुणा का भाव था।

श्रद्धा अर्पित करने के लिए तीन मूर्ति भवन की दिशा में जन सैलाब उमड़ रहा था। देश-विदेश से उनके अन्तिम संस्कार में शामिल होने के लिए जैसे और जितने प्रतिनिधि आए, उससे यह स्पष्ट था कि विश्व के राजनीतिक मानचित्र पर कुछ ही वर्षों के कार्यकाल में राजीव गांधी ने सम्मानित जगह बना ली थी।

चुनाव में कांग्रेस सबसे बड़ी पार्टी के रूप में उभरी। सहयोगी पार्टियों के साथ कांग्रेस ने जो सरकार बनाई, उसके नेता के रूप में नरसिंहराव ने 21 जून को 54 सदस्यों के मन्त्रिमंडल के साथ प्रधानमन्त्री पद की शपथ ग्रहण की। आडवाणी एक बार फिर विरोध पक्ष के नेता चुने गए। सरकार ने काम करना शुरू किया तो मंडल समस्या फिर उठी। सुप्रीम कोर्ट की पाँच सदस्यों की पीठ ने उसके लागू करने पर लगाए गए प्रतिबन्ध को उठाने से इनकार किया तो निर्णय के लिए मामला नौ सदस्यों की पीठ को भेज दिया गया। दूसरी तरफ़ अयोध्या मामले में भी सुप्रीम कोर्ट ने स्थिति ज्यों-की-त्यों बनाए रखने का आदेश जारी कर दिया।

दिल्ली को, इसी वर्ष 20-21 दिसम्बर को दोनों सदनों ने लेजिस्लेटिव असेम्बली (सीमित अधिकारों के तहत) का दर्जा दे दिया। यह शायद उस दौर का ऐसा अकेला विधेयात्मक प्रस्ताव था जिसके बारे में सकारात्मक निर्णय लिया गया, वरना कमज़ोर नेतृत्व के कारण सब कुछ अनिर्णीत अनिश्चय की स्थिति में चल रहा था।

अगले वर्ष (1992) भी मंडल-कमंडल से जुड़ी समस्याओं का कोई निर्णायक समाधान नहीं निकल पा रहा था कि इसी बीच आधा साल गुज़रते-गुज़रते एक और धमाका हुआ। यह उस दशक का सबसे मशहूर आर्थिक घोटाला था। पूरा शेयर बाज़ार हर्षद मेहता नाम के नामी शेयर-ब्रोकर की कारगुज़ारी से धूल फाँकने लगा। इस घोटाले के आरोप में 5 जून को हर्षद मेहता, उनके भाई अश्विन, उनके तीन साथी और तीन बैंक अधिकारी गिरफ़्तार किए गए। स्वतन्त्र भारत में इतने बड़े पैमाने पर आर्थिक घोटाले की सम्भवतः यह पहली घटना थी। सरकारी तन्त्र मामले की तह तक नहीं पहुँच पा रहा था। आख़िर 10 जुलाई को वाणिज्य राज्यमन्त्री श्री पी. चिदम्बरम ने और 22 जुलाई को योजना आयोग के सदस्य वी. कृष्णमूर्ति ने त्यागपत्र दे दिए। उस समय तक ऐसी स्थितियों में नैतिक ज़िम्मेदारी लेकर मन्त्री या अफ़सर इस्तीफ़ा देने में देर नहीं लगाते थे।

तमाम सरगर्मियों के बावजूद 110 दिन बाद 23 सितम्बर को मुम्बई हाई कोर्ट के आदेश पर हर्षद मेहता रिहा हो गए।

इधर दिल्ली हाईकोर्ट ने बोफ़ोर्स मामले के प्रमुख अभियुक्त विन चड्ढा के ख़िलाफ़ दर्ज एफ.आई.आर. को और बोफ़ोर्स मामले में 1990 की दो चिट्ठियों को भी ख़ारिज कर दिया। क़िस्सा एक बार फिर टल गया।

पर राम जन्मभूमि विवाद का कोई हल नज़र नहीं आ रहा था। बात को सुलझाने के बजाय भीतर-ही-भीतर शायद वह योजना पक रही थी जिसकी चरम परिणति 6 दिसम्बर को बाबरी मस्जिद के ध्वंस में हुई। इस समस्या के तीसरे दौर की बातचीत को विश्व हिन्दू परिषद् ने 9 नवम्बर को कार सेवा बन्द करने से इनकार करके बाधित कर दिया था और 3 दिसम्बर को भाजपा ने बिना निर्माण कार्य के कार सेवा का आश्वासन दिया था। ज़ाहिर है, उस समय तक 6 दिसम्बर के कार्यक्रम की रूप-रेखा तैयार की जा चुकी थी। इसका प्रमाण था इस कांड के समय वहाँ काफ़ी संख्या में भाजपा और विश्व हिन्दू परिषद् के नेताओं की उपस्थिति और आचरण। यह घटना सर्वथा अप्रत्याशित और अकल्पनीय थी। पूरा देश स्तब्ध था। विश्व हिन्दू परिषद् और राष्ट्रीय स्वयंसेवक संघ की भूमिकाएँ तो स्पष्ट थीं, पर प्रधानमन्त्री नरसिंहाराव की भूमिका भी शक के दायरे से बाहर नहीं

थी। उनकी और भाजपा नेता अटलबिहारी वाजपेयी की मित्रता सर्वविदित थी। बचाव था तो बस इतना कि इस पूरे कांड में स्वयं वाजपेयी जी की रज़ामन्दी के बारे में लोगों को सन्देह था। उत्साह से समर्थन करनेवालों में उमा भारती, अशोक सिंहल, विनय कटियार, आडवाणी, मुरली मनोहर जोशी, विष्णु हरि डालमिया–सभी कमोबेश शामिल थे। शायद इस घटना को अंजाम देने के पीछे यह सोच काम कर रही होगी कि फ़साद की जड़ को ख़त्म कर देने से मामला देर-सबेर बिना झंझट सुलझ जाएगा।

पर मामला तो साम्प्रदायिक सोच को भड़काकर कट्टरपंथी हिन्दू जनता के समर्थन से सत्ता पर कब्ज़ा करने का था। पाँसा उलटा पड़ गया। अगले ही दिन राष्ट्रव्यापी साम्प्रदायिक हिंसा में 225 लोगों की मृत्यु हो गई। तत्काल उत्तर प्रदेश के 7 शहरों में कर्फ़्यू लगाकर सेना को सावधान करने की नौबत आ गई।

दंगों में मरनेवालों की संख्या हज़ार का आँकड़ा पार कर गई। रोकथाम के लिए और प्रधानमन्त्री की भूमिका को विश्वसनीय बनाने के लिए कड़े क़दम उठाने ज़रूरी थे। परिणाम यह हुआ कि उन तमाम संगठनों पर प्रतिबन्ध लगाया गया जो कट्टरपंथी माने जाते थे। इनमें बजरंग दल, राष्ट्रीय स्वयंसेवक संघ और विहिप से लेकर जमाते-इस्लामी हिन्द और आई.एस.एस. सभी शामिल थे।

15 दिसम्बर को हिमाचल, राजस्थान और मध्यप्रदेश की भाजपा सरकारें बर्ख़ास्त कर राष्ट्रपति शासन लागू हुआ। कुछ समय के लिए अटलबिहारी वाजपेयी भी गिरफ़्तार हुए। उन्होंने अनशन किया। भाजपा का अविश्वास प्रस्ताव पराजित हुआ।

वाजपेयी ने अनशन तोड़ा और 10 जनवरी को भाजपा नेता रिहा कर दिए गए।

इस उठापटक की कर्मभूमि भले ही मुख्य रूप से उत्तर प्रदेश और उत्तर भारत के इलाक़े रहे हों, पर इसका गहरा असर राजधानी पर पड़ रहा था। एक तो इसलिए कि केन्द्रीय सत्ता-तन्त्र से सारे सूत्र संचालित और तमाम नीतियाँ निर्धारित होती थीं। दूसरे सभी राष्ट्रीय स्तर की पार्टियों के मुख्य कार्यालय यहीं थे और अधिकांश बड़े स्तर के नेता स्थायी या अस्थायी रूप से यहीं डेरा डाले रहते थे। पूरे शहर की, विशेषकर नई दिल्ली की फ़िज़ा राजनीतिमय हो गई थी। पार्टियों के दफ़्तरों के भीतर-बाहर एक ऐसी आबादी डेरा डाले पड़ी रहती थी जिसका दिल्ली की निजी सभ्यता-संस्कृति से नहीं के बराबर लेना-देना था। शहर में

अलबत्ता, राजनीतिक दलालों की एक ऐसी जमात पैदा ज़रूर हो गई थी, जिनमें कुछ बिगड़ैल अल्प-शिक्षित नाकारा स्थानीय युवाओं ने भी घुसपैठ कर ली थी। इनमें आर्थिक दृष्टि से सम्पन्न, सुरक्षित हैसियत वाले, व्यापारी परिवारों के नौनिहाल भी अच्छी संख्या में थे। इनमें एक गुट ऐसे होनहारों का भी था जिन्होंने महाविद्यालयों और विश्वविद्यालयों के अपेक्षाकृत सीमित मंच पर हाथ आज़माने के बाद राष्ट्रीय रंगमंच पर अवतरण किया था। इस दृष्टि से दिल्ली विश्वविद्यालय, जिसमें स्थानीय कॉलेज भी शामिल हैं, और जे.एन.यू. की भूमिकाओं पर एक दिलचस्प शोध-प्रबन्ध लिखा जा सकता है।

राजनीतिक अस्थिरता शहर, संस्थाएँ और पुस्तक बाज़ार

सरकार की मुश्किलें स्थगित होती थीं, ख़त्म नहीं। ख़त्म वे प्रायः होती ही नहीं थीं। कुछ दिनों तक ठंडे बस्ते में पड़ी रहने के बाद, टलते-टलते वे अपनी मौत मर जाती थीं। ये मामले भी जल्दी ख़त्म होनेवाले नहीं थे।

देश के उत्तरी भागों में कई महीनों की कारगुज़ारी के बाद साम्प्रदायिक हिंसा ने अपनी कर्मभूमि बदल ली। दंगों का उत्पात मुम्बई और अहमदाबाद में मचने लगा। जब स्थितियाँ सामान्य न हों, उस समय बड़े नेताओं के बयान कभी-कभी उनके इरादों से ज़्यादा अर्थवान हो जाते हैं। जो घटित हो चुका था, उसके बारे में आडवाणी ने टिप्पणी की थी कि "यह इतनी बड़ी दुर्घटना नहीं है जिसके लिए राष्ट्र शर्मिन्दा हो।" लिहाज़ा 12 मार्च, 1993 को शर्मिन्दगी का कुछ और सबब पैदा करने के लिए मुम्बई और गुजरात में साम्प्रदायिक दंगे फिर से भड़क उठे।

एक तरफ़ देश के अलग-अलग भागों में ऐसी वारदातों के घटित होने की आशंका बनी रहती थी, दूसरी तरफ़ हर्षद मेहता वाला मामला हल नहीं हुआ था। तभी हर्षद मेहता ने एक और धमाका किया। उसने इस सिलसिले में प्रधानमन्त्री को सूटकेस में भरकर एक करोड़ रुपया देने का आरोप लगाया।

नरसिंहराव का इनकार करना स्वाभाविक था, पर विरोधी पार्टियों ने मौक़ा देखकर तुरन्त उनके इस्तीफ़े की माँग पेश कर दी। उधर हर्षद मेहता सी.बी.आई.

द्वारा इस मामले की जाँच कराने की माँग कर चुके थे। जब इस तरह का कोई सनसनीख़ेज़ मसला उठता है, तो मीडिया तुरन्त उसकी जासूसी में जुट जाता है। अलग-अलग चैनलों में उसके तरह-तरह के रूपान्तर और संस्करण सामने आते हैं। जनता के बीच इस ख़बर की तुलना कुछ-कुछ इन्दिरा गांधी के समय में हुए नागरवाला कांड से की जा रही थी। पर यहाँ न पृष्ठभूमि में बांग्ला देश का मुक्ति-प्रसंग था, न वहाँ लेनेवाले हाथ स्वयं प्रधानमन्त्री के थे। इसके अलावा मामले के तूल पकड़ने से पहले ही नागरवाला की हत्या हो गई थी और पैसा सरकारी मालखाने में जमा हो गया था। यहाँ तो मीडिया ने तथाकथित सूटकेस के कुछ धुँधले-से चित्र भी जनता की नज़र के सामने परोस दिए, पर वास्तविकता पर रहस्य का पर्दा ही पड़ा रहा।

बहरहाल, कांग्रेस ने कार्यकारिणी समिति और मन्त्रिमंडल दोनों स्तरों पर प्रधानमन्त्री के प्रति आस्था व्यक्त करते हुए इस पूरी घटना को बड़े षड्यन्त्र का हिस्सा बताया। दिल्ली शहर अटकलों और अफ़वाहों से बजबजाता रहा। निजी प्रतिबद्धता के अनुरूप प्रधानमन्त्री के चरित्र और व्यवहार की नैतिक समीक्षाएँ भी हुईं। मामला उतार-चढ़ाव के साथ तीन-चार महीने चला। दिल्ली के बतरसियों की महफ़िलें इस चर्चा से आबाद रहीं। फिर सब जैसे-का-तैसा हो गया।

इसी बीच प्रधानमन्त्री ने 15 अगस्त को लाल किले से बाबरी मस्जिद के पुनर्निमाण के संकल्प की घोषणा की और 2 सितम्बर को उसे ढानेवालों के विरुद्ध कार्रवाई की। समय ने इन घोषणाओं के खोखलेपन को ही साबित किया। न मस्जिद का निर्माण आसान था, न हज़ारों की भीड़ के ख़िलाफ़ कार्रवाई।

मंडल कमीशन की सिफ़ारिशों के लागू करने का मामला भी ठंडा नहीं पड़ा था। समर्थन और विरोध के दोहरे दबाव के बीच सरकार ने 8 सितम्बर को एक बार फिर कमीशन की सिफ़ारिश के अनुरूप 27 प्रतिशत आरक्षण लागू करने का इरादा दोहराया। प्रतिक्रिया में 11 सितम्बर को युवा कांग्रेस के नई दिल्ली के दफ़्तर के बाहर भयंकर बम विस्फोट हुआ जिसका लक्ष्य, अध्यक्ष मनिन्दरजीत सिंह बिट्टा थे। पर वे बच गए और अन्य 8 लोगों की मौत हो गई। घायलों की संख्या 29 थी।

देश राजनीतिक और प्राकृतिक, दोनों विपदाओं के घिराव में था। 30 सितम्बर को महाराष्ट्र के लातूर और उस्मानाबाद ज़िलों में भूचाल से भयंकर तबाही हुई। सरकारी आँकड़ों के अनुसार 15,000 लोगों की मौत हो गई, 10,000 ज़ख़्मी हुए और लगभग 12,000 मलबे में दब गए। यह तबाही अपनी जगह थी और सी.बी.आई. की कार्रवाई अपनी जगह चल रही थी।

5 अक्टूबर को सी.बी.आई. ने बाबरी मस्जिद के मामले में 40 लोगों के ख़िलाफ़ चार्ज शीट दाख़िल कर दी जिनमें आडवाणी, मुरली मनोहर जोशी और बाल ठाकरे जैसी हस्तियाँ शामिल थीं। एक ही हफ़्ते बाद हर्षद मेहता के ख़िलाफ़ भी चार्ज शीट दाख़िल हो गई। सरकार की मुश्किलें स्थगित होती थीं, ख़त्म नहीं। ख़त्म वे प्रायः होती ही नहीं थीं। कुछ दिनों तक ठंडे बस्ते में पड़ी रहने के बाद, टलते-टलते वे अपनी मौत मर जाती थीं। ये मामले भी जल्दी ख़त्म होनेवाले नहीं थे। पर इसी बीच राजनीतिक मोर्चे पर एक और धमाका हुआ। उसी महीने कश्मीर में हज़रतबल मकबरे पर मिलिटेंट्स ने कब्ज़ा कर लिया। बातचीत से कोई हल नहीं निकला और भारत ने पाकिस्तान के चार राजनयिकों को गुप्तचरी के आरोप में निष्कासित कर दिया। कर्णसिंह ने मध्यस्थता की पेशकश की जो सरकार ने ठुकरा दी। यह संकट 32 दिन तक चला। आख़िर 65 लोगों ने समर्पण किया जिनमें मिलिटेंट्स के अलावा कुछ विदेशी भी थे।

दिल्ली में इस वर्ष की सबसे महत्त्वपूर्ण घटना थी—29 नवम्बर के चुनावी नतीजों में भाजपा की जीत, जिसे भाजपा ने दो-तिहाई वोटों से हासिल किया था। गोकि हिमाचल में कांग्रेस भी दो-तिहाई वोटों से जीत गई थी और 2 दिसम्बर को मध्यप्रदेश में भी कांग्रेस की वापसी हुई थी, पर राजधानी में सत्ता हाथ से निकलने के गम्भीर निहितार्थ थे। भाजपा के मदनलाल खुराना 37 वर्ष के बाद पार्टी के मुख्यमन्त्री बने थे। इस घटना से यह प्रमाणित हुआ कि स्थानीय राजनीति पर दिल्ली के पुराने बाशिन्दों की पकड़ ढीली हो चुकी थी और उस पर आप्रवासियों ने कब्ज़ा कर लिया था, जो पार्टी-निरपेक्ष रूप से आज तक बना हुआ है। यह बात काफ़ी हद तक व्यापारिक क्षेत्रों पर भी लागू होती है।

दिल्ली में राजनीतिक गहमा-गहमी का एक और ठिकाना संसद भवन बना रहने लगा था। जब से साम्प्रदायिक मामले सिर उठाने लगे थे, राजनीतिक गिरफ़्तारियों की घटनाएँ उसी अनुपात में बढ़ने लगी थीं। बाबरी मजिस्दवाले मामले में उस वर्ष फिर 7 दिसम्बर को आडवाणी, मुरली मनोरहर जोशी और कल्याण सिंह को गिरफ़्तार कर लिया गया। भाजपा नेताओं की रिहाई की माँग को लेकर दोनों सदनों की कार्यवाही बाधित हुई। दिल्ली, बिहार और कटक में बन्द का आह्वान किया गया और 20 दिसम्बर को ये नेता रिहा कर दिए गए।

केन्द्रीय सरकार और राज्यों की विधान सभाओं में सत्ता की बागडोर जब अलग-अलग पार्टियों के हाथ में होती है, तो इससे विचित्र विसंगति पैदा होती है। राज्य सरकारों को केन्द्र से अपेक्षित सहयोग न मिलने की शिकायत तो बराबर बनी ही रहती है, पर वे अपने शासन काल में राज्य की संस्थाओं पर अपनी पकड़

मज़बूत करने में लगी रहती हैं। अगर दोनों के बीच वैचारिक मतभेद तीव्र हो तो स्थिति और विकट हो जाती है। दिल्ली के शैक्षिक-सांस्कृतिक माहौल पर इस राजनीति का प्रभाव बराबर पड़ता रहता है। राजधानी होने के कारण शहर के तीन बड़े विश्वविद्यालय उस समय केन्द्रीय विश्वविद्यालय थे। इनमें जवाहरलाल नेहरू विश्वविद्यालय और इन्दिरा गांधी मुक्त विश्वविद्यालय के प्रशासन में राज्य सरकार का कोई सीधा हस्तक्षेप नहीं था। पर दिल्ली विश्वविद्यालय की स्थिति कुछ अलग और विचित्र है। इस विश्वविद्यालय का चरित्र संघीय (फ़ेडरल) होने के कारण इसके साम्राज्य के भीतर तीन तरह के कॉलेज क्रियाशील रहते हैं। विश्वविद्यालय के सीधे प्रशासन के तहत काम करनेवाले कॉलेज। शहर के धनाढ्य वर्ग द्वारा स्थापित ट्रस्टों के वित्तीय अनुदान की सहायता से चलनेवाले कॉलेज और दिल्ली प्रशासन द्वारा खोले गए कॉलेज। जहाँ तक विश्वविद्यालय के प्रशासकीय तन्त्र के तहत आनेवाले कॉलेजों का सवाल है, उसमें कुलपति और उनकी टीम के अलावा, ऊपर से हस्तक्षेप करने का सवाल कम ही उठता है। निजी ट्रस्ट से चलने वाले कॉलेजों में भी उनका संविधान विशेष छूट और हस्तक्षेप की गुंजाइश नहीं देता। गोकि प्राइवेट ट्रस्ट का चेयरमैन कभी-कभी दिक्कत पैदा करता है। सबसे खराब स्थिति राज्य-प्रशासन के अनुदान की सहायता से चलने वाली संस्थाओं की है।

इन कॉलेजों के इतिहास को याद करें तो इनकी शुरुआत के पीछे नीयत ही बहुत साफ़ नहीं थी। आरम्भ में दिल्ली शहर की बढ़ती छात्र-संख्या की समस्या से निबटने में जिस सरकार ने सहायता की पेशकश की थी, उसने हर साल चार के आँकड़े के हिसाब से कॉलेज खोलकर कई वर्ष तक काडर आधारित शिक्षकों और प्रिंसिपलों की नियुक्ति के माध्यम से उन पर अपनी विचारधारात्मक पकड़ स्थापित की। अगले चुनाव में पार्टी बदली पर नीति नहीं। जिसका जब जहाँ मौका लगा, पदोन्नति और कार्य-काल में बढ़त जैसे मामले बड़ी निर्लज्जता से राजनीतिक नज़रिए से तय किए जाते रहे। कॉलेजों की गवर्निंग बॉडी में प्रशासन से भारी संख्या में जो सदस्य मनोनीत होकर आते थे, उनमें से अधिकांश अल्पशिक्षित या लगभग अपढ़ होते थे। उन्हें इनकी सदस्यता का गौरव योग्यता के आधार पर नहीं, राजनीतिक क्रिया-कलापों या विधानसभा के सदस्यों से उनके रिश्तों या मित्रता के आधार पर दिया जाता था।

कॉलेजों में अध्यापकों की नियुक्ति इन कॉलेजों में विकट समस्या बनी रहती थी। कॉलेजों के चेयरमैन, अपनी जवाबदेही कॉलेज या विश्वविद्यालय से ज़्यादा पार्टी या अपने आकाओं के प्रति समझते थे। बड़ी शर्मनाक स्थिति तब पैदा होती थी, जब वे साक्षात्कार के दौरान लगभग निरपेक्ष रहने या मूर्खतापूर्ण सवाल पूछने

के बाद निर्णय के क्षणों में जेब से पर्ची निकालकर पार्टियों या व्यक्तियों द्वारा पहले से तय कर दिए नाम गिनाने लगते थे। ऐसी स्थिति में विषय के विशेषज्ञों के पास लाचार होकर उनकी बात मानने, या फिर अपनी असहमति दर्ज करने या बैठक छोड़कर वॉक आउट करने के अलावा दूसरा रास्ता नहीं बचता था।

अर्थ के पीछे-पीछे इन कॉलेजों की गवर्निंग बॉडीज़ की सदस्यता, विश्वविद्यालय के अधिकारियों और प्रशासन के बीच लम्बे समय तक विवाद का विषय बनी रही। दिलचस्प बात यह है कि कॉलेजों को चलाने के लिए अनुदान का 95 प्रतिशत तो अब भी विश्वविद्यालय अनुदान आयोग ही वहन करता है। हस्तक्षेप करने का अधिकार तो प्रशासन हो या निजी ट्रस्ट, वे सिर्फ़ 5 प्रतिशत देकर अर्जित कर लेते हैं। और प्रशासन का 5 प्रतिशत भी जनता के स्रोतों से आनेवाला पैसा होता है, किसी व्यक्ति या व्यक्तियों की जेब से नहीं। इस पूरी व्यवस्था का गहरा सम्बन्ध जीवन में राजनीति के असाधारण रूप से महत्त्वपूर्ण हो जाने से है। विश्वविद्यालयों में शिक्षा देने के साथ-साथ राजनीति में प्रशिक्षण देने का दायित्व भी बख़ूबी निभाया जा रहा है। प्रशासन से जुड़ी काउंसिलें हों (एकेडमिक या एक्ज़िक्यूटिव) या कॉलेजों और विश्वविद्यालयों के संघ–विद्यार्थियों, शिक्षकों या कर्मचारियों के। कुछ अपवादों को छोड़कर–हर मंच पर चुनाव व्यक्तियों की अपनी योग्यता के आधार पर नहीं, पार्टी सदस्यता के आधार पर लड़े जाते हैं। इस स्थिति को पैदा करने और बनाए रखने की ज़िम्मेदारी दरअसल उस उदासीन वर्ग पर है, जिसकी दिलचस्पी न सत्ता की इस बन्दरबाँट में शामिल होने में है, न इसमें परिवर्तन लाने में। इन चुनाव अभियानों में होनेवाले ख़र्च पर बन्दिश लगाकर चुनाव आयोग ने इधर किसी हद तक फूहड़ प्रचार और आर्थिक भ्रष्टाचार पर रोकथाम ज़रूर की है, पर राजनीतिक हस्तक्षेप पर पूरी तरह काबू पाने के लिए व्यापक जनमत बनाने और आन्दोलन करने के अलावा कोई दूसरा रास्ता नहीं है। कहना न होगा कि यह स्थिति राजधानी ही नहीं, लगभग पूरे देश की शिक्षा-संस्थाओं के बारे में सच है।

बीसवीं शताब्दी का अन्तिम दशक, देश और राजधानी, दोनों के लिए हलचलों से भरा समय रहा है। आज़ादी के बाद धीरे-धीरे राजनीति और पूँजी के बीच जैसा गठजोड़ बना, उसके कारण सामाजिक जीवन और दैनन्दिन आचरण में तेज़ी से गिरावट आती चली गई। अर्थ जीवन का चरम पुरुषार्थ, एकमात्र साध्य और शेष सब कुछ उसका साधन बनकर रह गया।

राजनीतिक उठापटक इस हद तक बढ़ चुकी थी कि उससे सम्बद्ध मामलों में न्यायालयों की भूमिका निर्णायक होने लगी। 11 मार्च, 1994 को देश के

राजधानी स्थित सुप्रीम कोर्ट ने राजनीतिक दृष्टि से एक अहम फ़ैसला किया। 9 न्यायाधीशों की विशेष पीठ ने मध्यप्रदेश, राजस्थान और हिमाचल प्रदेश की भाजपा सरकारों की बर्ख़ास्तगी को वैध ठहराकर जैसे राजनीतिक गतिविधि में तेज़ी के लिए फिर एक अवसर मुहैया कर दिया।

दूसरी तरफ़ दिल्ली की भाजपा सरकार ने अपनी धार्मिक छवि सँवारने के लिए एक विधेयक पास करके गो-हत्या पर रोक लगा दी। यह अलग बात है कि ऐसी घटनाओं का जन-मन पर कोई गहरा या स्थायी प्रभाव नहीं पड़ता। धार्मिक रुझान वाले रूढ़िवादी हिन्दू समुदाय का कुछ सन्तोष ऐसे निर्णयों से भले ही हो जाता है, पर इनकी व्यावहारिकता और सार्विक स्वीकृति सन्देहात्मक ही रहती है।

सरकारों के पंचवर्षीय बदलाव का प्रभाव किसी भी राज्य/शहर के जनजीवन के लिए बहुत उपादेय नहीं होता। शासन जब विरोधी पार्टी के हाथ में आता है तो यह उसका नैतिक दायित्व हो जाता है कि वह पहलेवाली सरकार की ऐसी योजनाओं को ध्वस्त या स्थगित करे, जिनका वह विरोधी पक्ष होने भर के कारण आलोचना और विरोध करती रही है या उनकी जगह कुछ अलग ढंग की नई योजनाएँ प्रस्तावित और लागू करे। दिल्ली शहर की बनावट ऐसे हर परिवर्तन के समय इस राजनीति की शिकार हुई है। शहर में अवैध निर्माण और ग़ैर-क़ानूनी कब्ज़े ऐसी ही बड़ी समस्या हैं। कहा जाता है कि दिल्ली की सड़कों पर मृत्यु-दूत के रूप में लगातार दौड़ती ब्लू-लाइन की बसों से राजनीतिक कारणों से ही निज़ात नहीं मिलती। झुग्गी-झोंपड़ी बस्तियों का अच्छी-ख़ासी मध्यवर्गीय कॉलोनियों में रूपान्तरण भी वोटों की राजनीति के कारण ही हुआ है।

सघन बस्तीवाले शहरी बाज़ारों की स्थिति इस दृष्टि से बेहद शोचनीय है। उदाहरण के लिए सदर बाज़ार की हर गली की हर दड़बानुमा थोक सामान की दुकान ज्वालामुखी की नोक पर विराज रही है। एक तीली लगाने भर से वहाँ क़हर बरपा हो सकता है—बीच-बीच में ऐसा होता भी रहा है। बिजली के खम्भों से वैध-अवैध कनेक्शनों के नंगे तार किसी भी क्षण विद्युत-तरंग में बदलकर हिंसा में आतंकवाद से टक्कर ले सकते हैं। पर आज भी चले जाइए तो वाहनों और पद-यात्रियों की ठेलमठेल के बीच चलना दूभर होता है। किसी आकस्मिक आपदा की स्थिति में वहाँ बचाव का रास्ता मिलना असम्भव है। यही स्थिति पुराने शहर के कई हिस्सों की है जिससे निबटना न जाने कब कौन-सी सरकार अपना एजेंडा बनाएगी।

कनॉट प्लेस की दुकानों को लीप-पोतकर उनके बाहरी मुखड़ों की साज-सँवार ज़रूरी है। इधर ख़ान मार्केट के बारे में भी कुछ ऐसी ही योजना प्रस्तावित है। ये ऐसे इलाक़े हैं जहाँ शहर के अभिजन वर्गों, शासन-सम्बद्ध नेताओं और

नौकरशाही तथा भारी संख्या में पर्यटकों की ज़रूरतें पूरी होती हैं। अपनी स्थिति की वजह से जनपथ की उस मार्केट की बहबूदी पर भी बराबर शासन की आँख टिकी रहती है, जिसकी शुरुआत कभी लगभग पटरी बाज़ार की तरह हुई थी। इससे मिलती-जुलती स्थिति कनॉट प्लेस के केन्द्र में बसी शंकर मार्केट की है। ये शहर के युवा वर्ग की ख़रीदारी के उतने ही प्रिय अड्डे हैं, जैसे दक्षिण दिल्ली में सरोजिनी नगर और साउथ एक्सटेंशन और पश्चिमी दिल्ली में करोल बाग़ के अजमल ख़ाँ रोड के आसपास के इलाक़े और प्रसिद्ध गफ़्फ़ार मार्केट। पर महज़ अपनी भौगोलिक स्थिति के कारण सदर बाज़ार इन सबसे विलक्षण इलाक़ा है, जिस पर ध्यान दिया जाना बहुत ज़रूरी है।

जैसे कुतुब रोड, सदर बाज़ार, डिप्टीगंज, पहाड़ी धीरज, भगीरथ प्लेस तरह-तरह के सामान के थोक-बाज़ार हैं, वैसे ही स्वातन्त्र्योत्तर दिल्ली में दरियागंज का अंसारी रोड भारतीय भाषाओं–विशेषकर हिन्दी के प्रकाशन व्यवसाय के लगभग थोक-बाज़ार की तरह विकसित होता चला गया। शहर के पुराने प्रकाशनों में दो–आत्माराम एंड सन्स और राजपाल एंड सन्स–तो कश्मीरी गेट पर बने रहे, पर राजकमल प्रकाशन जो अपने चरम शिखर पर कई वर्ष तक हिन्दी प्रकाशनों का सिरमौर रहा था, दशक के आरम्भ में क्रमशः गर्दिश में आने लगा था। देश-भर के नामी-गिरामी रचनाकार वहाँ से पुस्तक छपवाने के तलबगार रहते थे। इसके दो बड़े कारण थे। जब इसका संचालन स्वर्गीय ओमप्रकाश जी के हाथ में था, तभी उन्होंने कई नामी-गिरामी लेखकों को अपने प्रकाशन से जोड़ा और गुमनामी में पड़े लेखकों की खोज की। फणीश्वरनाथ रेणु उन्हीं के प्रयत्न से राजकमल से जुड़े। यह सिलसिला शीला सन्धू के हाथ में व्यवस्था के स्थानान्तरण के बाद भी चलता रहा। ऐसे रचनाकारों की लम्बी सूची है जिन्हें उन्होंने पहले नामवर सिंह की सहायता से और फिर अपने प्रयत्नों से राजकमल परिवार में शामिल किया। उन्हें इस बात का लाभ भी मिला कि दरियागंज में एक दूसरे बड़े प्रकाशन 'नेशनल पब्लिशिंग हाउस' का अवसान हो चला था। 'अक्षर प्रकाशन' तो जितने ताम-झाम से शुरू हुआ था, उतनी ही तेज़ी से दुर्गति को प्राप्त हो गया। अलबत्ता इसी बीच दो दशक के दौरान कड़ी मेहनत और विनीत मुद्रा से, अशोक महेश्वरी ने अपनी माँ श्रीमती शिरोमणि देवी के द्वारा आरम्भ किए गए 'वाणी प्रकाशन' का अच्छा विकास और विस्तार कर लिया था।

राजकमल प्रकाशन से अलग होने के बाद ओमप्रकाश जी ने 'राधाकृष्ण प्रकाशन' खोला। वे बड़े जीवन्त और क़द्रदान व्यक्ति थे। तमाम रचनाकारों के साथ उनके दोस्ताना सम्बन्ध थे। प्रकाशन की नींव मज़बूत कर पाने से पहले ही

उनका आकस्मिक निधन हो गया और व्यवस्था उनके विदेश-पलट बेटे अरविन्द के हाथ में आ गई। प्रतिभा के धनी, शालीन बेटे की मानसिकता का तालमेल हिन्दी प्रकाशनों की अजीबोग़रीब दुनिया के साथ नहीं बैठा और कुछ ही समय बाद उन्होंने राधाकृष्ण प्रकाशन का सौदा अशोक महेश्वरी के हाथ कर दिया। तब तक अशोक महेश्वरी का अपने छोटे भाई अरुण से भी मनमुटाव हो चुका था और 'वाणी प्रकाशन' के बँटवारे की नौबत आ गई थी।

महेश्वरी परिवार से मेरा पुराना परिचय था। अशोक से ज़्यादा, अरुण से कम। दरअसल अशोक तो बचपन से ही अपनी माँ के साथ पुस्तकों की बिक्री के सिलसिले में मेरे सम्पर्क में आ चुके थे। अरुण ने होश सँभाला तो अशोक ने दिल्ली के बाहर पुस्तकों की बिक्री और उगाही की ज़िम्मेदारी उन पर डाली। इस बँटवारे से अशोक ने रचनाकारों से सम्बन्ध बनाने और पुस्तकों के प्रकाशन में महारत हासिल की और अरुण बिक्री की कला में बेहद निष्णात हो गए। इस अन्तर की चर्चा इसलिए प्रासंगिक है कि दोनों की छवियों का यह अन्तर उस समय निर्णायक हो गया, जब शीला सन्धू ने स्वास्थ्य की लाचारी के कारण 'राजकमल प्रकाशन' को बेचने का मन बनाया। वर्षों से इतने बड़े प्रकाशन का भार उनसे सँभल नहीं रहा था। रचनाकारों के साथ हिसाब में बेईमानी करना उनके उसूलों के ख़िलाफ़ था। किताबों की बिक्री की व्यवस्था सन्तोषजनक नहीं थी। गोकि हिन्दी की सबसे अच्छी रचनाएँ और रचनाकार उन्हीं से जुड़े थे। अधिकांश पुरस्कार और सम्मान पानेवाले लोग उन्हीं की पाली में थे; पर उनके पति हरदेव सन्धू का निर्यात व्यापार रूस के विघटन के बाद चरमराने लगा था। वित्तीय सहायता का वह अक्षय स्रोत सूख चला था। प्रकाशन के भीतर उनके तथाकथित विश्वासपात्रों ने भी स्थिति का लाभ उठाकर हाथ सफ़ाई दिखानी शुरू कर दी थी।

साहित्य की दुनिया के ऐसे तमाम परिचित जिन्होंने लम्बे समय तक उनकी मेहमाननवाज़ी का भरपूर लाभ उठाया और दोस्ती का दम भरा, धीरे-धीरे छिटकने लगे थे। विश्वविद्यालय से मुझे रिटायर होने में दो वर्ष के लगभग समय बाक़ी था। शीला जी ने ऐसे समय में वह प्रस्ताव दोहराया जो कई वर्ष से वे गाहे-बगाहे मेरे सामने दोस्ती के हवाले से रख रही थीं। मैं नौकरी छोड़कर उनके साथ राजकमल में पार्टनर हो जाऊँ। इस बार की पेशकश में प्रस्ताव बिक्री का था। मुझे अपनी क्षमताओं के बारे में कोई मुग़ालता नहीं था। उन्होंने मुझे यह छूट दी कि मैं चाहूँ तो रक़म लम्बे समय तक टुकड़ों में जब जैसी सुविधा हो, चुकता करती रहूँ। उनकी मुख्य चिन्ता यह थी कि लेनेवाला उनके लेखकों के साथ आदर और

ईमानदारी से पेश आए और वे अपने जीवनपर्यन्त प्रकाशन से बिना वित्तीय लाभ के औपचारिक सम्बन्ध बनाए रखें। आज भी रचना और प्रकाशन की दुनिया में लोग उनकी निष्कलंक ईमानदारी और प्रकाशन के प्रति समर्पण के लिए उनका ज़िक्र आदर से करते हैं। पर इच्छाओं और बाज़ार के दबावों में बहुत फ़र्क होता है, यह बात उनकी समझ के बाहर थी।

बहरहाल, अनेक प्रस्तावों के बीच अन्ततः बात दोनों महेश्वरी भाइयों पर आकर टिकी। माध्यम मैं। एक लगभग पूरी रक़म एक साथ देने को तैयार, पर दूसरे की मजबूरी कि वह पूरा भुगतान करने के लिए दो वर्ष की मोहलत का तलबगार। ज़ाहिर है, शीला जी के लिए पहला विकल्प ज़्यादा अनुकूल था। पर अरुण महेश्वरी की एक छोटी-सी चूक से बात उनके हाथ से निकल गई और फ़ैसला अशोक के पक्ष में हो गया। पर इस फ़ैसले को अंजाम देने के लिए शीला जी ने दो शर्तें लगा दीं। पहली यह कि इन दो वर्षों के दौरान, जब तक सौदा पूरा नहीं हो जाता, मैं उनके साथ कुछ देर नियमित रूप से राजकमल में बैठूँगी, एक्ज़िक्यूटिव डायरेक्टर की हैसियत से, और समझौते से सम्बद्ध सारे काग़ज़ात (शेयर और पोस्ट डेटेड चेक) मेरी सुपुर्दगी में रहेंगे। किस्तों की अदायगी के दौरान उनके अनुपात में शेयर ख़रीदार के नाम ट्रांसफ़र होते रहेंगे। यह भी कि ब्यौरे की चर्चा कोई किसी से नहीं करेगा। शर्तों का ठीक तयशुदा ढंग से निर्वाह हुआ। यहाँ तक कि एक बार मुझे निर्धारित तिथि पर देश के बाहर रहना था। मैंने दो सीलबन्द लिफ़ाफ़े अपने बेटे के हवाले किए, इस हिदायत के साथ कि वे तय तिथि को दोनों पक्षों को दे दिए जाएँ। देनेवाला भी लिफ़ाफ़ों में बन्द मज़मून से बेख़बर था। यह बात अलग है कि मेरे राजकमल में बैठते ही दिलचस्प अफ़वाहों का बाज़ार गरम हो गया। एक ख़बर यह उड़ी कि मैंने नामवर सिंह के साथ या उनकी सलाह से प्रकाशन ख़रीद लिया है। एक रचनाकार मित्र विचित्र मुद्रा बनाकर बोले, "निर्मला जी ने अपने रिटायरमेंट का अच्छा इन्तज़ाम कर लिया।" पर लाख उकसाने पर भी हम तीनों में से किसी ने मुँह नहीं खोला और समझौता पूरा होते ही मैंने और शीला जी ने राजकमल को अलविदा कह दिया।

शीला जी की मनोकामना और सपना किस हद तक पूरा हुआ, इसका उत्तर मुझसे बेहतर वे ही दे सकती हैं और उन्हें अब वर्षों से इस विषय पर संवाद करने की न कोई ज़रूरत है, न इच्छा। मेरा अनुमान है कि उस पूरी प्रक्रिया का यह पहला लिखित ब्यौरा है। इससे ज़्यादा की न कोई प्रासंगिकता रह गई है, न ज़रूरत। इसके बाद तो, राजकमल के बाद, लोकभारती प्रकाशन ख़रीदकर अशोक महेश्वरी ने कारोबार का और विस्तार कर लिया है।

पर सारे विस्तार के बावजूद आज कोई एक प्रकाशन इस स्थिति में नहीं है कि दूसरों के कारोबार पर बहुत दूर तक असर डाल सके। हर रूपाकार और विचार के दर्जनों प्रकाशन शहर दिल्ली में फल-फूल रहे हैं। शहर के भौगोलिक विस्तार के साथ यह व्यापार भी यमुना पार शाहदरे में, उधर महरौली और इधर उत्तर और पश्चिमी दिल्ली में, फैल गया है। सबकी नज़रें ख़रीद पर हैं, राज्य और केन्द्रीय सरकार समर्थित संस्थाओं की थोक-बाज़ारी पर हैं। रचनाकार, विषय, पाठक–सब हाशिए पर, मुख्य है बिकवाली। इसके लिए चाहे जैसे हथकंडे काम में लाने पड़ें, सब जायज़ है। समस्या बाज़ार है, जिसमें प्रकाशक व्यवसायी है और प्रकाशन व्यवसाय और पुस्तक महज़ उत्पाद। आगे क्या होगा, यह बाज़ार की शर्तों और दबाव के हाथ में है। सबके सामने प्रतिस्पर्धा के वर्तमान माहौल में अपने अस्तित्व को बनाए और टिकाए रखने के साथ निरन्तर पूँजी बढ़ाते रहने का सवाल है।

बीसवीं सदी का अन्तिम दशक अगली सदी के स्वागत की तैयारी का दशक था। इस तैयारी का राग तो राजीव गांधी ही अपने शासन काल में छेड़ चुके थे। अब समय आर्थिक उदारीकरण का था। आयात-निर्यात के लिए दरवाज़े खोलकर बहुराष्ट्रीय कम्पनियों को आमन्त्रण देने का था। ग्लैमर की दुनिया में भारत अपनी जगह बना रहा था। एक ही वर्ष (1994) में 18 वर्षीय सुष्मिता सेन मिस यूनिवर्स और ऐश्वर्या राय मिस वर्ल्ड चुनी गई थीं। सुष्मिता उस समय दिल्ली के बसन्त कुंज में रहती थी। इस एक घटना ने कॉलोनी के भाव और हैसियत में भारी इज़ाफ़ा कर दिया। इसी वर्ष अपनी निष्कलंक प्रशासनिक छवि और दृढ़ता के कारण जानी जानेवाली पुलिसकर्मी किरण बेदी को मेगसेसे अवॉर्ड से नवाज़ा गया था। ये वही किरण बेदी थीं जिन्हें दिल्ली शहर क्रेन बेदी कहने लगा था। उन्होंने दिल्ली की अनुशासनहीन ड्राइविंग और पार्किंग की आदत पर ट्रैफ़िक का दायित्व सँभालने के कुछ ही महीनों के भीतर लगाम कस दी थी। पहले ट्रैफ़िक विभाग से और फिर दिल्ली से उनका तबादला इसी कारण कर दिया गया, क्योंकि नियम-क़ानून के पालन में वे आम जनता और तथाकथित वी.आई.पी. या वी. वी.आई.पी. समुदाय के बीच भेद नहीं करती थीं। बड़ी जल्दी वे आलाकमान के आँख की किरकिरी हो गईं, पर वे जहाँ जिस पद पर रहीं, उन्होंने अपनी छाप छोड़ी। तिहाड़ जेल के क़ैदियों के जीवन में, वहाँ की आन्तरिक व्यवस्था और सुविधाओं में उन्होंने जो सुधार किए, उनके कारण पहलेवाला तिहाड़, उनके जाने के बाद भी वही तिहाड़ नहीं रह गया।

राजकमल प्रकाशन से सम्बद्ध होने के बाद हमारे सामने पहली समस्या उसे वित्तीय संकट से बाहर निकालने की थी। विशुद्ध साहित्य के बलबूते पर ऐसा

करना आसान नहीं था। इसलिए तय पाया गया कि कुछ ऐसी रचनाओं का प्रकाशन किया जाए जो भले ही रूढ़ अर्थ में 'हिन्दी साहित्य' की कोटि में न आती हों, पर विषय या रचनाकार की लोकप्रियता के कारण पाठकों को आकर्षित करें। इस दृष्टि से तत्काल तीन पुस्तकों पर काम शुरू करने का निर्णय किया गया। अंग्रेज़ी में प्रकाशित किरण बेदी की पुस्तक 'हू डेयर्ज़' के अनुवाद पर, जो 'हिम्मत है!' शीर्षक से छपा; जावेद अख़्तर के कविता-संग्रह 'तरकश' पर और फ्रांसीसी लेखिका कैथरीन क्लेमाँ के बेस्ट सेलर उपन्यास 'एडविना एंड नेहरू' के अनुवाद पर। इस सन्दर्भ में मैं शीला जी के साथ बातचीत के लिए फ्रांस के दूतावास गई। सम्बद्ध अधिकारी ने कॉपीराइट की रज़ामन्दी देते हुए, इच्छा ज़ाहिर की, कि यदि अनुवाद मैं स्वयं करूँ तो उन्हें बहुत खुशी होगी। मैंने उनके आग्रह को सम्मान दिया और यह दायित्व स्वीकार कर लिया। तीनों ही लेखकों से अद्भुत सहयोग मिला। शीला सन्धू की छवि और उनके सार्वजनिक सम्बन्ध बड़े कारगर हुए। किरण बेदी और जावेद अख़्तर से तो उनकी व्यक्तिगत स्तर पर जान-पहचान थी। इस सिलसिले में तीनों रचनाकारों से मुलाक़ातों के मुझे बड़े दिलचस्प अनुभव हुए। पर किरण बेदी के व्यवहार ने मेरे मन पर अमिट छाप छोड़ी। रॉयल्टी की शर्तों में रियायत की बात तय करने के लिए अशोक महेश्वरी उनसे पहली बार मिलने की हिम्मत नहीं जुटा पा रहे थे। फ़ैसला हुआ कि बातचीत में मैं उनकी अगुआई करूँ। पूरी बातचीत में मुश्किल से दस मिनट का समय लगा। मेरे ज़रा-से संकेत पर, किरण बेदी ने पुस्तक के पेपरबैक संस्करण को रॉयल्टी-मुक्त कर दिया। उनकी मुख्य चिन्ता इतनी ही थी कि किताब की क़ीमत कम होगी तो वह ज़्यादा पाठकों तक पहुँचेगी। किरण बेदी महिला सशक्तीकरण का साकार उदाहरण हैं। पुलिस विभाग की पहली महिला अफ़सर जिसकी बेबाकी, हिम्मत और ईमानदारी का डंका पूरे दिल्ली शहर में बजता था। उन्होंने महिलाओं के लिए एक ऐसी मिसाल क़ायम की जिससे उनके लिए वर्जित समझे जानेवाले तमाम कर्म-क्षेत्रों के दरवाज़े खुल गए।

दिल्ली : चलने का नाम

दिलचस्प बात यह है कि देश के दूसरे राज्यों में राजनीतिक उथल-पुथल के बावजूद दिल्ली के कार्यक्रम अपनी चाल से चलते रहते हैं। केन्द्र में तख़्ता पलटने पर भी इन योजनाओं में कोई परिवर्तन नहीं होता। हर पार्टी की सरकार ऐसे आयोजन का श्रेय अपने खाते में डालकर बहती गंगा में हाथ धो लेती है।

दिल्ली शहर की बनावट और संस्कृति पर आर्थिक उदारीकरण की नीतियों का प्रभाव अलक्षित ढंग से, पर गहराई तक पड़ रहा था। देखते-देखते शहर का बेतरतीब विस्तार होता जा रहा था। शहर का केन्द्र क्रमशः पुराने शहरी इलाक़ों से खिसककर नई दिल्ली हो गया था। लोग आवासीय दूरी का हिसाब कनॉट प्लेस और तिलक ब्रिज को केन्द्र मानकर मापने लगे थे। सरकारी दफ़्तर, संसद भवन, आयकर विभाग, आकाशवाणी, दूरदर्शन, मंडी हाउस के अलावा भी बहुत कुछ यहाँ से पाँच किलोमीटर के घेरे में ही बसा था। इसलिए फैलने के लिए सबसे अनुकूल यमुना पार का वह विशाल क्षेत्र था जो इस इलाक़े से सबसे कम दूरी पर था। बाद में आई.टी.ओ. पुल बनाकर इस दूरी को मापना और सुगम बना

दिया गया। यह संयोग भर नहीं है कि उस पुल से निकलकर पार की बस्तियों से जोड़नेवाली सड़क का नाम ही विकास मार्ग रखा गया था। नए पुल से जुड़ी तमाम कॉलोनियाँ, जो 'विहारों' के नाम से जानी जाती हैं, मुख्यतः मध्यवर्ग के लोगों के रिहाइशी इलाक़े हैं। ख़ास बात यह है कि इन 'विहारों' और पुराने यमुना पुल होकर जाने पर गांधी नगर और कृष्णा नगर जैसी पुरानी बस्तियों के रहन-सहन और संस्कृति में आज भी बुनियादी अन्तर दिखाई पड़ता है। पुरानी बस्तियों में आरम्भ में ज़्यादा आबादी दिल्ली के निम्न-मध्यवर्ग के लोगों की थी। किराए कम थे। सँकरे गली-बाज़ारों की सघन बसागत वाली इन बस्तियों में छोटे स्तर का कारोबार करनेवाले व्यापारियों और कारीगरों की आबादी थी। धीरे-धीरे इन धन्धों का विस्तार थोक-बाज़ारी में हो गया। आमदनी में बढ़त के अनुपात में सम्पन्न परिवारों ने छोटे-छोटे मकानों को मिलाकर अच्छे-ख़ासे हवेलीनुमा घर खड़े कर लिए, कुछ उसी तर्ज़ पर जिस पर आज भी किनारी बाज़ार और चावड़ी बाज़ार में खुलनेवाली तमाम सँकरी गलियाँ आबाद हैं। वहाँ रहनेवालों को सबसे बड़ी सुविधा यह है कि पूजा-स्थलों से लेकर बाज़ारों तक जीवन की रोज़मर्रा की ज़रूरतों को पूरा करने के लिए वे पद-यात्रा से बख़ूबी काम चला लेते हैं। दूरी कुछ ज़्यादा हुई तो हर मोड़ पर रिक्शा हाज़िर है। बड़ी संख्या में पुराने दिल्ली शहर के दुकानदार आज भी वहीं से आते-जाते हैं और इस कस्बाई संस्कृति में सुखी-सन्तुष्ट हैं।

पर दिल्ली है कि रुकने का नाम नहीं लेती। विस्तार तो सब बड़े शहरों का हुआ है, पर प्रायः निश्चित दिशाओं में। मुम्बई शहर ने पसरना शुरू किया तो वह समुद्र के किनारे-किनारे सीधी रेखा में बढ़ता गया, पर दिल्ली तो चतुर्दिक बेहिसाब फैलती गई, अनियोजित ढंग से। जिसके जहाँ सींग समाए, उसने वहीं डेरा डाल दिया। इस विस्तार का श्रेय काफ़ी हद तक सरकार समर्थित डी.डी.ए. को, और उससे ज़्यादा प्राइवेट बिल्डर्स को दिया जाना चाहिए। इनके अलावा ग़ैर-क़ानूनी ढंग से बसाई गई बस्तियों की भूमिका अपनी जगह है, जिनकी संख्या बढ़ते-बढ़ते अब हज़ार की गिनती पार कर गई है। सब अपने तईं आश्वस्त हैं कि एक-न-एक दिन उन्हें वैधता मिल जाएगी, क्योंकि मामला औचित्य का या योजनाबद्ध विस्तार का नहीं, राजनीति के खेल में सत्ता पर कब्ज़ा जमाने का है। इन बस्तियों का भाग्य चुनावों के साथ नाभिनालबद्ध रहता है—वे विधान सभा के हों या लोकसभा के।

केन्द्रीय सरकार में हो या राज्य सरकार में, अस्थिरता और अनिश्चय का गहरा प्रभाव शहर की ज़िन्दगी पर पड़ता है। अगर शहर देश की राजधानी हो

तो और भी। एक तरफ़ दिल्ली लगातार बड़े आयोजनों का केन्द्र बनी रही और दूसरी तरफ़ सनसनीखेज़ घटनाओं का। इसके अलावा देश में होनेवाली बड़ी घटनाओं की धमक भी सबसे ज़्यादा यहीं सुनाई पड़ती थी। राष्ट्रीय स्तर के आयोजनों ने भी लगातार दिल्ली का भौगोलिक कायाकल्प किया है। 1982 में एशियाड खेलों के सिलसिले में शहर के तीन हिस्सों में तीन बड़े स्टेडियम बने थे। कोटला के पास 'इन्दिरा गांधी स्टेडियम', लोधी रोड के आगे विशाल 'जवाहरलाल नेहरू स्टेडियम' और उधर उत्तरी दिल्ली में 'छत्रसाल स्टेडियम'। बाद में इन तीनों का उपयोग तरह-तरह के आयोजनों के लिए होता रहा। पहले विश्व हिन्दी सम्मेलन का उद्घाटन इन्दिरा गांधी स्टेडियम में ही हुआ था।

एशियाड खेलों में भाग लेनेवाले खिलाड़ियों की आवासीय व्यवस्था के निमित्त एक तथाकथित 'एशियाड विलेज' बसाया गया, जिसके परिसर की पहचान प्रदूषण-मुक्त शान्त वातावरण और हरीतिमा थी। इस योजना ने निकटवर्ती शाहपुर जट्ट नाम के ग्रामीण क्षेत्र के बहुत बड़े हिस्से को लील लिया। इस घटना का गहरा असर पूरे शाहपुर जट्ट के सांस्कृतिक जीवन पर पड़ा। अब वहाँ की गली-गली में दिल्ली के तमाम मशहूर 'बुटीक' और दस्तकारी और डिज़ाइनर कपड़ों की दुकानें बसी हैं। बिकाऊ प्रॉपर्टी एक सिरे से ग़ायब या फिर आसमान-छूती क़ीमत पर।

यह प्रसंग इसलिए याद करने की ज़रूरत है, क्योंकि दिल्ली एक बार फिर 2010 में एक बड़े कायाकल्प की तैयारी में है। इस बार पसारा यमुना-पार वास्तुकला की अनूठी मिसाल 'अक्षरधाम' के निकटवर्ती क्षेत्र में होना तय है। दिलचस्प बात यह है कि देश के दूसरे राज्यों में राजनीतिक उथल-पुथल के बावजूद दिल्ली के कार्यक्रम अपनी चाल से चलते रहते हैं। केन्द्र में तख़्ता पलटने पर भी इन योजनाओं में कोई परिवर्तन नहीं होता। हर पार्टी की सरकार ऐसे आयोजन का श्रेय अपने खाते में डालकर बहती गंगा में हाथ धो लेती है।

दिल्ली में बड़ी धूमधाम से 1995 में 2-4 मई के बीच सार्क सम्मेलन हुआ और ठीक छह दिन बाद हथियारबन्दों ने श्रीनगर में चरारे-शरीफ़ को आग लगा दी। उधर, इसी वर्ष उत्तर प्रदेश में भाजपा समर्थन से मायावती के मुख्यमन्त्री बनने और चार ही महीने बाद सरकार गिरने का नाटक चल रहा था। इसी बीच दिल्ली में एक चमत्कार घटित हुआ। सितम्बर में अचानक एक प्रवाद फैला कि किसी मन्दिर में प्रतिष्ठित गणेश की मूर्ति दूध पीने लगी है। अन्ध श्रद्धा की मारी जनता ने यह सवाल भी नहीं पूछा कि आख़िर मूर्ति को दूध पिलाने की चेष्टा ही क्यों की गई। मीडिया ने जमकर इस चमत्कारिक घटना का प्रसार किया और

देखते-देखते मन्दिर-मन्दिर 'भई भक्तन की भीर'। हर गणेश प्रतिमा दुग्ध-पान करने लगी। लम्बी कतारों में दूध के छोटे-बड़े पात्र लिए, पंक्तिबद्ध भक्तों ने वास्तव में दूध की नदियाँ बहा दीं। कहना न होगा कि इनमें तमाशबीन भी कम नहीं थे। ख़बर बड़ी जल्दी राष्ट्रीय सीमा पार कर गई और घर-घर विदेशी मित्रों-रिश्तेदारों के फ़ोन समाचार की पुष्टि के लिए खड़कने लगे। अन्ततः सुना गया कि किसी मोची ने सार्वजनिक रूप से अपने लास को दूध पिलाकर इस चमत्कार का पर्दाफ़ाश किया। शायद आई.आई.टी. के आसपास।

पर दिल्ली थी कि सनसनीख़ेज़ ख़बरों का सिलसिला बन्द होने का नाम नहीं लेता था। मूर्तियों के दूध पीने का प्रकरण समाप्त हुआ तो आन्तरिक सुरक्षामन्त्री की हैसियत से राजेश पायलट ने 'गॉडमैन' चन्द्रास्वामी की गिरफ़्तारी का आदेश जारी कर दिया। देश के राजनीतिक और व्यापारिक हलक़ों में सन्तों, बाबाओं और स्वामियों की प्रभावी भूमिकाएँ किसी से छिपी नहीं हैं। ऐसी किसी शख़्सियत पर हाथ डालना, भले ही वह क़ानूनी दृष्टि से वैध हो, साहस का काम था। एक बार शहर सकते में आ गया। चारों तरफ़ उनके सम्बन्धों, कारगुज़ारियों और इस घटना के सम्भावित परिणामों के बारे में अटकलों और अफ़वाहों का माहौल पैदा हो गया।

साल ख़त्म होते ही 2 जनवरी, 1996 को एक और अमानवीय हिंसक घटना ने शहर में हलचल पैदा कर दी। युवा कांग्रेस के तत्कालीन अध्यक्ष सुशील शर्मा ने नयना साहनी नाम की एक महिला की हत्या करने के बाद उसके निर्जीव शरीर के टुकड़े-टुकड़े करके उन्हें यात्री होटल के पीछे की तरफ़ तन्दूर में जलाने की कोशिश की। कार्य सम्पन्न होने से पहले ड्यूटी पर तैनात एक बीट कॉन्स्टेबल को तन्दूर से उठती ऊँची लपटें देखकर शक हो गया। उसने थाने में रिपोर्ट की और वारदात के मौक़े पर पहुँचकर तन्दूर से अधजले टुकड़ों को बरामद कराया। सुशील शर्मा गिरफ़्तार कर लिए गए। यह तन्दूर उस 'फ़ूड जॉएंट' में था जिसे चलाने का लाइसेंस शर्मा ने अपने राजनीतिक रसूख़ से लिया था। होटल भारतीय पर्यटन विभाग का था। शर्मा का अपना निवास गोल मार्केट में था। हत्या कहीं और, शायद उनके निवास पर की गई थी। मामले का फ़ैसला होने में बारह वर्ष से अधिक समय लगा। अन्तिम परिणित अभी बाक़ी है। दोनों के बीच सम्बन्धों की ठीक स्थिति रहस्यमय थी। नयना सम्भवतः सुशील शर्मा की मित्र थीं जो उन पर शादी के लिए दबाव बना रही थीं। तथ्य जो भी रहा हो, यह कुकृत्य इतना वहशी और हौलनाक था कि कई दिन पूरे शहर की चेतना पर छाया रहा। दरअसल मीडिया ने समाज को सूचना-सम्पन्न तो बनाया है, पर किसी बड़ी

दुर्घटना पर आधारित 'स्टोरी' को लगातार तरह-तरह से दोहराकर वह दर्शकों को उससे राहत नहीं देता। ख़बरी चैनलों की भरमार से एक ही घटना के इतने रूपान्तर और संस्करण ज़रा-से अन्तर से दर्शकों के सामने परोसे जाते हैं कि उनकी विश्वसनीयता को लेकर भी दर्शक असमंजस और जिज्ञासा की दुहरी मानसिकता में फँसा रहता है।

इस घटना से कांग्रेस पार्टी की राजनीतिक छवि निश्चय ही प्रभावित हुई। पर अब यह नैतिक पतन राजनीति में इस तरह व्याप्त हो गया कि कोई पार्टी इससे बरी नहीं है। किसी भी समय किसी रंग के किसी नेता या कार्यकर्ता के बारे में कुछ भी अप्रत्याशित घटित हो सकता है। दरअसल राजनीति में न अब नैतिकता का कोई मूल्य रह गया है, न ही कुछ भी आकस्मिक मालूम होता है।

विभिन्न पार्टियाँ लगातार एक-दूसरे के सदस्यों पर आरोप-प्रत्यारोप का कारण और रास्ता खोजने में लगी रहने लगीं। सुशील शर्मा के मामले की तहकीक़ात अभी चल रही थी कि 23 जनवरी को एस.के. जैन नाम के एक बड़े व्यापारी के वक्तव्य के आधार पर वाजपेयी जी ने कांग्रेस के नेताओं पर फिर निशाना साधा। सुरेन्द्र कुमार जैन का कहना था कि उन्होंने चन्द्रास्वामी, आर.के. धवन और कैप्टेन सतीश शर्मा के माध्यम से नरसिंहराव को साढ़े तीन करोड़ की रक़म पहुँचाई। शुद्ध वनस्पति ब्रांड घी के व्यापारी जैन सज्जन पर घी में गाय की चर्बी की मिलावट करने का आरोप पहले भी लगा था। मामला लम्बा चला। उनका तो अन्ततः कुछ बना-बिगड़ा या नहीं, यह अलग बात है। पर मित्रों में यह परिहास का विषय ज़रूर हो गया। मेरे मित्र, ख़ालसा कॉलेज के प्रिंसिपल डॉ. रन्धावा इस घटना के बाद जब पहली बार मिले तो हँसकर बोले—आप शुद्ध वनस्पति वाली जैन तो नहीं हैं? उसके बाद जब किसी और से परिचय कराते, तो मेरा नाम बताने के बाद उसी परिहासवाली मुद्रा में जोड़ते—ये हमारी मित्र हैं निर्मला जैन...शुद्ध वनस्पति वाली नहीं।

वर्ष बीतते ही 22 फ़रवरी, 1996 को दिल्ली के मुख्यमन्त्री मदनलाल खुराना हवाला केस की गिरफ़्त में आ गए। उन्होंने पद से इस्तीफ़ा दिया और उनकी जगह पार्टी के ही साहिब सिंह वर्मा ने ले ली। भाजपा में पूरी तरह सक्रिय होने से पहले साहिब सिंह वर्मा प्रशासन के भगतसिंह कॉलेज की लाइब्रेरी में काम करते थे।

अनिश्चय और अस्थिरता देश की राजनीति का लक्षण हो गई थी। दिल्ली प्रशासन में तो 1982-93 तक कांग्रेस के शासन में पूरे ग्यारह वर्ष तक, श्रीराम कॉलेज में अर्थशास्त्र विभाग के पुरुषोत्तम गोयल ने स्पीकर की हैसियत से

प्रशासन का दायित्व सँभाला था। पर भाजपा के सत्ता में आने के बाद पाँच वर्ष के दौरान तीन मुख्यमन्त्री बदले। 1998 में सत्ता की बागडोर फिर कांग्रेस की वर्तमान मुख्यमन्त्री श्रीमती शीला दीक्षित के हाथ आई और तब से वे लगातार अपनी कर्मठता के बलबूते पर उस पद पर क़ायम हैं और इस तरह दिल्ली के विकास की ज़िम्मेदारी और जवाबदेही, दोनों उन्हीं पर है।

केन्द्र में 27 अप्रैल, 1996 के आम चुनावों के बाद ग्यारहवीं लोकसभा गठित तो हुई, पर उसके साथ अस्थिर सरकारों का सिलसिला जारी हो गया। अटलबिहारी वाजपेयी की सरकार के 15 दिन में ही गिरने के बाद गठबन्धन सरकारों का दौर शुरू हुआ। एक के बाद एक क्रमशः एच.डी. देवगौड़ा, इन्द्रकुमार गुजराल के नेतृत्ववाली सरकारें बनीं और गिर गईं।

इधर नरसिंहाराव बुरी तरह घिराव में थे। वित्तीय हेर-फेर के मामले, चन्द्रास्वामी और लक्खूभाई पटेल की भूमिकाएँ, सेंट किट्स का मामला—नतीज़ा यह कि 4 अक्टूबर को चीफ़ मेट्रोपोलिटन मजिस्ट्रेट प्रेम कुमार ने उनके ख़िलाफ़ ग़ैर ज़मानती वारंट जारी कर दिए। दिल्ली की राजनीति के वज़नी नेता हरकिशन लाल भगत भी 1984 के दंगोंवाले मामले में 27 दिन तक जेल की हवा खा चुके थे।

चारों तरफ़ वित्तीय घोटालों और तरह-तरह के घपलों की ख़बरों से देश के साथ राजधानी भी किसी-न-किसी के फँसकर धराशायी होने की ख़बर के लिए तैयार रहने लगी। कुल जमा नतीजा यह कि 30 मई, 1997 के अधिवेशन में सीताराम केसरी के प्रस्ताव पर कांग्रेस की अध्यक्षता के लिए सोनिया गांधी का नाम ज़ोर पकड़ने लगा और अन्ततः फलीभूत हुआ। पर इससे पहले देश को भाजपा के पुनरुत्थान और शासन के एक छोटे पर महत्त्वपूर्ण दौर से गुज़रना बाक़ी था।

इस वर्ष दो महत्त्वपूर्ण साहित्यिक घटनाओं ने जनमानस पर अपनी छाप छोड़ी। 28 मार्च, 1997 को महाश्वेता देवी को ज्ञानपीठ पुरस्कार देने के लिए नेल्सन मंडेला भारत आए और अरुंधती राय को उनके उपन्यास 'द गॉड ऑफ़ स्मॉल थिंग्स' के लिए 'बुकर पुरस्कार' मिला।

इसी वर्ष देश ने सितम्बर में मदर टेरेसा के निधन पर उन्हें पूरी धर्म-निरपेक्षता और सम्मान के भाव से श्रद्धांजलि अर्पित की।

1998 की फ़रवरी में बारहवीं लोकसभा चुनाव के बाद 19 मार्च को भाजपा ने वाजपेयी जी के प्रधानमन्त्रित्व में देश की कमान सँभाली। दो महीने पूरे होने से पहले ही पोखरन में तीन परमाणु प्रयोगों की धूम मच गई। सरकार ने गर्व से

सेहरा अपने सिर बाँध लिया, गोकि ज़ाहिर था कि इसकी तैयारी तो बहुत पहले से चल रही होगी। इस धूम-धड़ाके का दिल्ली की विधानसभा के चुनावों पर असर नहीं पड़ा। वहाँ पाँच साल के भाजपा शासनकाल में तीन मुख्यमन्त्री बदल चुके थे। साहब सिंह वर्मा की जगह अब सुषमा स्वराज ने ले ली थी। उस समय सुषमा स्वराज अपने उत्कर्ष के चरम पर थीं; पर चुनाव में जीत कांग्रेस की हुई और मुख्यमन्त्री के पद पर शीला दीक्षित प्रतिष्ठित हो गईं। दिल्ली की जनता शासन में अस्थिरता से तंग आ चुकी थी। अतः केन्द्र में बदलाव के समानान्तर उसने राजधानी में भी बदलाव के पक्ष में मतदान किया। इसी घटना के बाद राजनीतिक हलक़ों में 'एंटी इंकम्बेन्सी' को मतदान की सहज प्रक्रिया मानने के भ्रम का प्रचलन हुआ।

सरकार में बदलाव के बावजूद आर्थिक नीतियों में कोई परिवर्तन नहीं हुआ। उदारीकरण उसी उत्साह से जारी था और उसी अनुपात में शहर का विस्तार। जब शहर की बढ़ती आबादी ने भौगोलिक सीमाओं में अटने से इनकार कर दिया तो धीरे-धीरे रॉबर्ट क्लाइव के मिथकीय रबड़ के तम्बू की तरह अगल-बग़ल के दोनों राज्यों—उत्तर प्रदेश और हरियाणा—की सीमा से लगे ग्रामीण क्षेत्रों पर दूरदर्शी कॉलोनाइज़र्स और बिल्डर्स ने नज़र टिकाई। देखते-ही-देखते नोएडा के नाम पर उत्तर प्रदेश के और कुतुब एन्क्लेव और पालम विहार के नाम पर हरियाणा के ग्रामीण क्षेत्र दिल्ली की भौगोलिक सीमा के साथ आ मिले। किसानों से उनकी ज़मीनें ख़रीदकर डी.एल.एफ. और पालम विहार के नाम से आरम्भिक कॉलोनियों के प्लॉट कटे और विज्ञापन के ज़ोर पर भारी संख्या में प्रवासी भारतीयों और बांग्ला देश और कश्मीर के विस्थापितों को बेच दिए गए।

दिल्ली में आलम यह था कि किसी ज़माने में, यानी आठवें दशक के बीच, मेरे नाम पर भी दिल्ली विश्वविद्यालय के प्राध्यापकों की हाउसिंग सोसायटी की सदस्यता के बदौलत दिल्ली के प्रीतमपुरा के इलाक़े में बसी 'वैशाली' में एक प्लॉट आबंटित हो गया। हम भौगोलिक स्थिति का जायज़ा लेने गए तो वहाँ की वीरानी देखकर 'तौबा मेरी तौबा' वाली शैली में, हमने कान को हाथ लगाए और वहाँ से भाग खड़े हुए। कुछ वर्ष बीतने पर वहाँ कुछ लोगों ने हिम्मत करके घर ही नहीं बना लिए, बल्कि रहना भी शुरू कर दिया। देखकर कुछ हौसला बढ़ा और कुछ विश्वविद्यालय से 'उधार' मंज़ूर हो गया। हमने भी हिम्मत जुटाकर काम शुरू करा दिया। प्लॉट मौके पर था—लबे-सड़क, मुख्य और भीतर से आनेवाली सड़क के संगमवाले चौराहे के कोने पर। पर आरम्भ में स्थिति यह थी कि अगर वहाँ काम कराते हुए साँझ ढलने लगती तो लौटने में भय-सा लगता। चेष्टा यही होती

कि दीया-बाती के समय से पहले ही वापसी हो ले। मकान पूरा होने पर वहाँ की निर्जनता और माल रोड के फ़्लैट की भौगोलिक स्थिति के कारण वहाँ जाने से हम कतराते रहे। दिलचस्प बात यह थी कि उस जगह की खुली आबोहवा और विरल बसागत के कारण हमने लगभग दो वर्ष तक वह मकान विदेशी किराएदारों को दे दिया। उन्हें नई दिल्ली की तुलना में वह इलाक़ा सस्ते किराए के कारण रास आ गया और हमें अच्छी देख-रेख करने के कारण किरायेदार माफ़िक आ गए।

पर धीरे-धीरे वह इलाक़ा इतना सघन हो गया कि विदेशी किरायेदार तो वहाँ से भाग ही लिए। 1991 के आसपास जब हमारे वहाँ रहने की मजबूरी पैदा हुई तो छह महीने के भीतर हमारे पाँव भी उखड़ गए। घर बड़े शौक से बनाया था। लगभग तिकोने प्लॉट पर बना वह घर वास्तुकला और सूझ-बूझ का नमूना था। पर दिन-रात मुख्य सड़क पर ट्रकों की लाइन लगी रहती। घर के ठीक सामने की यह सड़क मधुबन चौक से होती हुई उस रोहिणी तक जाती है जो आज ख़ुद एक छोटे-मोटे शहर के बराबर है। दूरदर्शन के पर्दे पर ट्रकों की घड़घड़ाहट से ऐसी लहरें पैदा होतीं कि आँखें स्थिर रखना मुश्किल। बाहर के लॉन में या पहली मंज़िल की खुली छत पर आपसी बातचीत सुनना दूभर। आज भी याद है—एक बार विजयमोहन सिंह और मैनेजर पांडे को आमन्त्रित किया। विजयमोहन सिंह मधुरभाषी, उनका तो कहना ही क्या, मैनेजर पांडे भी अपनी आवाज़ की बुलन्दी के बावजूद संवाद क़ायम रखने में विशेष सफल नहीं हो सके। कुछ देर कृच्छ साधना के बाद हम लोगों ने कमरों में दाख़िल होकर बातचीत का सिलसिला जारी रखा। पर इस घटना से मुझे अपना भविष्य नज़र आने लगा। बाद में कई सहयोगी एक-एक करके वह इलाक़ा छोड़कर भाग निकले। जो अब भी वहीं हैं, वे या तो मजबूरी में, या फिर वे मुख्य मार्ग से हटकर उन भीतरी भागों में महदूद हैं, जो अपेक्षाकृत शान्त हैं। कुल मिलाकर कॉलोनी पर अब समृद्ध व्यापारियों का कब्ज़ा है जिन्होंने अध्यापक बिरादरी के छोटे मकानों को ख़रीदकर उनकी जगह विशाल अट्टालिकाएँ खड़ी कर ली हैं। पास ही एक डिस्ट्रिक्ट सेंटर बन गया है, जिसमें मैक्स अस्पताल से लेकर, सारी ज़रूरतों के पूरा होने के साधन मौजूद हैं। मेट्रो ने पूरे इलाक़े को शहर के तमाम हिस्सों से जोड़कर किसी हद तक पहुँचने की सुविधा पैदा कर दी है, पर भीड़ है कि कम होने का नाम नहीं लेती—वह गाड़ियों की हो या दूसरी सवारियों और पद-यात्रियों की।

हमारे लगभग परिवारी जैसे मित्र कवि अजित कुमार जिनसे नियमित रूप से

सप्ताह में कम-से-कम तीन-चार बार मुलाक़ात होती थी, अब पहुँच के बाहर हो गए हैं। उनका तो कहना ही क्या, अपेक्षाकृत कम दूरी पर रहनेवाले परिचितों-मित्रों से भी मिलना नहीं, फ़ोन पर बतियाना ही होता है। जिनकी श्रवण-शक्ति क्षीण हो गई है, उनसे वह भी कठिनाई से हो पाता है। शीला सन्धू से अक्सर आदान-प्रदान एस.एम.एस. से ही होता है। पिछले हफ़्ते उन्होंने लगभग झगड़ते हुए से प्रीतिकर उलाहना दिया "तेरी-मेरी कुट्टी तो नहीं हुई है न?" मैंने उत्तर में कहा कि आपको मेरी बात सुनाई कहाँ पड़ती है? तो बड़े उत्साह से बोलीं, "मैंने अब बड़ा पावरफुल हियरिंग एड लगवा लिया है।" उनसे कैसे कहती कि बात तो मुखामुखी भेंट की है जो दिल्ली के विस्तार ने इतनी मुश्किल कर दी है।

सबसे ज़्यादा तकलीफ़देह बात यह है कि दिल्ली के सांस्कृतिक जीवन का केन्द्र आज भी मंडी हाउस के आसपास का इलाक़ा है। दूरदर्शन, तीनों अकादमियाँ, भारतीय कला केन्द्र, राष्ट्रीय नाट्य विद्यालय, त्रिवेणी, श्रीराम सेंटर, कमानी सभागार जैसे तमाम स्थल किसी-न-किसी सांस्कृतिक साहित्यिक कार्यक्रम से गुलज़ार रहते हैं। पहुँच वही पाते हैं, जिन्हें या तो मेट्रो ने वहाँ से जोड़ दिया है, या जिन्होंने ट्रैफ़िक की मारामारी को जैसे-तैसे साध लिया है। बाक़ी तो इसी प्रतीक्षा में हैं कि कब मेट्रो का संजाल इन्हें उनकी हद में शामिल करेगा। कुल मिलाकर इनमें इकट्ठे होनेवाले श्रोताओं-दर्शकों का 'प्रोफ़ाइल' भी अब बदल गया है।

सदी के अन्त में दिल्ली : नई और पुरानी

एक सीमा के बाद ये सवाल किसी घटना विशेष की सच्चाई और झूठ के नहीं रह जाते। घटनाओं के निहितार्थों और उनके बारे में सार्वजनिक सोच और दृष्टिकोण के हो जाते हैं।

20वीं सदी अवसान की ओर बढ़ रही थी, पर न तो राजनीतिक संस्कृति यानी सत्ता की छीना-झपटी में कोई कमी आई थी, न आर्थिक नीति में। शहर दिल्ली का तेज़ी से कायाकल्प हो रहा था। विस्थापितों को जगह देते-देते ख़ुद 'दिल्लीवालों' के अपने पैर उखड़ गए थे। पहले दिल्ली एक थी। अंग्रेज़ों ने उसे दो में बाँटा। एक पुरानी और दूसरी नई। 'नई' का मतलब 'लाट साहब' के दफ़्तर के आसपास के इलाक़े और पुरानी का मतलब चाँदनी चौक के हाट-बाज़ार और लाल किले के इर्द-गिर्द की सघन बस्तियाँ। इन इलाक़ों की घनता के बीच सरकारी छापवाला एक विशाल मैदान—लाल किले के ठीक सामने था जो परेड ग्राउंड कहलाता था। वहाँ किले के भीतर बसी सेना की टुकड़ियाँ कभी परेड किया करती होंगी। इसी मैदान के एक सिरे पर जामा मस्जिद के सामने कुछ दाईं तरफ़ हटकर नगरवासियों की तफ़रीह के लिए एडवर्ड पार्क था—जिसके बीचोबीच किंग एडवर्ड का घुड़सवार बुत खड़ा था। बाद में पुरानी दिल्ली के रेलवे स्टेशन के सामने, चाँदनी चौक से हटकर एक और बड़ा पार्क बना जो गांधी ग्राउंड कहलाता है।

एक ऐसा ही विशाल बाग़ कश्मीरी गेट के बाहर बना था—कुदसिया बाग़ किन्हीं बेगम के नाम पर। अब उसमें एक मेसोनिक क्लब है जो क्लब की गतिविधियों के अलावा शादियों के लिए किराए पर दिया जाता है। दिल्ली का

एक और मशहूर बाग़ था पुरानी सब्ज़ीमंडी से आगे। अब उसके और सब्ज़ी मंडीवाले चौराहे के बीच घनी बस्तियाँ हैं। यह रोशनारा रोड पर बना रोशनारा बाग़ है जिसके बीचोबीच आज भी दिल्ली के पुराने रईसों का पसन्दीदा क्लब है—रोशनारा क्लब। इसके सदस्यों में से अधिकांश परिवार अब नई दिल्ली की तरफ़ प्रयाण कर गए, पर सदस्यता नहीं छोड़ी। उनके अलावा भी जिन्होंने उसमें जगह ली, सुना है, उन्होंने इस क्लब की पुरानी रवायतों को क़ायम रखा। आज भी इस पर पुराने दिल्लीवालों की संस्कृति और जीवन शैली की छाप है और सदस्यता मिलना लगभग असम्भव।

बाग़-बग़ीचे लगाने का शौक दरअसल मुग़ल बादशाहों की देन है। दिल्ली में ही नहीं, जहाँ भी उन्होंने डेरा जमाया, वहीं बाग़-बग़ीचे रोपे, जिनमें से अनेक का नामकरण बेगमों के नाम पर किया गया। अंग्रेज़ी के दिए गए नामों में वह बग़ीचा हो या सड़क, कुछ अपवादों को छोड़कर पुरुष-तत्त्व को प्रधानता दी गई—एडवर्ड, निकलसन, चेम्सफोर्ड, इरविन, क्लाइव वगैरह-वगैरह। नई दिल्ली में जिस क्लब संस्कृति का प्रचलन हुआ, वह नाम और प्रकृति दोनों में कुछ अलग थी। इनमें से चेम्सफोर्ड क्लब का तो क्रमशः पूरी तरह ठेकेदारीकरण या व्यावसायीकरण हो गया, पर जिमखाना की विशिष्टता और वज़ादारी अब भी बनी हुई है। गोल्फ़ के खिलाड़ियों का भी अपना अलग क्लब है—'गोल्फ़ क्लब'—गोल्फ़ लिंक के पास। इनके अलावा प्रेसवालों ने रफ़ी मार्ग पर प्रेस क्लब और सांसदों की सुविधा के लिए वहीं पास में सरकार ने कॉन्स्टीट्यूशन क्लब की स्थापना की। इनकी अपनी संस्कृति, अपनी कार्य-प्रणाली और अपने अलग कार्यक्रम होते हैं जिनका वातावरण 'क्लब' की प्रचलित धारणा से ज़रा हटकर है।

इन सबसे अलग और ख़ास क़िस्म का रुतबा इंडिया इंटरनेशनल सेंटर का है। इसकी स्थापना किसी समय भारत सरकार के जाने-माने वित्तमन्त्री सी.डी. देशमुख के प्रयत्न से हुई थी। देश-विदेश के बौद्धिकों के लिए एक सांस्कृतिक केन्द्र के रूप में। उसे उन्होंने 'क्लब' अभिधा से बचाया। बड़े जतन से सदस्यता के नियम बनाए। बहुत ठोक-बजाकर इसकी सदस्यता दी जाती थी। इसके बावजूद बीच में दो-एक अध्यक्षों के निहित स्वार्थों और ढिलाई के कारण तमाम तरह के लोगों ने उसमें घुसपैठ कर ली। बाद में कुछ लगाम कसी गई पर जो बिगाड़ होना था सो हो गया। फिर भी इसका अपना वैशिष्ट्य और अलग चरित्र एक हद तक आज भी बना है।

इंडिया इंटरनेशनल सेंटर की सदस्यता, ढिलाई के बावजूद बहुतों को सुलभ नहीं हो सकी। लिहाज़ा धन-बल और सत्ता-बल से लैस लोगों ने एक समानान्तर

निर्मिति की योजना बनाई जो 'हैबिटेट सेंटर' के विराट आकार में कार्यान्वित हुई। सदस्यता के लिए तमाम जनता टूट पड़ी। नियमों की जानकारी प्राप्त करने का अवसर ही नहीं आया क्योंकि मेरा आवेदन ख़ारिज हो गया और उसी समय एक धनाढ्य परिवार के अनपढ़, बिगड़ैल नौनिहाल को सदस्यता मिल गई। उसी के बाद मुझे इंडिया इंटरनेशनल की सदस्यता सुलभ हो गई और मैंने इस संयोग के लिए अपना भाग्य सराहा।

हैबिटेट सेंटर का वह दैत्याकार परिसर लोधी रोड के दूसरे कोने पर कई बैंक्वेट हॉलों, रेस्तराओं, कार्यक्रमों के लिए छोटे-बड़े कक्षों, प्रदर्शनी-कक्षों, आवासीय सुविधाओं को लिये-दिये खड़ा है। मुझे वह हमेशा भूलभुलैया की अनुभूति कराता है। छोटी-बड़ी इमारतों से लैस कंक्रीट के इस जंगल की सदस्यता, सुना है, अब बेहद महँगी और दुर्लभ हो गई है। वह रौनकपसन्द नागरिकों की लीला-भूमि है, जहाँ जाने के लिए हिम्मत जुटानी पड़ती है। यह शायद हम जैसों की निजी मजबूरी है जो अब भी इंडिया इंटरनेशनल के शान्त, सुरम्य माहौल में ही शामें गुज़ारना पसन्द करते हैं।

शहर के ये ग्राउंड और बाग़ किसी समय राजधानी की राजनीतिक गतिविधियों और शहरवालों के सैर-सपाटे के लिए अहम समझे जाते थे। धीरे-धीरे ये तरह-तरह की ज़रूरतों के दबाव और रख-रखाव की उपेक्षा के शिकार हो गए।

समय के साथ दिल्ली चारों दिशाओं में फैलती गई और दिल्ली शहर श्रीहीन हो गया। यह दिलचस्प विडम्बना है कि राजनीतिक सत्ता में दावेदारी करनेवालों में भी मूल दिल्लीवासियों की गिनती बहुत कम होती चली गई। नतीज़ा यह हुआ कि शहर की ज़िन्दगी, उसकी विस्तार योजनाओं और उनसे पड़नेवाले प्रभावों के बारे में निजी स्तर पर सरोकार रखनेवाले बहुत कम रह गए। ख़ुद शहरवाले ही, अपनी मर्जी से दर-ब-दर होते चले गए।

केन्द्र में सरकारी बदलाव या उठापटक का असर, शहर से ज़्यादा शहर के बाहरी हिस्सों पर नज़र आने लगा। कुछ ऐसे, जैसे घटनाएँ कहीं और घट रही हों। चुनाव लोकसभा के हों या विधानसभा के शहरी इलाक़ों के हिस्से आनेवाली सीटों की कुल संख्या न महत्त्वपूर्ण रह गई थी, न निर्णायक। दिल्ली का मतलब हो गया एक बड़ा-सा कोलाज। उत्तर-दक्षिण के अलावा पूर्वी-पश्चिमी दिल्ली के भी तमाम उप-विभाग हो गए और धीरे-धीरे लोग व्यक्तियों को कम, पार्टियों को ज़्यादा वोट देने लगे। नगर निगम और विधानसभा के चुनावों के समय अब स्थानीय मसले महत्त्वपूर्ण हो जाते हैं और संसद के चुनाव में वृहत्तर राजनीति और विचारधारा। दिल्लीवालों की अच्छी-खासी संख्या उत्तर प्रदेश और हरियाणा की नागरिक हो

गई। उधर नोएडा और ग्रेटर नोएडा और इधर गुड़गाँव के आगे मानेसर तक का इलाक़ा कहने को नेशनल कैपिटल रीजन कहलाता है। इसका कारण शायद यही है कि इनमें बसनेवाली अधिकांश जनता मूलतः दिल्लीवासी है, पर इस आबादी पर राजनीतिक दावेदारी उत्तर प्रदेश और हरियाणा की ही है। इन प्रवासियों से चुनावी दंगल के भागीदारों को प्रायः वोट के अधिकार के प्रति उदासीनता की शिकायत रहती है और इन्हें इन राज्यों में बाहरी लोग समझे जाने की।

देश की राजनीति में किसी शहर का चेहरा बदलने या बनने-बिगड़ने से कोई फ़र्क नहीं पड़ता। वह अपनी गति से चलती है सो चल रही थी। सदी का अन्त आते-आते 17 अप्रैल, 1999 को नाटकीय ढंग से वाजपेयी सरकार अविश्वास प्रस्ताव में एक वोट से पराजित हो गई और आम चुनावों के बाद 13 अक्टूबर को भाजपा के गठबन्धन वाली एन.डी.ए. सरकार ने तेरहवीं लोकसभा में सत्ता की बागडोर सँभाल ली। सरकार गिराने और बनानेवालों में से किसी को इस कांड से आम जनता पर पड़नेवाले वित्तीय भार की चिन्ता नहीं थी। अगले कई वर्ष अटलबिहारी वाजपेयी के नेतृत्व की बुलन्दी के साल साबित हुए। कुछ ही महीनों बाद भारत-पाक युद्ध छिड़ गया। नियन्त्रण रेखा के भीतर लद्दाख में बटालिक से द्रास तक पाक सेनाओं ने जिन इलाक़ों पर कब्ज़ा कर लिया था, उनकी वापसी के लिए भारतीय सेनाओं ने 26 मई को प्रसिद्ध 'ऑपरेशन विजय' को अंजाम दिया। घुसपैठियों से अधिकृत इलाक़े वापस ले लिए गए और कारगिल में अभियान 'विजय' की सफलता की घोषणा कर दी गई। अन्ततः 14 जुलाई को पाकिस्तानी फौज की वापसी हो गई। पूरा प्रसंग जितना आत्मविश्वास बढ़ानेवाला था, उतना ही मार्मिक भी। कुल जमा नतीज़ा यह हुआ कि सेना के कई रण-बाँकुरे सैनिक और अफ़सर देश के लिए बलिदान हो गए। जीत का सेहरा सरकार ने अपने सिर बाँधा और दोनों देशों के राजनेताओं के बीच बातचीत का दौर शुरू हुआ।

बातचीत की परिणति छह महीने बाद भारत-पाकिस्तान के बीच यात्री बस सेवा की शुरुआत में हुई। ऐसे हर राजनीतिक आयोजन का, जिस पैमाने पर ढोल-ढमाके के साथ प्रचार-प्रदर्शन किया जाता है, उस पर अब सरकारों को पुनर्विचार करने की ज़रूरत है। इस मौके पर भी पूरे रस्मिया साजोसामान के साथ फूलों से दुलहन की तरह सजी एक बस 20 फ़रवरी, 2000 को स्वयं प्रधानमन्त्री, उनके काफ़िले और यात्रियों के साथ दिल्ली से लाहौर के लिए रवाना हुई। 21 फ़रवरी को पाकिस्तान के प्रधानमन्त्री नवाज़ शरीफ के साथ लाहौर घोषणा-पत्र पर हस्ताक्षर हुए। लगा कि अब सम्बन्धों में बेहतरी का सिलसिला कम-से-कम कुछ समय तो चलेगा।

लगे हाथों दूसरे पड़ोसी बांग्ला देश की दिशा में भी कलकत्ता से ढाका की तरफ़ एक 'पीपुल्स बस' चालू हुई जिसका बांग्ला देश के प्रधानमन्त्री ने पूरी धूमधाम से स्वागत किया। इन सेवाओं ने वर्षों से बिछड़े परिवारों, नाते-रिश्तेदारों को एक-दूसरे से ज़रूर मिलाया। इन भेंट-मुलाक़ातों के कुछ बड़े मार्मिक ब्यौरे देश के दैनिक समाचारों ने उत्साह से छापे। फिर सब जस-का-तस हो चला।

दोनों सरकारों के बीच यह 'हनीमून' बहुत दीर्घजीवी नहीं हुआ। पाकिस्तान की न स्थितियाँ अनुकूल थीं, न नीयत साफ़ थी। वहाँ की राजनीतिक स्थितियों में परिवर्तन इतने आकस्मिक और नाटकीय ढंग से घटित होते थे कि पर्दे के उस पार की वास्तविकता का ठीक-ठाक अन्दाज़ा लगाना मुश्किल बना रहता था। बहरहाल दोस्ताना समझौतों का भरम तब टूटा जब उसी वर्ष 24 दिसम्बर को काठमांडू से नई दिल्ली आनेवाली इंडियन एअर लाइंस की एक फ़्लाइट का 187 यात्रियों समेत अपहरण करके उसे कंधार उतारा गया। यात्रियों में ज़ाहिर है, अधिकांश दिल्लीवासी थे। अगले सात दिन पूरे शहर ने भयंकर उत्कंठा और तनाव में काटे। अन्ततः 31 दिसम्बर को तीन आतंकवादियों की रिहाई के बाद जहाज़ की मुक्ति हुई। जो यात्री आतंकवादियों की गोली का शिकार हुए या जो 7 दिन तक यातनाग्रस्त रहे, उनके परिवारों की स्थिति और मानसिक तनाव का तो कहना ही क्या, जनता ने इस कांड से नेताओं के आचरण, विवेक और क्षमताओं के बारे में अपने नतीजे अलग निकाले। ऐसी घटनाओं के बारे में आम जनता की प्रतिक्रिया और अपेक्षा पकते-पकते इतने वर्षों बाद हाल ही में रिलीज़ हुई फ़िल्म 'ए वेडनेस्डे' में प्रकट हुई। उस कहानी के बीज भाव को जिस व्यापक स्तर पर सराहा गया, उससे सरकार को सीख लेनी चाहिए। एक सीमा के बाद ये सवाल किसी घटना विशेष की सच्चाई और झूठ के नहीं रह जाते। घटनाओं के निहितार्थों और उनके बारे में सार्वजनिक सोच और दृष्टिकोण के हो जाते हैं।

सीमावर्ती राज्यों—उत्तर प्रदेश और हरियाणा में जा बसे लोग लम्बे समय तक हर छोटी-बड़ी ज़रूरत के लिए दिल्ली का रुख़ करते रहे। ताज्जुब इस बात का है कि मूलतः ग्रामीण और क़स्बाई संस्कृतिवाले इन क्षेत्रों में फल, सब्ज़ी और रसद की आपूर्ति भी दिल्ली के थोक बाज़ारों से होती है। नतीज़ा यह कि वहाँ तक पहुँचते-पहुँचते या तो समान मूल्य-वृद्धि का शिकार हो जाता है या गुणात्मक गिरावट का। सार्वजनिक यातायात के साधन भी लम्बे समय तक सुलभ नहीं रहे। हरियाणा में तो अब भी स्कूटर-टैक्सी की निःशुल्क आमद नहीं होती। उधर पेट्रोल के दाम धीरे-धीरे बढ़ते जा रहे थे। जब तक इन इलाक़ों की आबादी कम रही यातायात कोई बड़ा मसला नहीं था। धीरे-धीरे दिल्ली के रिहाइशी इलाक़ों में

औद्योगिक कारखानों के प्रतिबन्धित हो जाने पर उनके मालिकों ने नोएडा और गुड़गाँव की तरफ़ रुख किया। दिल्ली की घनी बस्तियों का वायुमंडल तो कुछ हद तक प्रदूषण-मुक्त हुआ, पर नोएडा और गुड़गाँव से दिल्ली के रास्तों में यातायात की भारी समस्या पैदा हो गई।

दिल्ली शहर की समस्या का पूरा हल अभी भी नहीं निकला है। बीसवीं शताब्दी के आरम्भिक दशकों तक शहर की बड़ी हवेलियों की तलवर्ती मंज़िलों में रईसों की बग्घी और ताँगे रखने के लिए तबेले होते थे। उसी में एक कोठरीनुमा कोना साईस की रिहाइश के लिए सुरक्षित कर दिया जाता था। ताज़े दूध, घी की व्यवस्था के लिए अक्सर एक अदद गाय या भैंस भी वहीं बग़ल में एक वाजिब आकार के पशुगृह में बँधती थी। पशुओं के दाना-पानी पर गृहस्वामी की पूरी चौकसी रहती थी। संयुक्त परिवार के सदस्यों की अच्छी-ख़ासी संख्या के रहते यह व्यवस्था बहुत अनुकूल पड़ती थी। शहर की हवेलियों के निवासी इन पशुओं की गोचारण व्यवस्था प्रायः पेशेवर घोसियों के सुपुर्द कर दी जाती थी। वे सवेरे घर-घर से पशुओं को इकट्ठा कर चरने के लिए शहर के बाहर ले जाते और शाम को लौटाकर खूँटे से बाँध देते थे। आज भी उन शकूर मियाँ का वजूद मेरी स्मृति में टँका है जो लगभग साठ साल पहले हमारे परिवार में इस कर्तव्य को अंजाम दिया करते थे।

धीरे-धीरे परिवार टूटे, वित्तीय और व्यावहारिक कठिनाइयों के कारण पशुपालन असम्भव हो गया। हवेलियों के तबेले गराजों में तब्दील हो गए। उनमें मोटरगाड़ियाँ आ गईं और साईसों की जगह ड्राइवरों ने ले ली। पशु-चारण की ज़िम्मेदारी जिन पर थी, उन्होंने जहाँ जगह मिली, दो-चार गाय-भैंसें बाँधकर ख़ुद दूध का व्यापार शुरू कर दिया। इस तरह शहर में छोटी-बड़ी उन तमाम डेरियों की नींव पड़ी जिनके पशु बाद में छिलकों से लेकर प्लास्टिक की थैलियों तक खाद्य की तलाश में गली-बाज़ारों में भटकने लगे। आगे चलकर नगर-निगम ने पकड़-धकड़ और क़ानूनी रोकथाम से इस समस्या पर काबू पाने की कोशिश की, पर शत-प्रतिशत कामयाबी आज तक नहीं मिली है। क्योंकि अब भी काफ़ी संख्या में ऐसी जनता मौजूद है जो मदर डेरी के वैज्ञानिक-तकनीकी उत्पाद से ज़्यादा दूध के इस प्राकृतिक-जैविक स्रोत पर भरोसा करती है। भले ही इन पशुओं को मिलनेवाले खाद्य का गुणात्मक स्तर कितना ही गिर गया हो।

शहर के गली-मोहल्लों में समय के साथ प्रदूषण के और कई निमित्त पैदा हो गए। छोटे मकानों में नीचे की मंज़िल के कमरों का उपयोग बैठकों के लिए होता था। समय के साथ भारी संख्या में इन बैठकों का एक दरवाज़ा गली की

तरफ़ खुलवाकर उनका उपयोग दुकानों या छोटे-छोटे उद्योग धन्धों के लिए किया जाने लगा। शहर के वास्तुशिल्प का यह प्रिय पैटर्न था। पूरा चाँदनी चौक, दरीबा, किनारी बाज़ार, नई सड़क, चावड़ी बाज़ार, हौज़ काज़ी, जामा मस्जिद के निकटवर्ती तमाम इलाक़ों में और बाद में कनॉट प्लेस तक में इसी सिद्धान्त का पालन किया गया था। नीचे दुकान, ऊपर रहने के लिए मकान। धीरे-धीरे मोहल्लों के भीतर ऐसे धन्धे पनपने लगे जिनमें रासायनिक उपादानों का इस्तेमाल होता था। पॉलिश, खराद, या फिर ठोका-पीटीवाले धन्धे। इस स्थिति ने एक दूसरे ढंग की समस्या भी पैदा की।

जैनेन्द्र जी ने अपने जीवन का लम्बा समय दरियागंज की गली नं. सात के अन्तिम सिरे पर एक छोटे-से दो-मंज़िला मकान की पहली मंज़िल में बिताया था। उसमें रहना उनके लिए अन्ततः दूभर हो गया। उनके ठीक सामने के मकान की नीचे की मंज़िल में एक ऐसा उद्योग चालू हो गया जिसके रासायनिक धुएँ के घातक प्रभाव उनके स्वास्थ्य पर पड़ने लगा। परिवार की हर चन्द कोशिश के बावजूद वह फ़ैक्टरी तो वहाँ से नहीं हिली, अलबत्ता जैनेन्द्र जी के लिए सरकार ने नई दिल्ली के भारती नगर में एक फ़्लैट आबंटित कर दिया। लम्बी बीमारी के बाद उन्होंने वहीं अन्तिम साँस ली। यह महज एक उदाहरण है। शहर की गली-गली औद्योगीकरण और बाज़ारीकरण से आम आदमी की ज़िन्दगी पर पड़नेवाले प्रभाव का। शहर के तमाम रिहाइशी इलाक़े कमाई के धन्धों, दफ़्तरों, गोदामों में तब्दील होते जा रहे थे। रहनेवाले धीरे-धीरे सीमावर्ती कॉलोनियों में, या फिर उत्तर प्रदेश और हरियाणा की तरफ़ प्रयाण कर रहे थे। इसका एक आर्थिक कारण भी था। व्यापार की दृष्टि से शहरी मकानों की क़ीमतें बढ़ती जा रही थीं। उतने में बाहर निकलने पर रहने का अच्छा-भला ठिकाना तो मिल ही जाता था, ऊपर की जमा-पूँजी से भविष्य की नियमित आय का प्रबन्ध भी हो जाता था। देखते-देखते कई संयुक्त परिवार चाँदनी चौक की पुख़्ता हवेलियों से निकलकर हौज़ ख़ास, ग्रेटर कैलाश, साउथ एक्सटेंशन में चले ही नहीं गए, बँट भी गए। सबको इस बात पर नाज़ था कि 'सब भाइयों की अलग-अलग कोठियाँ बन गईं।' इस विघटन के दीर्घसूत्री नतीजों को भुगतने में बहुत समय बाक़ी था।

तात्कालिक परिणाम तो यही हुआ कि बच्चों की पढ़ाई-लिखाई और बड़ों की नौकरी-व्यवसाय और आवास के बीच फासले इतने बढ़ते गए कि औसत आयवालों को बसों की और पैसेवालों को गाड़ियों की शरण लेनी ज़रूरी हो गई–समय की मार अलग। ख़रीदारी के लिए थोक-बाज़ारी के केन्द्र तब से अब तक शहर में ही जमे हैं। किफ़ायत और विविधता के लिए वहाँ पहुँचने का लाभ-लोभ

अपनी जगह। धीरे-धीरे कनॉट प्लेस लगभग श्रीहीन हो चला। किसी समय फ़ैशनेबल कपड़ों के लिए जानी जानेवाली दुकानों के विकल्प साउथ-एक्सटेंशन, कुछ हद तक करोल बाग़ और बाद में ग्रेटर कैलाश में सुलभ होने लगे। लोगों ने यातायात की मारामारी से बचने के लिए निकटवर्ती इलाक़ों की राह पकड़ी। तमाम कॉलोनियों के अपने बाज़ार अलग वजूद में आ गए। इस परिवर्तन का एक दिलचस्प उदाहरण यूसुफ़ सराय की मार्केट है। आसपास के इलाक़ों का प्रिय शॉपिंग सेंटर। इसकी एक ख़ासियत यह है कि शुरू में जो मध्यवर्गीय परिवार शहर से निकलकर ग्रीन पार्क में आ बसे थे, उनमें से भी बहुतों ने इस आरम्भ में छोटे से, पर अब बेहद गुलज़ार बाज़ार में दुकानें खोल लीं। ख़ुद ग्रीन पार्क का भी अपना अलग बाज़ार हो गया। शताब्दी के मध्य तक यूसुफ़ सराय दिल्ली से महरौली जाते समय रास्ते में पड़नेवाला एक पड़ाव भर था। शायद मुग़लकालीन यात्रियों की अस्थायी आरामगाह।

शताब्दी के अन्त तक आर्थिक उदारवाद अपने उरूज़ पर पहुँच चुका था। न सोच में संकोच, न गति में ठिठक। भारत दमक रहा था और राजधानी इतरा रही थी। सूचना प्रौद्योगिकी ने विज्ञापन के सहारे सारी सुख-सुविधाओं का दर्शन छोटे परदे पर करा दिया था। सरकार ने नारा दिया 'इंडिया शाइनिंग', जो सत्ता बदलने के बाद 'इन्क्रेडिबिल इंडिया' में रूपान्तरित हो गया। भूमंडलीकरण के नारों के बीच, विश्व की औपनिवेशिक ताक़तों से बराबरी की होड़ में सरकार ने बहुराष्ट्रीय कम्पनियों के लिए दरवाज़े खोल दिए। कहने को देश की व्यापार-नगरी मुम्बई और राजधानी दिल्ली है। पर आर्थिक प्रतिस्पर्धा और सरकारी नीतियों की अस्पष्टता के कारण यह बात आँख से ओझल हो गई कि बड़े देशों ने अपनी राजधानियों के सुचिन्तित विकास पर और उनकी छवि बनाए रखने पर बराबर ध्यान दिया है। अमेरिका के शहर न्यूयॉर्क और राजधानी वाशिंगटन की, और ऑस्ट्रेलिया के शहर सिडनी और राजधानी केनबरा से तुलना करने पर सरकारी नीतियों में नज़रिए का यह फ़र्क साफ़ दिखाई पड़ता है।

राजधानी होने के बावजूद दिल्ली है कि अब भी बेतरतीब धुआँधार अटी पड़ रही है। उद्योगों से भीतर-बाहर घिरी हुई। जनकपुरी बसी तो गर्व से घोषणा हुई कि वह एशिया की सम्भवतः सबसे बड़ी रिहाइशी बस्ती होगी। दबाव बढ़ा तो एक दिशा में रोहिणी और उधर एअर पोर्ट के परे द्वारका बसाई गई। यमुना पार की बस्तियाँ बढ़ते-बढ़ते गाज़ियाबाद की सीमा का स्पर्श करने लगीं। समतलीय प्रसार से काम नहीं बना, तो ऊर्ध्वोन्मुखी प्रसार होने लगा। बहुमंज़िला इमारतों का सबसे बड़ा कहर कनॉट प्लेस पर बरपा हुआ। देखते-देखते कनॉट प्लेस से

मंडी हाउस तक जानेवाली बाराखम्भा रोड पर दोनों तरफ़ बहुमंज़िला इमारतें खड़ी हो गईं। लगभग यही हश्र पहले कर्ज़न रोड और अब कस्तूरबा गांधी मार्ग कही जानेवाली सड़क का हुआ। कनॉट प्लेस के बाहरी गोलाकार को भी नहीं बख़्शा गया। उस पर रीगल सिनेमा से पहले घुमाव पर एल.आई.सी. की विशाल अट्टालिका खड़ी हो गई। रीगल में दाईं तरफ़वाली सड़क पर क्वालिटी रेस्तराँ में प्रायः नियमित रूप से गुटुरगूँ करनेवाले प्रेमी जोड़ों को अब शीशे की खिड़की के उस पार हरे-भरे पेड़ों से सजे मैदान की जगह ईंट-सीमेंट की वह दैत्याकार संरचना नज़र आती है। वास्तुकला का आतंकित करनेवाला ऐसा नमूना जिसे अंग्रेज़ी में 'आइ सोर' कहना बेहतर होगा। कनॉट प्लेस के गिर्द के पीछे झाँकती बहुमंज़िला इमारतों ने देखते-देखते वहाँ की 'स्काइ लाइन' का छन्द ही बिगाड़ दिया।

रीगल के सामनेवाले समतल मैदान को भूमितल में निर्मित पालिका बाज़ार ने हज़म कर लिया। अब वहाँ भीतर-बाहर दुकाने हैं। प्रवेश के कई द्वार हैं, निकास के भी। इसके बावजूद एक बार आग लगने से वहाँ बड़ी तबाही हुई थी। छोटी-छोटी खोखानुमा दुकानों की जगमगाहट के बीच आज भी बहुत-सी दुष्प्राप्य चीज़ों के डुप्लीकेट वहाँ सहज सुलभ हैं। वर्षों से एक्सपोर्ट के अतिरिक्त कपड़ों की निकासी की यह प्रमुख मार्केट रही है। अग्निकांड के बाद ग्राहकों के उत्साह में कुछ कमी ज़रूर आ गई है।

कनॉट प्लेस कभी अपने जनपथीय कॉफ़ी हाउस के लिए, कभी रीगल के कोनेवाले टी हाउस और कभी रिवोली सिनेमा के बग़लवाले मोहन सिंह प्लेस के चायघर के लिए अलग-अलग लोगों का प्रिय गन्तव्य रहा है। हिन्दी के वरिष्ठ रचनाकार विष्णु प्रभाकर, वर्षों अपने कूँडेवालान अजमेरी गेट के निवास से नियमित रूप से पैदल चलकर हर शाम साहित्यकारों की सोहबत के लिए इन स्थलों तक पहुँचते रहे। पहले हमउम्र लोगों के लिए, फिर युवा रचनाकारों के बीच। युवा पीढ़ी उन्हें इस सद्‌भाव के लिए बड़े आदर से याद करती रही। यह क्रम तभी टूटा जब स्वास्थ्य ने असहयोग कर दिया। जनपथ के कॉफ़ी हाउस का पुनरावतार तो इरविन रोड के एम्पोरियम्ज वाली पंक्ति के बीचोबीच वर्षों पहले फिर हो गया। बाक़ी जगहों का भाव कुछ उस ढब से उतरता-चढ़ता रहता है। जिसके लिए कभी कविवर बच्चन ने लिखा था : 'अब न रहे वे पीनेवाले, अब न रही वो मधुशाला।'

कनॉट प्लेस में अलबत्ता एक स्थल ऐसा है जिसकी लोकप्रियता और प्रतिष्ठा में कभी अन्तर नहीं आया। इरविन रोड पर स्थित हनुमान मन्दिर। हर मंगलवार को भक्तों की अपार संख्या इस मन्दिर में उमड़ती है। श्रद्धालुओं की इस भीड़

की संरचना बड़ी दिलचस्प होती है। बड़े-बड़े नौकरशाहों से लेकर सामान्य जन, वृद्धों से लेकर सफलताकामी युवा वर्ग, यानी हर हैसियत के लोगों का ताँता लगना सुबह से शुरू होता है और शाम तक भीड़ बेकाबू हो जाती है। उसमें से रास्ता बनाकर आराध्य देव तक पहुँचने के लिए बड़ी निष्ठा और कौशल अपेक्षित होता है। लोकप्रियता में इसकी तुलना सिर्फ़ यमुना बाज़ारवाले हनुमान मन्दिर से ही की जा सकती है। पर इस परिसर का एक और प्रमुख आकर्षण चूड़ियों, मेहँदी-टिक्की और चाट की दुकानों का बाज़ार है। चूड़ी-मेहँदी की दुकानों का यह ऐसा ठिकाना है जिसकी नाल शहर के बल्लीमारान में गड़ी है। बाज़ार हर सप्ताह अपने मूल से उठकर यहाँ आबाद हो जाता है। इन दुकानों के विज़िटिंग कार्ड हैं, मोबाइल फ़ोन हैं, अपनी मुँहमाँगी दरें हैं। कहना न होगा, शहर भर की शादियों में किसी-न-किसी रूप में इनकी मौजूदगी और शिरकत आज भी अनिवार्य बनी हुई है। हर दुकान का अपना इतिहास और जजमानी है–दिल्ली की सांस्कृतिक बनावट का छोटा-मोटा आईना।

ये ऐसे छोटे-मोटे द्वीप हैं जिन्होंने आज भी दिल्लीवालों की पुरानी संस्कृति की छटा को बनाए रखा है, वरना सदी के अन्त तक आते-आते, भूमंडलीकृत बाज़ारवादी संस्कृति के अन्धड़ में एक बार तो दिल्लीवालों के जैसे तम्बू ही उखड़ गए। बहुराष्ट्रीय कम्पनियों की कार्य-शैली ने युवा-पीढ़ी के खान-पान, रहन-सहन, बोलचाल, हाव-भाव सबमें कुछ ऐसा फेरबदल किया कि दिल्ली क्या, कोई शहर पहले-सा न रहा। पारिवारिक और दाम्पत्य सम्बन्धों पर इसका क्या असर हुआ, वह स्वतन्त्र विषय है। पर सम्बोधनों में 'हे हाय', खान-पान में पीज़ा-बर्गर चाइनीज़, भाषा में 'हिंगलिश', और मनोरंजन के नाम पर 'पब' और 'पार्टी'। सब कुछ तुरत-फुरत, 'तत्कालवाद' के महामन्त्र तले। नौकरियों में प्रवेश और निकासी भी इसी नियम के अधीन। इस नए आर्थिक बदलाव ने सबसे घातक काम यह किया कि ख़र्च की उधाराधारित शैली लागू करके हर व्यक्ति के हाथ में 'प्लास्टिक मनी' की सुविधा 'क्रेडिट कार्ड' के रूप में पकड़ा दी। हम जैसों के लिए बड़ी हतप्रभ करनेवाली थी यह व्यवस्था। बचपन में, जब हाथ में सिक्का आता था तो उसका मूल्य उस धातु में होता था जिससे उसका निर्माण होता था। वह ताँबे की एक पैसे की तीन पाई हो या दो धेले या फिर पीतल की चार पैसे की इकन्नी, दो आने की दुअन्नी, आठ आने की अठन्नी या सोलह आने का खरी चाँदी (99.9 प्रतिशत वाली) का रुपया। आज उस एक रुपए के सिक्के का बाज़ार भाव 110 रुपए से ऊपर है। मुद्रा धातु से, कागज़ के नोटों में बदली और सिक्कों की धातु का उनके अंकित मूल्य से सम्बन्ध कम ही रह गया। अब प्लास्टिक के क्रेडिट

कार्डों के हाथ में होने का मतलब है अपनी औक़ात से बाहर ख़र्च करने की क्षमता से लैस होना। कहावत थी : 'तेते पाँव पसारिए जेती लम्बी सौर'। पूरे एक दशक, बल्कि उससे भी कुछ अधिक समय से चादर से बाहर पाँव पसारने का खामियाज़ा भुगतने के बाद 'महाजनी सभ्यता' के इस नए अबतार का रहस्य कुछ-कुछ समझ में आने लगा है। इनकी वसूली का ढंग पूरा सामन्ती है। इनकी किस्तों का भुगतान न होने पर आपका टी.वी., मोटर साइकिल, कार कुछ भी उठ सकता है। घर की नीलामी हो सकती है, तनख़्वाह रुकवाई जा सकती है। उधार की शर्तों में इस सबकी व्यवस्था रहती है। फ़र्क इतना ही है कि सामन्ती व्यवस्था में व्यक्ति अपनी ज़रूरतों से मज़बूर होकर महाजन की शरण में जाता था। वर्तमान महाजन आपको तरह-तरह से कर्ज़ लेने के लिए लुभाता है। एक पूरा तन्त्र है जिसमें विज्ञापनों का संजाल आपकी लालसाओं को बढ़ावा देता है और आर्थिक कम्पनियाँ और बैंक बाँहें पसारे आपको उधार देने के लिए आमन्त्रित करते हैं। जिस महादेश को हमने अपना मॉडल बनाया, उसकी वर्तमान दुर्दशा से अब भी हम कुछ सीख लें तो गनीमत होगी। बहरहाल यह दिल्ली की नहीं, पूरे देश की, पूरी विकासशील दुनिया की समस्या हो गई है।

जहाँ तक दिल्ली का सवाल है, इस नई वस्तुस्थिति ने पूरे जीवन के अन्तर्तत्त्व और छन्द को ही बदल दिया। शहर और नेशनल कैपिटल रीजन उन कॉल सेंटर्स से भरा है, जिनमें नौकरियाँ पाने के लोभ ने पूरे भारत की युवा पीढ़ी को 'दिल्ली चलो रे' के उद्वेग से भरकर दिल्ली की ओर दौड़ा दिया। इनमें बड़ी संख्या निम्न और मध्यवर्गीय परिवारों की लड़कियों की है। ऐसे परिवार जो आधुनिक नहीं कहे जा सकते। आर्थिक दबाव या लोभ ने उन्हें तमाम रूढ़ियों को धता बताकर मुक्ति का रास्ता दिखाया है। यह आबादी जिस ढंग से रहती है, जिन संकटों, चुनौतियों और बढ़ती आपराधिकता का ख़ुद सामना करती है, उसका असर सिर्फ़ इनके निजी जीवन पर ही नहीं, शहर के भूगोल, अर्थ-व्यवस्था और संस्कृति पर भी पड़ रहा है।

इन तमाम स्थितियों के बीच पिछले पाँच-छह वर्षों में दिल्ली की ठेठ अपनी संस्कृति की भी अनेक क्षेत्रों में वापसी हुई है। जब सब कुछ भूमंडलीकृत, यानी ब्रांडधर्मी हो जाए तो वैशिष्ट्य पैदा करने के लिए अपने स्थानीय और जातीय तत्त्वों और जीवन-शैलियों की ओर 'वापसी' भी बाज़ारी दबावों के कारण ज़रूरी होने लगती है। जिस खाने की पहले तले-भुने, मिर्च-मसाले, यानी 'कैलरी काउंट' का हवाला देकर लम्बे समय तक भर्त्सना की जाती रही है, वह आज तमाम पाँच सितारा होटलों की सूचियों में विशिष्ट व्यंजनों के रूप में लौट आया है। तरह-तरह

के पराँठे, कबाब, जलेबी-रबड़ी, कुल्फ़ी के विविध रूप, राजस्थानी दाल-बाटी-चूरमा हर व्यंजन सूची में, वह रेस्तराँ हो या शादी, पाए जाते हैं, अख़बारों में विज्ञापित होते हैं। वैसे ही जैसे कुछ समय पहले चीनी, थाई, मैक्सिकन, इटैलियन व्यंजनों की धूम थी। पोशाकों में बड़ी धूमधाम से कुर्ते-शेरवानी और पटके की वापसी हुई है। साड़ी बाँधने के अन्दाज़ों में इज़ाफा हुआ है और ब्लाउज की स्थिति एक तरफ़ अजन्ता-एलोरा की अर्धावृत्त बल्कि लगभग निरावृत्त मूर्तियों को मात दे रही है तो दूसरी तरफ़ नानी-दादीवाले नीचे बग़ल से कटे 'जम्फर' भी वापस लौटे हैं। जनता शहर के गली-कूँचों, बाज़ारों को इस स्थानीय वैशिष्ट्य के लिए खँगाल रही है। भला हो मेट्रो का जिसने इस वापसी को सम्भव और सुलभ बनाया।

शहर भी इस स्थिति के प्रति पूरी तरह सजग-सचेत है। वह इसका पूरा लाभ लेने के मूड में है। पुरानी दुकानों पर अब थुलथुल आकृतिवाले लगभग अशिक्षित, गद्दी पर अधलेटे मालिकों की जगह उनकी ख़ासी पढ़ी-लिखी चुस्त-दुरुस्त सन्तानों ने ले ली है। वे आधुनिक तौर-तरीक़ों से लैस, अब अपने ठिकाने छोड़कर भागने की नहीं, उन्हीं पर जमे रहने की मनःस्थिति में है। शहर की मध्यवर्गीय पीढ़ी ने शिक्षा और व्यावसायिक विशेषज्ञता की नई सरणियों का लाभ उठाना सीख लिया है। मॉल संस्कृति अब भी व्यवसायी प्रतिस्पर्धा में इन्हें मात नहीं दे पाई है। इस पूरे परिवर्तन का प्रभाव पारिवारिक सम्बन्धों और विशेषकर स्त्रियों की स्थिति पर भी पड़ा है। बड़े-बड़े व्यापारिक घरानों की महिलाओं ने यथावश्यक योग्यता अर्जित करके शो-रूम्स को सँभाल लिया है। कहना न होगा, उनकी उपस्थिति से वातावरण में चुस्ती, प्रसन्न-शालीनता और आकर्षण बढ़ा है। ऐसा हुआ है। इससे ज़्यादा महत्त्वपूर्ण बात यह है कि पुरुषों ने इसे सम्भव किया और इसमें सहभागिता की, गोकि कारण यहाँ भी आर्थिक ही हैं।

शहर के लोग अब पर्यावरण, स्वास्थ्य, शिक्षा, राजनीति, मानवाधिकार, साम्प्रदायिकता, रूढ़ियों जैसे विषयों के प्रति पहले से कहीं ज़्यादा सचेत और सतर्क हैं। इसका एक पैमाना फ़िल्मों के प्रति जनरुचि में तेज़ी से आनेवाला बदलाव है। सामाजिक सरोकारों से प्रेरित छोटे बजटवाली फ़िल्मों ने जैसे पूरे माध्यम की भाषा और सन्देश में बुनियांदी अन्तर पैदा कर दिया है। अगर इस कला माध्यम ने एस्थेटिक्स के प्रतिमानों में परिवर्तन प्रस्तावित किया है, तो यह बिना जनरुचि की अनुकूलता के सम्भव नहीं हो सकता। जनता में अब पुराने ढंग के नहीं, नई तर्ज के सिने प्लैक्सेज़ में या डी वी डी पर फ़िल्म देखने का शौक इसी बदलाव के चलते पैदा हुआ है।

इस प्रभाव को सही मायने में सबसे अधिक शहर के भीतरी हिस्सों के गली-

मोहल्लों की ज़िन्दगी में आनेवाले मन्थर-गति बदलाव में लक्ष्य किया जा सकता है। यह बात अलग है कि इसी के बीच एक शहर अब भी है अपनी समूची बोसीदगी के साथ। उससे छुटकारा कब मिलेगा, फ़िलहाल कहना मुश्किल है।

कोई एक शहर या एक देश नहीं, पूरा विश्व एक मूलगामी परिवर्तन की सम्भावना के किनारे खड़ा है। जिन्हें आदर्श समझा जाता था, वे संकटग्रस्त हैं। उनकी आर्थिक नीतियाँ स्वयं रास्ता तलाश रही हैं। उन पर दूसरों की निर्भरता घटी है, घटेगी। ऐसे में अगर दिल्ली शहर भी अपनी विरासत, अपनी जड़ों के प्रति नए सिरे से उन्मुख हुआ है तो यह अच्छा ही है।

●●●